南京大学工程管理学院文库

中国钢铁物流研究

●李敬泉　编著

南京大学出版社

图书在版编目(CIP)数据

中国钢铁物流研究 / 李敬泉编著. —— 南京：南京
大学出版社，2013.3
　　ISBN 978-7-305-11059-7

　　Ⅰ.①中… Ⅱ.①李… Ⅲ.①钢铁企业－物流－物资
管理－研究－中国 Ⅳ.①F426.31

中国版本图书馆 CIP 数据核字(2013)第 014497 号

出版发行　南京大学出版社
社　　址　南京市汉口路 22 号　　邮　编　210093
网　　址　http://www.NjupCo.com
出版人　　左　健
书　　名　**中国钢铁物流研究**
编　　著　李敬泉
责任编辑　王大令　杨金荣　　　编辑热线　025-83686029
照　　排　南京南琳图文制作有限公司
印　　刷　南京人民印刷厂
开　　本　787×960　1/16　印张 13.25　字数 237 千
版　　次　2013 年 3 月第 1 版　2013 年 3 月第 1 次印刷
ISBN 978-7-305-11059-7
定　　价　35.00 元

发行热线　025-83594756　83686452
电子邮箱　jryang@nju.edu.cn
　　　　　Sales@NjupCo.com(市场部)

前　言

近年来,我国钢铁行业发展迅速,从原来的钢铁制造资源匮乏国,一跃成为世界上最大的产钢国和消费国。尽管钢铁产品结构还不尽合理,高端钢铁的研发与制造能力还有待提高,但是,迅速扩张的钢铁制造能力对我国的现代化建设还是起到了巨大的支撑作用。与强大的钢铁制造能力相比,我国钢铁物流的发展却相对滞后。与发达国家的精细管理水平相比,无论是管理理念还是管理手段都明显落后。这些不足又反过来制约了我国钢铁业的进一步发展。

这些年来,尽管钢铁物流业为应对来自钢铁制造链上下游的压力,做了一些改善钢铁流通结构和改变流通与物流运作模式的尝试,但2012年上半年以来发自上海多家钢贸市场的"跑路"现象,再次证明了我国钢铁物流行业管理水平的低下、制度与规范的缺失和发展模式的混乱。目前,我国钢铁生产行业产业结构调整、产业布局有了清晰的发展思路与规划,而钢铁物流的发展则急需在发展理论与经营模式上进行探索与创新。

本书从我国钢铁物流发展的现实出发,试图将现代物流管理理论应用于钢铁物流行业,结合我国钢铁物流行业的发展特点,从物流战略、钢铁流通、钢铁物流金融、钢铁物流绩效管理、钢铁物流信息化以及钢铁物流专业人才战略等角度,通过系统、全面地研究与分析,构建了我国钢铁物流发展的框架,以探索一条适合中国钢铁物流自身规律、行业特点的管理模式与发展思路。

本书共有七章。第一章主要讨论钢铁物流行业存在的一些问题及这些问题发生的根源,探寻解决这些问题的意义,对理论界这些年来针对钢铁物流行业存在的诸多问题进行的理论探索进行了归纳分析。第二章主要从理论上剖析了认识物流的方法及容易产生的误区。首度提出了战略物流、主业物流与非主业物流的概念,主张物流效率与物流效果的协调发展,在规划企业物流战略时,应尽量避免"狭隘的第三利润源泉"的近视行为。在非主业物流中,作为企业经营重要组成部分的物流,因其独立且贯穿于各职能(如采购、生产、销售)部门之中,并具有其独立的考核体系,具有闭锁性的特征;同时物流系统目标的实现受制于企业总体战略、采购战略、生产战略、销售战略等职能战略的开展,与职能战略有着相互制约、相互依赖的关系,难以独立开展活动,具有开放性的特征。基于物流系统闭锁性的物流效率侧面强调物流系统自身的效益最大化,即通过物流成本的削减实现利润的增加;基于物流系统开放性的物流效果侧面着眼于企业战略的实施优先于物流效率性的实现,注重物流系统对企业战略的支撑作用。而在企业经营管理活动中存在两种辩证关系,即个别经营活动之间的二律背反关系和个别经营活动与企业战略之间相互制约和相互依赖的关系。第三章主要从流通的角度探讨了钢铁产品交换关系的发展形式,在比较了日美等国际上的流通商业模式的基础上,提出了我国钢铁行业流通的发展模式及流通模式多元化、钢材交易虚拟化、市场竞争合理性化、产业布局合理化的趋势。从电子商务时代商物结合与分离、虚拟价值链的思想创新应用到钢材流通,对钢材流通进行了系统阐述。第四章主要讲述了作为经营大宗物资的钢铁物流行业如何展开物流衍生产品的经营。钢铁产品具有价值高、保值性强、易监管等特点,近年来成为金融业与钢铁物流业之间展开新领域合作的热门产品。但由于监管措施不力、监管机制不科学、钢铁物流行业的规范管理及部分企业信用理念与社会监督机制的缺失,给社会及企业造成了巨大损失。这一章比较分析了钢铁物流行业中的金融服务模式及其弊端,并探索性地提出各种模式的风险及风险控制机制。总结了开展钢铁物流金融业务的七大风险:管理风险以控制为主,主要包括加强内部管理和制度建设、引进专业人才;货值评估风险主要通过聘请相关的专家当评估顾问、派专人去评估机构学习评估的相关知识、探索开发评估方法等方式予以控制;监管风险可通过信息化建设、安全库存控制、购买保险予以控制和转移;合同风险以控制为主,要加强对合同内容的审核并熟悉与物流金融相关的法律法规;质押风险主要通过质押物选择、权属审核、建立商品信息收集和反馈体系来予以规避和控制;客户资信风险管理方法包括加强信用和风险评估、加强对客户经营状况的监控;针对环境风险第三方物流企业,要加强国家政策、宏观经济环境、行业前景、市场信息的收集和分析工作,根据对宏观经济走势的预测与判断,适时调整业务运作模式。第五章讲述了钢铁物流企业的内部绩效管理,钢铁物流行业作为劳动密集型、资本密集型的产业,降低成本、提高生产性一直是整个行业的重点与难点。本章以成本管理作为独特的视角对钢铁物流企业进行业务结构分析,总结了如何判断和取舍能否给企业带来增值效益与否的物流服务活动的理论方法;再次,在完成企业业务结构分析后进行了系统的功能模块化组合,为每个功能模块客观、全面地选取和设定了众多反映生产运营能力的绩效指标;最后,结合钢铁物流企业的各类数据,对上述的各功能指标进行了设计和权重的分配工作,同时采取了定性分析和定量分析相结合的评估方法,并详细解释每一个模块中的指标意义和衡量方法。第六章主要讲述了钢铁物流信息化建设,现代物流与传统物流的最主要区分之一就是信息化水平及应用程度。本章结合钢铁行业自身的特点，针对钢铁物流信息的建设，站在钢铁供应链的角度上，分析了钢铁行业物流发展过程中存在的问题；然后，在搜集了大量的资料和数据的基础上，分析了钢铁物流信息平台的信息需求和功能；最后，针对钢铁物流信息化的发展，提出了钢铁物流基础信息采集的标准化，在条形码编码体系的基础上，结合信息平台的设计原则提出了钢铁物流信息平台的总体设计方案。第七章在分析钢铁物流企业人力资源问题难点的基础之上，提出了构建人力资源解决方案模型，包括招聘体系、培训体系、薪酬体系和激励机制，并提出建立钢铁物流行业人力资源管理信息系统，利用信息系统使招聘、培训、薪酬和激励等一系列的人力资源管理措施形成一个有机的统一体，进而提高人力资源管理工作的效率。

由于我国物流还处于一个变革与发展阶段，再加上钢铁物流管理理论的探索才刚刚起步，因此，应该涉及的许多钢铁物流管理领域只得留作以后的研究课题，作进一步探索与思考。

在本书即将付梓之际，我要首先感谢业已毕业的研究生们，他们与老师组成了一个家庭般的团体，在这个团体里每一个人都为本书的撰写付出了艰辛的努力。这些学生们是我自海外阔别多年回国任教后的第一届学生，从师生见面时的不安与期待到毕业时他们呈现的成熟与成就都历历在目，我希望学生们转身背后的辛苦能成为成就将来的音乐阶梯，这本书算是这个音乐阶梯的第一乐章。第三章主要由王桂滨负责撰写，第四章由王有朝负责撰写，第五章由梁劲负责撰写，第六章由黄敏负责撰写，第七章由余夏利负责撰写。

同时我要感谢南京大学出版社的杨金荣编审，他不仅帮助规划了南京大学工程管理学院系列丛书，还在本人系列书籍的出版计划上给予了热心的帮助。最后还要感谢我的爱人和孩子，他们陪我一起放弃了海外安逸的生活，回到国内默默地支持我实现我的每一个理想。

由于水平有限，书中难免存在不足之处，恳请读者批评与赐教。

于鼓楼南京大学一隅
2012 年岁末

目　录

第一章 中国钢铁物流的现实与愿景

第一节 影响钢铁物流业发展的若干因素

"十一五"时期是我国钢铁行业发展速度最快、节能减排成效显著的五年,呈现出蓬勃发展的局面,有效地满足了经济社会的发展需要,但结构性矛盾依然突出。所以,钢铁行业已经步入了行业发展的关键阶段,既面临着行业结构调整、企业转型升级的发展机遇,又面临着全球铁矿石等原材料价格高涨、钢铁消费需求增速放缓、节能减排等环境压力增大的严峻挑战,整个行业总体上将呈现低增速、低盈利的运行态势。

我国钢铁物流起步较晚,传统的钢铁流通模式有待转变,钢铁供应链上的中小企业融资困难,钢铁物流运营管理水平不高,钢铁物流信息化水平低,钢铁物流专业人才缺乏等,这些都制约着我国钢铁物流企业的发展。

我国钢铁行业复杂的流通环节和高昂的流通成本是钢铁产业链总体利润不高的主要原因。因此,在宏观上,如何改善钢铁流通以及基于供应链思维构建和完善钢材流通体系,是我国钢铁产业发展过程中需要迫切解决的主要问题之一;在微观上,钢铁制造企业、分销商或用户如何通过流通管理平台改善供应链管理,是降低钢材流通成本的关键。我国钢铁流通业需要不断进行创新与实践,积极转变发展模式,不断调整企业发展战略,创新经营模式,在转型中谋求更好的发展。

在钢铁行业的发展中,物流金融也是未来的发展趋势之一。物流金融可以解决质押贷款业务中银行面临的质押物仓储与监管难题,解决质押贷款业务中银行面临的质押物评估、资产处理等问题,帮助银行吸引和稳定客户,扩大银行的经营规模和业务增长,增强银行的竞争能力和产品创新能力。同时,银行可以借助物流金融业务介入供应链中的资金管理,通过与核心企业建立起紧密的联系,将业务向上下游的企业拓展,最终达到为供应链上所有企业服务的目的,从而培育新的庞大客户群。通过提供钢铁物流金融服务,钢铁物流企业可以吸收周边更多的中小企业成为其协作企业,使自身更好地融入到钢铁供应链之中,将物流服务向其上下游企业拓展,从而扩大其业务规模,增加其业务收入;另一方面可以创新出诸多的增值服务品种,为钢铁供应链上的企业提供物流、资金、信息服务,实现三流合一,提高钢铁供应链的竞争力。

除了钢铁流通模式和钢铁物流金融的研究,本书还针对钢铁物流行业的绩效管理问题进行探讨和分析。绩效管理的核心就是如何降低物流成本、提高服务质量,而有关物流成本的绩效管理在钢铁物流行业中的重要性却一直没有得到业界足够的重视。因此,对钢铁物流行业的绩效管理进行研究,降低钢铁物流成本、提高服务质量,不仅对于物流理论界有积极意义,而且对于钢铁物流企业乃至整个行业也起到很好的借鉴和帮助:一方面可以引导和帮助企业进行良性的改造和管理,另一方面可以提高物流服务质量、降低企业自身的成本,为企业创造更多的效益,最终提升自身在钢铁物流行业中的竞争力。系统、科学、合理的绩效管理方案能够对钢铁物流供应链上的其他企业起到有益的借鉴,让更多企业能提高效益和市场竞争力,实现钢铁行业的可持续发展。

此外,钢铁物流的信息化滞后也是钢铁行业发展的瓶颈之一。我国钢铁行业信息化程度还比较低,钢铁物流企业信息化程度尤低,物流信息系统的建立相对滞后,除了钢铁生产领域的物流信息系统较为完善,其他物流环节如仓储、加工配送和运输等的相关信息的传递还比较滞后,信息的更新也比较缓慢。钢铁供应链上下游企业的信息不对称,制约了钢铁物流的发展,成为了钢铁行业发展的瓶颈之一。所以,我们有必要对钢铁物流的信息化发展进行深入的探讨和研究。同时,钢铁物流信息平台的建立可以提高各物流环节信息的传递效率,减少信息的滞后性,使钢铁供应链的上下游企业能够共享信息,优化钢铁供应链,并推动钢铁行业电子商务的发展,从而提高钢铁供应链上下游企业的市场竞争力,最终达到多赢的效果,获得良好的经济效益和社会效益。

最后,钢铁行业的发展也离不开专业的人才。我国钢铁行业的专业人才,尤其是中高层技术管理人员的匮乏已成为限制我国钢铁物流企业发展最关键的制约因素。随着国外物流企业的大量进入,国内钢铁物流企业已不得不直接面对其提供的良好的工作环境、规范的组织制度和具有竞争力的薪酬等吸引人才的条件竞争,使原本就很激烈的人才竞争形势更加严峻。人作为企业资源中唯一能动的因素,是企业获得竞争优势的根本,管理者只有充分重视人力资源管理工作的重要性,吸引并留住人才,才能在与国外物流企业的竞争中获得一席之地。由于我国物流行业的发展时间不长,发展水平比较低下,因此理论界对物流企业人力资源管理的研究并不多,水平也不高,而对钢铁物流企业人力资源管理的研究更是少之又少。

笔者结合钢铁行业的发展现状和存在的问题,将从钢铁物流战略、钢铁流通模式、钢铁供应链金融、钢铁供应链的绩效管理、钢铁信息化以及钢铁人力资源六个方面,对钢铁行业的发展进行多方位的探索。

第二节　学术界对钢铁物流的探索

根据国内学者的研究分析,学界对钢材流通的认识与研究角度不尽不同,有的自成一派。例如,李兀的研究主要从营销渠道角度理解钢材流通,认为加强钢材流通在很大程度上就是加强营销渠道的建设;高卫星等从供应链管理谈钢材流通业,认为钢材流通不同参与者应加强上下游的协作,维护供应链以实现互利共赢;戴希忠等运用交易成本经济学原理,从营销渠道的发展历程分析并探讨钢铁企业营销渠道的构建原则和途径,将渠道结构选择的原因阐释为降低渠道交易成本;胡维等认为,钢铁制造商为提高钢材的流转效率和企业运营的经济效益,应当与销售代理商建立合理科学的契约制和委托代理关系;王宇辉等为加强客户关系管理、更好地服务客户,提出钢铁企业集团大营销战略;黄振宁等认为,钢铁企业开展电子商务可以促使钢铁上下游协作,实现降低物流成本、加强互动沟通、活跃钢材市场流转的目标;宋红梅等基于虚拟价值链的分析视角,认同信息创造价值的观点,着重探讨钢铁物流中心的赢利模式并提出了企业非核心业务外包和合理的价值分配机制等战略发展建议。

国内有关学者也对钢材流通模式进行了初步研究。例如,于世宏等阐述目前我国钢材流通模式有五大方式:钢铁制造企业直供用户;钢铁制造企业组建分销公司或开展电子交易;钢铁制造企业利用经销商和批发商开展业务;钢铁制造企业在实体交易市场开展营销服务;钢铁制造企业通过建立加工配送中心向下游延伸以及拓展增值服务范围等。宋红梅等指出我国钢材行业流通领域的上下游主要存在三种关系和运作模式,即直供用户、通过经销商(钢材交易市场)供给用户、通过钢材物流中心供给用户等。

目前对流通的认识,大部分学者从单一角度出发,并没有系统性的分析。本书认为,钢材流通是在钢厂到钢材终端用户的整个流通渠道中,钢材"实体"流通和"虚体"流通产生物流、商流和信息流的全部过程,该过程四流合成一体,即实现了物流、商流、资金流和信息流的融合。虽然国内某些学者对钢材流通模式进行了初步的研究并提出了改善钢材流通管理的一些建议,但是大多都停留在改善某个环节或问题的局部,没有从系统科学的思维角度兼顾各方参与者的利益,统筹解决如何提升钢材流通产业总体效益这个本质问题。

国内外一直保持着对物流金融的研究,这些研究成果对我国物流金融的发展起到了极大的推动作用。国外物流金融的研究成果较为丰富,其中,弗里德曼(1942)、阿尔伯特(1948)、雷蒙德(1948)、邓纳姆(1949)和艾森斯塔德(1966)等学者对物流金融中的存货质押融资和应收账款融资业务在国外发展过程中的法律氛围、业务模式、仓储方式、监控方式和流程等进行了分析与总结。乌尔贝格对 UPS 开展的物流金融进行了案例分析,介绍了物流金融创新模式的主要特征。芬莫(2004)研究分析了物流金融业务中新兴的订单融资模式。丹等(2004)对美国银行进行了案例分析,从银行为客户创造价值的角度出发,提出需要在全面掌握供应链过程和特征的前提下,通过将物流与资金流进行集成,借助电子支付手段来实现金融供应链管理。冈扎罗·古恩(2006)等人对集生产与企业融资计划于一体的短期供应链管理进行了研究,阐述了合理的供应链管理模式通过影响企业的运作与资金融通达到增加整体收益的目的。

与国外的研究相比,国内对物流金融的研究主要集中于对融资模式、风险防范与控制的定性分析方面。陈淮(1987)阐述了构建物资银行的若干设想。任文超(1998)对利用"物资银行"解决企业的三角债问题进行了研究。罗齐和朱道立(2002)提出了"融通仓"的概念,并应用该模式解决供应链中企业融资难的问题,融通仓作为综合性的第三方物流服务平台,是物流与金融集成式的创新服务,不仅能为银行和企业以及企业间的合作搭建新的桥梁,为中小企业解决融资难的问题,而且能够有效融入到中小企业供应链体系。巫钢和姚伊娜(2007)首次提出将期权理论运用到物流金融业务中,提出由于期货交易程序的严密性和规章制度的标准化,把期权引入到物流金融中,在降低物流金融业务风险的同时有利于进一步发展和提升期货市场。赵道致、白马鹏(2008)提出了一种基于应收票据管理的创新型物流金融业务模式,可以加速中小物流企业的资金周转和费用结算。

然而,由于大宗商品电子商务的发展,制造商、贸易商、金融机构和第三方物流企业纷纷通过建立对外开放式的电子商务平台来开展物流金融业务,传统线下的物流金融模式也随之作出相应的改革和创新。本书正是基于电子商务平台的背景阐述第三方物流企业开展钢铁物流金融的运作模式,为整个钢铁供应链的上下游企业提供融资服务。

当今国内外学术界围绕企业绩效管理的探讨是从绩效评价指标的选取与设立开始,同时又伴随着生产管理方式的不断更新,从传统财务领域的考评转向非财务领域(生产管理、企业战略、组织发展等方面)的考评。但依然存在着很多不足,主要体现在以下四个方面：

（1）绩效管理考核的指标体系缺乏系统性。尽管现有各类企业针对绩效管理评价的指标种类繁多，不仅包括运营管理方面的，而且包括财务会计方面的；既存在部分定性指标衡量，又存在部分定量指标考核；既有以顾客服务与满意度为主的，也有以企业成本管理为主的。但有关企业绩效管理的分析和研究，很大一部分还是以企业财务成本管理或顾客服务与满意度作为基础的，而对生产管理、流程优化、产品质量组合等重要方面却未给予足够的重视。由此可见，现有的企业绩效管理评价指标体系在一定程度上是缺乏系统性的。

（2）绩效管理考核缺乏连续的动态性。在大多数理论研究中，只片面强调绩效考核，而绩效考核只是绩效管理系统中的一部分，并不能够代表整个绩效管理系统。绩效管理的目的是通过绩效考核找出组织和成员在一定时期内的实际产出和标准产出的关系，同时通过修正机制和反馈机制指导企业的内部和外部管理。而现有企业的绩效管理体系一般不注重如何衡量评估、驱动和强化那些能够影响企业运营管理的关键性绩效指标，因此，自然会使得这类关键性指标评价的具体结果存在一定程度上的滞后，缺乏连续的动态性管理。

（3）绩效管理方案的可移植性不强。由于各行各业的业务千差万别，而且每个企业的发展状况参差不齐，因此，现有的很多有关绩效管理的研究要么是建立在比较宽泛而笼统的供应链绩效管理探讨之上，要么就是针对某个具体行业的具体企业进行实证研究。如何提出一些普世而实用的绩效管理方案，成为研究不同行业不同企业的难点，也进一步证实了绩效管理方案的可移植性不强。

（4）绩效管理的研究主要还集中停留于理论研究，缺乏实证性研究。现有企业评估物流绩效的方法主要有层次分析法、DEA 法、模糊综合评判法、功效系数法、综合效用法等，在一定程度上需要管理人员具备比较多的数学知识，并且在评价体系模型的构建方面相对复杂，对实务界的管理者而言，不易进行理解和操作。同时，对绩效管理评价方法的研究大部分集中在基础的理论研究，与实际企业的结合较少，无形中加大了理解和掌握的难度。因此，在企业的物流绩效管理评价方法的研究中，最好能结合实际物流企业进行具体的实证研究，并将整套评价体系中的思路、建模过程与实施过程进行详细的阐述，以增加企业人员对物流绩效管理评价的感性和理性的认识。

我国在钢铁物流信息化方面也在不断创新，现代化的物流技术也逐步在钢铁行业中得到应用，例如：《RFID 技术在钢铁企业厚板物流上的应用》就 RFID 技术在钢铁企业厚板物流上的应用进行了详细阐述；《基于 JSP 的钢铁企业船运信息系统》介绍了钢铁企业船运原料的信息系统，并根据物流的要求，在系统设计中采用了 JSP 技术；《GIS/GPS 技术在钢铁企业物流中的应用》提出了基于 GIS/GPS 的钢铁企业物流模型等。目前，物流信息技术在钢铁行业内的应用范围并不广泛，有些技术只有部分企业能够使用，在行业内尚未得到推广。

随着电子商务的发展，低效率的钢铁物流也成为了钢铁电子商务发展的瓶颈。有些企业也开始尝试构建电子商务企业协同化物流信息平台，例如宝钢集团的东方钢铁在线，作为钢铁供应链多方业务的协同平台，为产、购、销、物流等各方面建立了一个网络信息服务平台，提供个性化的信息及交易服务。但是，在向外推广的过程中也遇到了瓶颈。它只能在宝钢的营销系统范围内进行推广，并需遵循一定的标准，而在宝钢之外，各钢厂的品种分类、钢种定义不尽统一，交易过程中的合同、提单等单据也各不相同。

我国钢铁行业的发展还处在关注钢铁制造企业内部职能和内部资源整合的阶段，很少有站在社会物流的角度以供应链的视角去分析和探索钢铁物流的本质，钢铁行业的物流信息化建设一般也是侧重生产物流环节，实现生产物流与生产过程控制的无缝连接。但是，内部的信息化并不能有效地解决钢铁供应链上下游企业之间信息衔接的问题，如何将基础信息标准化，整合钢铁供应链上下游的资源和信息，建立钢铁物流信息平台，还有待进一步的讨论和研究。

目前，我国钢铁物流企业对人的管理还处在从传统的人事管理向现代人力资源管理的转型期，理论界对钢铁物流企业人力资源管理的研究几乎没有，在有关钢铁物流的文章中，大多是提到物流专业人才缺乏这样一个现实的状况，但对如何解决这样一种情况并未论及。本书将通过对国内外关于人力资源管理研究的论述，希望能够对钢铁物流企业人力资源管理工作有所启迪。

第二章 物流的战略分析视角

第一节 物流战略的概念

现代物流是一种新兴的服务性产业,自上世纪 90 年代初期现代物流概念导入我国以来,物流产业就开始作为推动产业结构优化升级、加快经济增长方式转变的手段受到了重视。尽管如此,在战略定位上对物流的评价基准仍然停留在追求物流成本的降低带来所谓"第三利润源泉①"的"物流效率论"的层次上,此观点主张物流的主要目的或者主要功能就是削减物流成本,通过最大限度地削减物流成本实现更大的边际利润。由于此学说将物流的功能仅定位于削减物流成本,因而在此称之为"狭义第三利润源泉论"。

需要指出的是,由于我国目前物流理论框架的构建还不充分,"狭义第三利润源泉论"掩盖了物流的本质,无益于全面把握物流的战略定位。在展开论述之前我们将物流战略的含义进行回顾。

一、战略的概念

"战略"一词原为军事用语,是指筹划和指导战争全局的策略,综合整体形势和敌我双方政治、军事、经济、科学技术、地理等诸因素,科学预测战争的发生与发展,制定战略方针、战略原则和战略计划,筹划战争准备,指导战争实施所遵循的原则和方法。换句话说,就是为了实现军事目标,统筹军事计划,并将各军事行动围绕军事目标进行有机整合。

今天,战略论不再仅仅停留在军事领域,也深深地影响着企业层面的经营决策。企业经营战略是企业为了实现其经营目标,适应竞争环境所作的战略性经营

---

① 由引进生产自动化而带来制造费用的降低被称为"第一利润源泉",由市场营销的导入而带来的单位商品销售费用的降低被称为"第二利润源泉",未开发的物流领域称为"第三利润源泉",同一时期针对物流成本比较有代表性的另一主张为日本学者西泽修的"物流冰山说"。

活动①。纵观企业的经营环境,经济快速成长的同时,竞争亦随之加剧,企业有必要通过改善经营资源的效率来强化其体质。其次,消费者的成熟化以及消费市场的多样化使得市场愈发难以预测;消费者购买行为的不确定性意味着企业为此需要投入更多的经营资源。再之,随着信息化时代的到来,企业需要导入先进的经营技术以面对日益不确定的产业竞争环境。因而,企业有必要重组企业经营资源,使企业经营战略成为具有能够全方位应对各种竞争的"多功能利器",以适应复杂多变的经营环境。

二、企业导入物流战略概念

企业经营战略的实施通过诸多个别经营活动来实现。在诸多参与企业经营行为的活动之间,存在着各经营活动之间以及各个别经营活动与企业经营战略之间的定位问题。概括说来,一般有以下几种关系:首先,个别经营活动之间存在着既相互依存,有时又相互排斥的二律背反(trade-off)的关系;其次,个别经营活动有时会随着企业经营战略的调整而相应变动,个别经营活动的变动会影响企业经营战略的实现;最后,在评价个别经营活动的时候,既要对个别经营活动进行狭义性评价,同时又要对企业整体经营战略的贡献度进行评价。有鉴于此,作为个别经营活动的物流活动自然也就应该具备以上三个特点。企业战略的物流或者服从企业整体发展战略的物流的战略称为物流战略。

三、有关物流战略理论观点评述

作为对物流行为的评价,有关物流战略理论的论述开始于上个世纪的 80 年代。最早提出物流战略概念并对物流战略理论进行初步整理的是美国物流学者马丁·克里斯托弗,他在《商业物流管理》(The Management of Business Logistics)一书中简单提出了物流的战略定位问题,认为企业在制定物流战略时应首先明确物流战略的方向性,继而在此方向性之下提出物流成本与物流体系两个子系统,并对这两个子系统制定评价体系。所谓物流战略,就是由物流成本与物流体系相互结合而构成的长远性、全局性的规制与谋略。不仅如此,还应当明确相应的评价其成果的基准,这种物流战略体系在实行过程中不断通过成果的验证及反馈,为企业应对市场竞争的挑战提供决策依据。概括地说,马丁·克里斯托弗的物流战略构成分为三个部分:物流成本、物流体系、物流成果。后来,美国学者丹尼尔·林奇和

---

① J. T. Cannon, *Business Strategy and Policy*, Harcourt & World, Inc. ,P168.

斯科特·凯勒在其合著的《物流功能和战略对企业绩效的影响》论文中指出,物流处理能力与企业的经营战略密切相关,拥有出色物流机能的企业在执行企业战略时比那些物流能力稍逊的企业更有优势。另外,鲍尔索克斯与克洛斯则认为,物流处理能力是评价那些既要保持尽可能低的总经营成本又要提供有竞争优势的企业的物流服务水平的手段,但这种能力的发挥最终取决于企业对物流的战略定位。

不难看出,多数学者在论述物流的机能(生产性或效率)与企业战略的关系时,均主张物流的机能是企业战略有机体的重要组成部分,同时物流机能既是企业取得竞争优势的重要手段,又要以企业的总体战略目标为中心。这些观点对于理解物流机能与物流战略的关系方面提供了新的视角,有助于全面把握物流在企业发展层次上的定位。上述理论探索虽然对物流战略理论研究有所拓展,但是并没有针对物流战略的构成及内涵进行进一步的研究与归纳总结,笔者就是带着这样的问题意识,试图对物流战略的构成及展开作进一步研究,并尽可能提供新的分析视角及分析方法。

第二节　物流系统与物流战略的构成及展开

物流概念自上世纪 90 年代传入我国以来,以其效率面为中心,理论界和实务界进行了深入研究和应用开发。粗看起来,此一研究与应用趋势有其合理一面,本来作为构成企业经营管理活动要素的各物流机能活动①本身是独立且分散地存在于企业的生产、销售等经营管理活动之中的,追求各机能的效能最大化自然成了物流概念形成初期最易理解的一面,或者说在概念上,物流与生产、销售等经营机能一样有其清晰且互为独立的范畴。不过,企业为了其经营目标将运输、保管、搬运等机能要素诸多部门进行有机整合之后(图

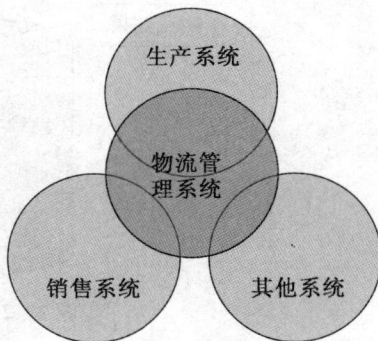

图 2-1　物流管理的战略定位

2-1),物流应作为经营机能中一个重要侧面发挥其功能。既然是横断其他经营机能的特殊部门,物流管理系统具备以下两个特征:(1) 物流管理的闭锁性。承担物流机能的物流组织作为经营管理的一个部门,有其闭锁性的一面,即有其独立的考

---

① 运输、保管、搬运、装卸、流通加工、在库管理、信息处理等物流机能活动。

核目标(对其进行生产性或效率性的要求);(2)物流管理的开放性。由于物流活动横跨多个经营管理部门,容易受整体战略目标、生产、销售等部门经营活动的影响,有时难以独立展开活动。

一、从战略视角看物流系统的基本构造

在研究物流理论时,一般立足于两种分析视角:一是宏观物流的分析视角,另一种为微观物流的分析视角。多数的物流研究里是在将二者混为一体的前提下分析物流行为的,其结果是因不在一个研究平台上论述而导致概念混乱、各说各话。如图2-2所示,物流的分析平台分为两个层次:一是宏观物流层次,二是微观物流层次。宏观物流主要是站在社会经济的视角分析物流,侧重于国民经济生活中的运输、交通等领域的问题;而微观物流则是企业管理视域下的物流管理。当然,宏观物流与微观物流并不是互不相连、独自存在的,更多的时候在制定宏观物流战略时考虑到了微观物流战略;同样,在制定微观物流战略时考虑了宏观物流战略。但并不能因此将二者视为同一问题而不加区别混同论述。近年来,微观物流理论研究中由于引入了供应链管理以及市场营销概念,淡化宏观及微观物流的差异,在经营管理的大范畴内思考物流的思潮,进一步模糊了对物流理论构造本身的研究。

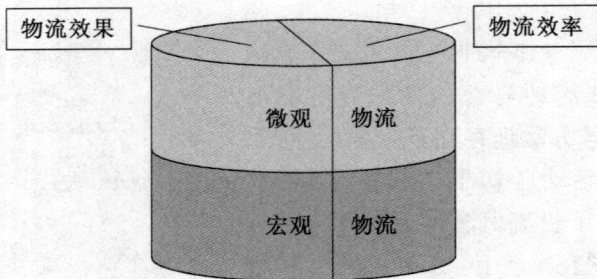

图2-2 物流的战略分析视角

除了以上所述物流的宏观和微观两个层次以外,还应关注物流的另外两个侧面:物流效果、物流效率[①]。由于宏观物流多限于运输、港湾、道路、机场、集装箱、物流设备等宏观层面的研究,限于篇幅,这里主要讨论微观层次的非主业物流企业

---

① 这里的物流效率所指的是物流机能,具体包括运输、搬运、流通加工、在库管理、信息处理等功能性侧面。

的效果和效率侧面。

上面提到物流管理具有两个特征：一是物流的闭锁性，二是物流管理的开放性。建立在物流闭锁性之上，对构成企业经营行为的各活动（运输、搬运、在库管理、流通加工、信息处理等）进行控制管理，从生产性、效率性的侧面进行考核的分析方法称为物流效率侧面。而着眼于企业整体战略目标，紧密协调生产、销售等职能部门，作为企业战略要素之一的物流的一面被称为物流效果侧面。同时，物流管理中的管理还包含两层含义：一是经营层面的管理，它是一种更高层次的管理，使物流活动符合经营战略的目标管理（效果侧面）；二是针对物流机能领域的控制（效率侧面）。

物流效果的达成一般考虑以下三个因素：

（1）物流活动对企业战略执行上的贡献性；

（2）物流服务水平的战略定位（时间、供货的安定性、正确性等服务内容）；

（3）物流在竞争市场中的战略定位。

关于物流机能领域的物流效率的达成，一般由各设施、各物流机能活动的现场管理活动构成。概括说来，有以下活动构成：

（1）物流的生产性管理（各机能活动的生产性管理）；

（2）物流设施、部门的个别管理；

（3）物流机能活动（运输、保管、搬运、包装等）的作业管理；

（4）物流费用管理。

物流管理活动的基本课题就是企业紧紧围绕着物流效果和物流效率两个侧面，建立一个不但有高效率还要有高效果的物流体系（参考表2-1）。

表2-1 物流效果与物流效率的评价体系

	特点	目的	评价方法
物流效果	构成经营战略的一个要素	追求对整体战略的贡献	在市场竞争中评价其对整体及其他部门的贡献
物流效率	经营管理活动的一个要素	生产性、效率性的贡献	以成本等效率基准对其评价

二、物流效率的战略性贡献分析

现代物流产业是服务性产业,同样对非主业物流企业来讲,物流机能对企业发展战略同样起到支撑性贡献作用,"物流体制的构建是从物流服务水平的构建开始的"[①]。美国著名市场营销学家菲利普·科特勒在《营销学原理》第一章中指出,"物流就是创造需求的手段""物流服务水平直接与企业服务水平相关"。物流战略的宗旨是以最小的成本来实现最高的物流服务水平,从而提高企业的整体竞争力。

物流品质的改善是以物流服务水平[②]的改善为核心进行的,物流服务的内容主要是在运输的安全、合理库存水平的维持、准时交货、事故处理、信息的提供等物流战术层次的业务行为,物流服务水平的提高必然引起物流成本的上升(图 2-3)。从企业经营管理的战略角度来看,物流成本的上升并非一定意味着企业经营绩效的低下,而是应当看随着物流服务水平的提高(物流成本的增加)企业总收入、净利润额是否随之增加。

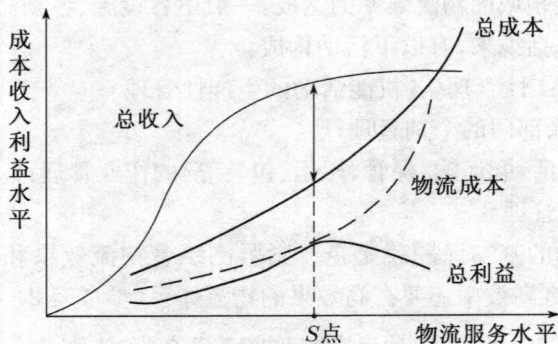

图 2-3 物流服务水平、物流成本与企业总收益的关系
出处:巴罗[1992],P96(略作修改)

前面提到,企业经营战略的实施是通过诸多个别经营活动的执行来实现的,作为企业经营活动的物流管理,其个别机能活动之间存在着既相互依存、有时又相互排斥的关系,不过,个别经营活动应当随着企业经营战略的调整而相应变动。当然,对个别经营活动进行狭义性评价的同时又要评价其企业的整体经营战略的贡

---

① 矢作敏行. 现代流通. 有斐阁アルマ,1999,88 页.

② 所谓物流服务水准,是指企业所能提供物流机能的业务达成能力,包含对时间、供货的安定性、正确性等服务内容及指标的制定.

献度。只要因物流服务质量的改善而带动的净增加利润 ΔP 的总和大于用于改善物流机能、提高物流服务水平的净增加物流费用的 ΔLC 的总和,就可以说物流成本的增加为有效增加(参考图 2-4)。

$$\sum \Delta P > \sum \Delta LC$$

ΔP:因物流服务质量的改善而带动的净增加利润;ΔLC:为净增加物流费用的总和。

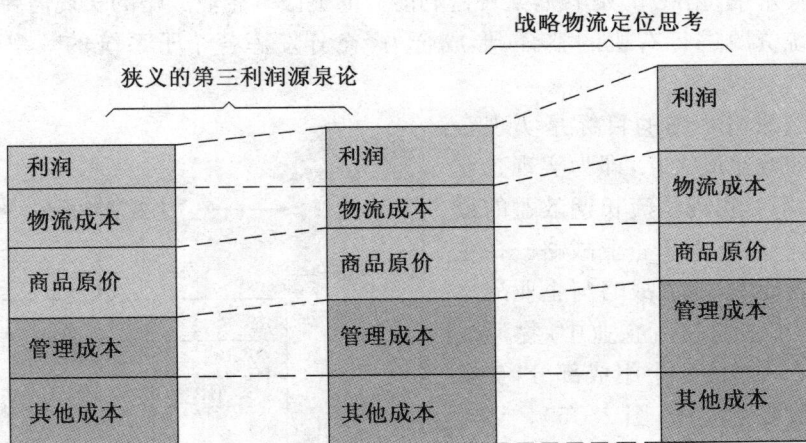

图 2-4　物流战略定位与增值效果概念图

从战略的角度来看,随着物流服务水平的提高,企业的收入会随之增加,但随后在物流服务水准越过某一点以后(图 2-3 中的 S 点),由于物流成本的急剧增加,收入的增加开始钝化,甚至无论多大程度改善物流服务,都难以走出收入的低迷,更甚至于因过度追求物流服务水准的提高,而导致净增加物流费用的 ΔLC 的总和大于因物流服务质量的改善而带动的净增加利润 ΔP 总和,也就是说物流成本的增加为无效增加。

三、物流战略的效果与效率辩证关系

物流系统包含两个侧面:物流效果与物流效率,物流效率侧面的发挥势必影响物流效果的达成。而作为物流系统轴心的物流战略毫无疑问也具有物流效果和物流效率这两个侧面。一般物流战略所要达成的目标有三个:第一,成本最小,是指降低可变成本,主要包括运输和仓储成本,例如物流网络系统的仓库选址、运输方式的选择等;第二,投资最少,是指对物流系统的直接硬件投资最小化,从而获得最大的投资回报率;第三,改善服务。一般认为企业收入取决于所提供的物流服务水平,尽管提高物流服务水平将大幅度提高成本,但收入的增长可能超过成本的上涨[①]。物流战略的目标是物流战略效果性与效率性的辩证统一:一方面,物流系统的闭锁性要求物流战略制定或实施过程中将物流作为一个系统实现该系统的最优化,即使物流成本、投资成本最小化;另一方面,物流系统的开放性要求不仅对物流系统进行狭义的评价,同时又要评价物流对企业整体经营战略的贡献性,通过改善物流服务水平,拓展市场份额,实现盈利能力的突破。企业战略的实现需要对企业各个系统资源进行有机的整合,形成合力,充分发挥各个子系统的效率性和效果性。

物流战略实施的目标是实现企业的长期效益最大化,即为实现企业战略,而不是实现物流长期效益的最大化,这一点有别于企业战略。在主业物流企业中,物流战略与企业战略重叠;在非主业物流企业中,物流战略是企业战略的一个组成部分,支撑着企业战略的实施(图2-5)。物流战略对企业战略的支撑作用是基于物流系统的开放性,是物流战略的效果侧面的重要体现。物流系统的开放性要求物流战略与生产战略、营销战略、财务战略保持协同,共同实现企业战略,而不是片面地追求物流系统的长期效益最大化,因为物流战略需在企业战略的指导下制定,物流战略的实施情况影响企业战略的完成。

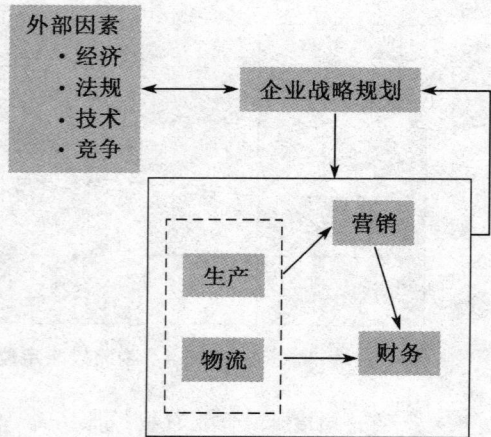

图2-5 物流战略与企业战略的关系
出处:巴罗[1992],P96(略作修改)

物流战略的效率性强调在企业战略的指导下实现物流系统的长期效益最大化。但物流系统作为企业的一个子系统,单纯追求其物流系统的效率性,实为追求企业系统的局部最优。而物流的效果性强调通过物流系统对企业其他子系统的协作从而达到企业系统的全局最优。物流战略的效率侧面体现了物流系统的闭锁性,物流作为一个独立的子系统有其独立的考核指标,要求其实现物流系统的低成本化、最优化。

---

① 巴罗.企业物流管理——供应链的规划、组织和控制.机械工业出版社,2006:28.

但物流成本的削减并不意味着企业利润的增加,可能致使企业产品质量和服务质量下降,从而给企业的长期效益带来负面影响(图 2-3)。同时,物流成本的上升也不意味着企业利润的下降,促使物流成本上升的原因可能是:企业着眼于未来,实施为客户提供更多增值物流服务的战略;或者企业为实现整体效益最大化而牺牲物流子系统的效益,促使生产、营销等其他子系统效益的更大化(图2-4)。

物流战略的效率性与效果性的辩证关系可以扩大供应链范畴。在供应链中,物流作为一个系统或一个独立经营的部门,有其独立的考核体系,追求物流系统的低成本化、最优化成为必然,体现了物流战略的效率性;然而,物流战略的目的是为了实现供应链战略,单纯追求物流系统的效率性,即物流系统的最优化,对实现供应链战略反而没有益处。物流战略效率性的夸大势必会影响其效果性的发挥,效果性的发挥又会使物流系统次优化。

第三节　狭义第三利润源泉论

前文提到,第三利润源泉论定位于物流成本的削减,目的在于通过物流成本的削减实现企业的长期效益最大化。这里将从物流战略的效果性和效率性的辩证关系角度重新审视该理论的合理性以及应用范围,在进一步展开之前,笔者将简单阐述两个概念:主业物流企业和非主业物流企业。

一、主业物流企业与非主业物流企业

从事物流活动的企业,因物流活动本身在企业经营活动中所处的战略地位不同,分为主业物流企业以及非主业物流企业(参考图 2-6、图 2-7)。

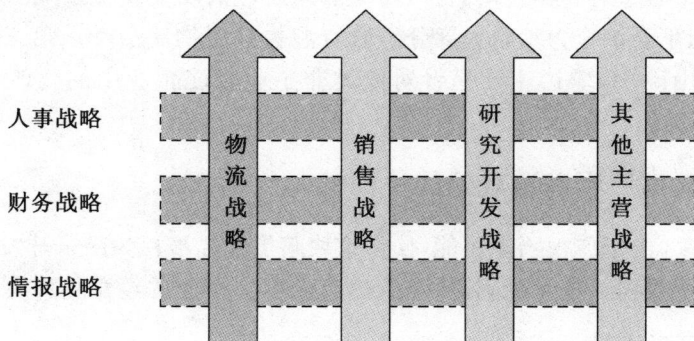

图 2-6　主业物流企业经营战略构成

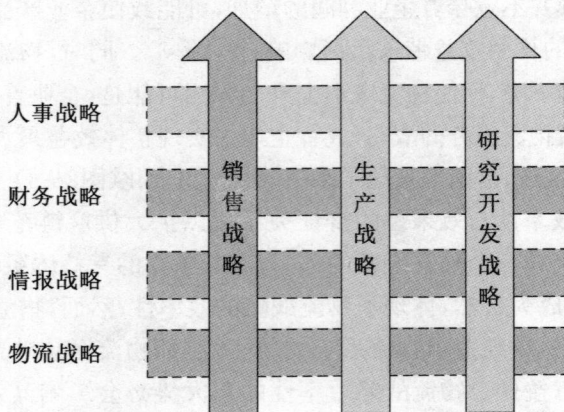

图 2-7 非主业物流企业经营战略构成

所谓主业物流企业,是指物流的机能行为为其主营业务内容,并且通过提供物流的机能行为而获得的经营利益为其主要利益源泉的企业。例如,从事运输、配送、仓储、搬运、流通加工等的专业化经营业务的企业。主业物流公司多以第三方物流(3PL)的角色向其顾客提供专业化物流服务,对于此类主业物流企业来说,物流业务为其核心业务。由于主业物流企业主要甚至仅仅通过提供专业化物流服务获得利润,因此,对此类主业物流企业来说,物流与其说是第三利润源泉,不如说为第一利润源泉更恰当。

所谓非主业物流企业,是指那些物流业务为非主营业务,但和人力资源、财务等部门一样对主营业务起到支持、辅助功能的企业。比如,对于松下电器株式会社而言,主营业务就是电子产品的生产制造,物流和人力资源等其他职能部门一样不是主营业务。尽管对此类公司而言,物流部门所起的功能直接影响到公司的经营绩效,但公司不会举全力整合大部分经营资源去开展物流活动。第三利润源泉论以及物流冰山说①等学说主要是针对此类非主业物流企业中的物流机能提出的学说。

二、狭义第三利润源泉论的片面性

长期以来,由于忽视物流机能,使得这块暗黑大陆被视为尚未开发的利润源泉而引起了广泛重视。毫无疑问,从降低物流成本为企业的经营腾出更多的边际利

---

① 日本物流学者西泽修在 1977 年提出此学说。

润这一点来看具有十分重要的意义。但是，由于我国目前物流理论框架的构建还不充分，在理论界和实业界有一种狭隘理解物流的作用，言物流必"第三利润源泉"的趋势，混淆了物流问题的本质。

　　狭义第三利润源泉论观点认为，绝对物流费用的降低会给企业带来边际利润，而这个边际利润又为企业价格战略、营销战略的实施提供条件。在这里并无意否定第三利润源泉论，毋庸置疑，以降低物流费用为主要内涵的物流生产性的提高对改善企业经营绩效有重要意义。问题是对非主业物流的企业来说，提高绩效的手段绝非仅靠改善物流、降低物流成本来实现，过分强调物流的第三利润源泉作用会掩盖问题的本质。从供应链管理的角度来看，过分强调物流的第三利润源泉的思想则是偏重于局部最优化而忽略整体最优化的狭义思考。狭隘的第三利润源泉论观点忽视了物流战略的效果性与效率性的辩证关系，认为单纯地通过提高物流系统的效率性可提高物流对企业或者供应链战略的贡献性和支撑作用，在作出成本削减的决策时需要站在企业整体战略或供应链战略的角度上去判断，物流成本的削减如果偏离了供应链整体的最优化，反而会因小失大，得不偿失。一味降低物流成本势必会降低物流对整体战略的贡献度，提高物流成本可能是：企业出于对企业或供应链长期效益的考虑，以牺牲物流系统的最优化为代价争取其他部门或系统的更大化。

第四节　物流的战略分析视角

　　从战略角度重审物流系统的构成，将物流系统分为两个层次：宏观层次和微观层次，同时可从两个侧面审视物流，即物流效果性和物流效率性。

　　在非主业物流企业中，作为企业经营重要组成部分的物流因其独立且贯穿于各职能（如采购、生产、销售）部门之中，并具有其独立专门的考核体系，具有闭锁性的特征；同时，因物流的各个职能横断企业各职能部门，物流系统目标的实现受制于企业总体战略、采购战略、生产战略、销售战略等职能战略的开展，与职能战略有着相互制约、相互依赖的关系，难以独立开展活动，具有开放性的特征。基于物流系统闭锁性的物流效率侧面强调物流系统自身的效益最大化，即通过物流成本的削减实现利润的增加；基于物流系统开放性的物流效果主要着眼于企业战略的实施优先于物流效率性的实现，注重物流系统对企业战略的支撑作用。而在企业经营管理活动中存在两种辩证关系，即个别经营活动之间的二律背反关系和个别经营活动与企业战略之间相互制约和相互依赖的关系。所以在对物流系统进行评价时,对物流系统进行狭义性评价的同时又要对企业整体经营战略的贡献度进行评价。物流服务质量的改善而带来的企业净利润的增加大于用于改善物流机能、提高物流服务水平的净增加物流费用的总和时,就会出现有效增加现象;但当物流服务水准超越某一点后,物流成本增加的速度将大于收入增加的速度,出现无效增加现象。

与此对应,物流战略也具备两个侧面:物流效果性和物流效率性。物流战略的效果性强调物流战略对企业整体战略的支撑作用,通过物流战略与生产战略、营销战略等职能战略的协同实施,实现企业的长期效益最大化。物流战略的效率性则强调物流作为一个相对独立的子系统实现自身的长期效益最大化。物流成本的削减并不意味着企业利润的增加,可能致使企业产品质量和服务质量下降,从而给企业的长期效益带来负面影响。同时,物流成本的上升也不意味着企业利润的下降,促使物流成本上升的原因可能是:企业着眼于未来,实施为客户提供更多增值物流服务的战略;或者企业为实现整体效益最大化而牺牲物流子系统的效益,促使生产、营销等其他子系统效益的更大化。单纯地追求物流战略的效率性实为追求局部最优化并非全局最优化。物流战略是物流效果性和效率性的辩证统一,夸大任意一面将致使物流战略实施的畸形化。在制定企业战略时,应统筹各种资源,防止出现局部次优化,打造企业经营的"多功能利器",以应对不断变化的市场环境。

使用范畴仅限于非主业物流企业的狭义"第三利润源泉论"实为一种夸大物流战略效率性的"物流效率论",强调通过物流成本的削减实现企业效益的长久提升,对非主业物流的企业来说可以通过提供立足于客户的创造性物流服务来实现企业效益的增加,绝非仅靠改善物流、降低物流成本来实现。"狭义第三方利润源泉论"偏离了物流战略的内涵,掩盖了物流问题的实质。

第三章　钢材流通体系

第一节　钢材流通发展概况

"十一五"期间,我国钢材流通业受益于经济建设的繁荣,呈现出蓬勃发展的局面。我国钢材流通业不断进行创新与实践,积极转变发展模式;企业不断调整发展战略,创新经营模式,在转型中谋求更好的发展。我国钢材流通业逐渐形成了市场开放、运作高效、竞争有序和低碳环保的钢材流通新体系,钢材流通产业逐步实现由传统流通业向现代服务业的成功发展转型。

一、钢材流通发展回顾

统计显示,我国钢铁流通量的年均增长速度已超过社会生产资料。从 2006 年起,我国粗钢产能逐年增加。如下图所示,2008 年,我国粗钢产能超过 5 亿吨,2010 年,则创下世界钢铁产能的新纪录,达到 6.3 亿吨。最近五年,我国钢铁产能几乎保持了年均 10%的增长速度。仅从销售额来计算,我国钢材交易在所有大宗商品交易中位居前列。伴随我国城市化进程和基础建设的加快,钢铁流通业也得到了前所未有的发展。

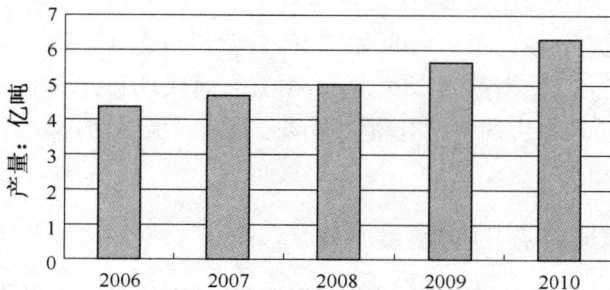

图 3-1　2006—2010 年中国粗钢产量柱形图

我国钢铁产能占据全球钢铁总产能的较大比重。根据 2009 年统计结果,我国粗钢产量达到 5.7 亿吨,接近全球总产能的一半。据工业和信息化部的预测,未来五年,我国钢铁产业的强劲需求仍将在 7～8 亿吨间高位震荡,但整体需求将进入顶峰徘徊,并在弧顶达到历史最高点。在产能过剩和各节点利润挤压下,钢铁行业增速和市场需求都将放缓。由此可见,中国可称之为钢铁产能大国,却不是钢铁强国。与世界成熟发达的钢材市场相比,我国钢铁产业还有较大的利润拓展空间。

我国钢铁产业在世界钢材市场的竞争力相对较弱,其原因主要表现在两个方面:首先在国际上,富铁矿的开采权、供应渠道和价格谈判均控制在跨国公司手中,一些高端产品尚需要进口;其次在国内,钢材流通体系中剪切、加工和配送等多样化增值环节发展缓慢,钢材流通渠道不畅。前者铁矿石等原材料涉及全球供应链和国家战略问题,不属于本书研究的问题;后者钢材制造与分销涉及钢材流通问题,是本书研究的主要问题。由此分析,国内钢铁行业复杂的流通环节和高昂的流通成本是钢铁产业链总体利润不高的主要原因。

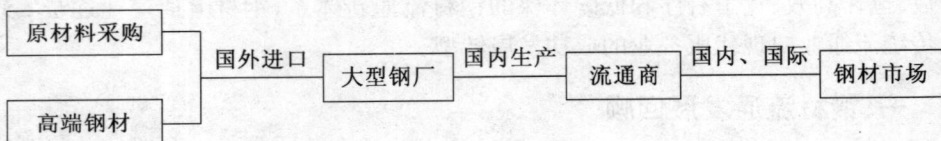

图 3-2 中国钢材产业全球供应链

根据中国物流学会资料统计,2009 年,我国从事钢铁产品批发、加工、分销和贸易业务的注册企业约有 15 万家,吸收了 150 多万就业人口,钢材年销售额高达 15 万亿元。其中,多达 200 家的钢材现货交易市场已经实现年销售额在亿元级以上,年交易额总计超过 10 万亿元。这充分表明,经销商和贸易商库存的稳定对当期钢铁市场资源量有着重大影响。2007 年上半年,在钢铁协会会员中钢铁生产企业通过自己控股的分销公司销售的占 15%,自营出口占 11.3%,钢铁企业自营营销(包括零售)占钢材总销量的 58%左右,由流通商代理和分销的钢材占总销售的 42%左右,分销公司销售的钢材有很大一部分是通过流通商再分销的,足见钢材流通环节的复杂性。

二、钢材流通存在的问题

目前大部分钢材在实体交易市场中进行交易,这是我国钢材流通业有别于其它国家的主要特征。虽然我国钢材流通业的发展与壮大推动钢铁产业进入了前所未有的高速发展期,并且钢材流通对我国钢铁产业做出了巨大贡献,但钢材流通业的缺陷和不足也十分突出。

（一）总体缺乏理论指导，统筹规划存在缺陷

我国钢材流通业涉及面广，跨度大，从系统科学角度来看，不同角度的分析、研究涉及不同层面的问题。在钢材交易层面，包括分销商的选择、营销渠道的建设、实体和虚拟钢材交易市场建设等多个方面；在钢材物流层面，包括钢铁仓储、运输方式、剪切加工、配送体系建设等多个环节；在钢材流通链管理层面，包括市场需求预测与分析、信息和资源整合、库存资源设定、市场响应和精益生产等方面；在外部环境层面，涉及钢材流通相关基础设施如铁路、公路、航运、仓储等发展水平，以及钢材流通行业标准和规范制度运行，金融期货市场和现货市场发展程度，电子商务平台和信息化应用水平等，都制约我国钢铁流通业发展水平。

因此，要形成较为统一的钢材流通管理思路，必须对我国钢材流通业进行全方位统筹规划。不能仅偏重钢材流通的某一个环节企图带动钢材流通业的整体发展，要对各个层面所涉及的管理理论和方法进行系统整合才能达成共识。

（二）流通渠道复杂，交易环节过多，流通成本甚高

欧日美等世界钢铁强国的产业发展都经历了并购与整合的阶段，现存的钢材流通体系中仅存几家规模较大的钢铁制造企业，与少数的钢材经销商达成战略协作，因而有利于钢铁产业中上游把握钢材产品的走向。而中国现在正处于钢铁制造企业和钢材流通商竞争重组的阶段，因此在激烈竞争中，能够得以生存的企业必然要经历一轮改革的浪潮，彻底改变管理粗放、混乱落后的局面。

我国钢材流通业复杂的流通环节成为整个产业难以取得突破的根本性原因。第一，我国钢材经销商数量众多，集中度较低。据统计，年销售规模在千万吨级别以上的仅有一家，在五百万吨级别以上的只有四家，可见绝大部分钢材经销商年销售规模较小。小规模钢材经销商经营模式单一，增值服务能力较弱，难以跟钢厂谈判取得价格优势，更无法利用自身信用获得资金周转。第二，经销商级别化管理，从上一级到下一级延长了流通环节；且下游市场分散，环节众多导致了时空跨度过长；同质竞争导致经销商间缺乏有效合作，无形之中加重了流通成本。第三，钢材流通中经销商的投机心理扰乱了市场秩序，仅靠"低买高卖"形成利差的零和博弈，导致赢利的一方无法持久，这违背了市场经济互利共赢的生存法则。例如，通过低买高卖、哄抬钢材价格的贸易方式，直接侵占并损害了客户的利益。因此，钢铁制造企业和钢材经销商都将面临重新洗牌，能够持续为客户创造价值的企业才能长期在市场中立足。

综上所述，我国现有钢材流通模式难以满足终端用户对产品时间、地点和多样性的需求。经销商队伍数量上的大幅度缩减,经营战略上的兼并与收购,是今后整个钢材流通业的发展趋势。

（三）钢材流通业增值服务拓展不足,内部管理缺少创新

"重视生产,忽视流通"的经营管理思路严重制约了我国钢铁企业的发展。一直以来,我国钢铁制造企业强调产能为运营的核心,重视企业内部的生产管理,粗钢产能连续创造了世界钢铁产业的纪录。但是这种传统职能化的分工模式远远跟不上市场对钢材的需求程度,在钢铁产业链的中下游,仓储、加工、销售与运输等环节分割管理,对市场反应缓慢,难以高效地实现钢材的流转。因此在流通环节,钢材仓储库存积压严重,从产业链下端到上端"牛鞭效应"被放大,剪切、加工、配送、物流信息等增值服务发展落后,上下衔接出现漏洞,因此整个流通业运营效益并不高。

总体来看,我国钢材流通业正处于蓬勃发展中,距离真正意义上的现代钢材流通业相去甚远,这主要表现在 4 个方面:其一,流通环节协同困难,物流标准化程度低,庞大的钢材分销商群体大部分层次较低,同质化竞争严重,流通各环节和各要素之间难以做到紧密衔接和资源共享。其二,信息化应用水平较低,电子交易发展滞后。在钢材流通产业链中,信息是重要的载体,通过电子商务平台下游流通商或客户可以直接接触上游钢厂,实现精准订货,因此经销商掌握的流通量可控,可以有效解决"牛鞭效应"造成的产能过剩问题。其三,在钢材集配环节,钢材加工配送中心和钢材物流中心区域服务范围不足,业务开展缓慢,其建设规模或功能开发不能因时因地满足下游的物流要求。其四,从钢材流通业的源头来看,钢铁制造企业的产品和服务模式达不到现代流通业的要求。一方面,整个钢铁行业规范和行业标准制定困难,钢铁企业内部管理和服务模式简单粗放,注重生产物流,忽略销售物流;另一方面,钢铁企业技术研发能力落后,飞机、船舶和造船等高端用钢尚依赖于进口,这根本上决定了其产品覆盖范围有限。

（四）钢材流通参与方信息不对称,利益制衡机制欠缺

目前国内钢铁企业与钢材流通商大都通过传统人工模式开展业务,由于从业人员整体水平比较低,所以都不太注重对信息的收集、加工与利用。钢材流通过程中的低效率主要表现在钢铁上下游间(例如钢厂与经销商)通常因利益博弈导致信息不对称。例如,各节点企业在整个流通链条中处于"信息孤岛"的状态,没有建立完善的对接平台与信息交流机制,导致业务管理水平因信息化滞后而运营效率低下。对于已建立电子虚拟交易市场开展网上交易的企业,也难以整合资源建立业务数据库,或者没有进行数据挖掘或数据分析而不能产生效益。

总之,钢材流通业结合了不同学科和不同行业的跨企业、跨区域的钢材流通过程。随着现代服务业水平的提高,在不同时空条件下,流通链上各节点企业正依赖信息技术推动业务开展,同时节点企业充分利用外部资源整合供应链,打破"信息孤岛",这是促进我国钢材流通业走向现代化的重要手段。

第二节 钢材流通重要理论

从不同的理论角度分析,钢材流通侧重点和涵盖的内容不同。国内大部分学者研究钢材流通时都从某单一角度出发,例如营销渠道、钢材物流、钢材供应链等,其在管理实践中都不能系统科学地阐述钢材流通的内容。因此,本书认为,钢材流通是在钢厂到钢材终端用户的整个流通渠道中钢材"实体"流通和"虚体"流通产生物流、商流和信息流的全部过程,这是在实践上对钢材流通的系统科学认识。

一、钢材流通的特点

国民经济的持续快速增长为我国钢铁物流的发展提供了强有力的保障,也是钢材流通业飞速发展的助推器,钢铁生产与整个国民经济建设息息相关。总体来讲,我国钢铁消费量和产量增长的基本原因大致可以归结为三个方面:一是大规模的基础建设和重大装备的投入;二是城市化进程拉动了钢材的需求;三是整个钢铁产业的技术进步。此外,钢铁消费量和产量的增长同样需要相关的基础服务设施来配套,而这些服务设施的完善也会进一步刺激钢材流通业的发展。

(一) 钢材流通的独有特点

钢材流通业受钢材自身物理特性和外部条件等各方面关联因素的影响较大。从运输方式看,钢铁的载重量较大,易于大件运输;因为钢铁产成品不易变质,又大都采取机械化吊装,所以运费结算也相对容易。从市场销售看,钢材受国际钢材市场影响较多,钢铁价格波动性大且变化快,风险收益并存,因此利润空间也较大。从发展空间看,由于钢铁物流属于资金、技术、信息密集型服务行业,所以无论是资金的融合、技术的改进,还是信息的获取,都为钢铁物流的创新与拓展提供了广阔的盈利空间。

(二) 钢材流通中的物流特点

我国钢铁制造业虽然经历过产业的并购与重组,但钢铁物流服务业的完整体系却始终难以形成。钢铁物流各环节没有理清,流通产业布局不合理,物流市场无序竞争,导致了钢材流通链整体效益的不佳。一般来说,通常钢铁制造企业最初建有自己的运输部门、仓储部门,职能化分工管理导致物流资源不能够集中整合,资源大量浪费,综合效益低下。物流过程中的运输、仓储、回收和加工等职能部门各司其职,使得单项物流无法形成系统物流,从而不利于整体效益的发挥。钢铁物流的流程管理仍然采取狭隘的经营模式,如企业内部的产供销部门分立,产供销过程中的生产物流、供应物流和销售物流通常也被人为地切割开来。钢材物流运营水平不高的原因主要表现在两个方面:一是硬件因素,即钢材物流技术装备水平低。在实践调查中发现,我国绝大部分"钢材物流中心"的技术装备大多处于传统物流管理水平,与现代钢材物流服务业的要求相差甚远。二是软件因素,即与钢材流通相关的第三方物流和第四方物流的信息化水平相对较低。如 SCM、ERP、CRM 提供商,其解决方案虽在一定程度上提升了企业信息化管理水平,但由于开发的系统缺乏针对性的个性化服务,常常不能满足企业的预期要求。与此同时,物流管理相关专业人才短缺,物流知识和物流管理软技术滞后。

(三) 钢材流通中的商流特点

为有效满足用户准时化、个性化、多元化的要求,现代化的钢材流通业正逐步实现以信息技术为支撑流通链的组织结构扁平化。经销商数量正大幅度缩减,流通领域内的产业集中度有了较大的提高,行业内逐步涌现出一批集加工、配送、仓储、运输、销售于一体的向下游延伸的大型钢材流通企业,以达到缩短流通路径、降低流通成本、提高流通效益的目的。钢材流通企业的做大做强,一方面有助于钢铁制造企业向下游市场延伸,拓展增值服务范围;另一方面促使上游与流通企业由博弈走向合作,更好地巩固已形成的市场地位。同时,电子商务已经把传统流程改在网络上进行,于是通过网络渠道可以销售钢材产品。电子交易不仅节省了人力、财力、物力,而且有效地拓展了业务渠道,缩短了交易链条。另外,电子商务不受时间和空间的限制,因而加速了信息流、资金流、商流和物流的紧密衔接与有效互动。

据统计,目前国内已有 80% 的钢铁企业通过电子商务开展业务,其中约 3 成的钢铁贸易企业通过电子商务赚取了更大的利润,10 余家大型的钢铁生产企业的网上销售业绩已取得明显成效。钢铁企业开展电子商务,不仅有助于企业内部加强业务联系,企业间洽谈业务、开展商务活动,同时也为客户提供了技术培训和售后服务的高效交流互动平台。

二、钢材流通重要理论

随着中国经济的飞速发展,现代物流业对促进产业和地区间的互动发挥了重要作用。我国钢材流通业从传统钢材物流走向现代钢材物流,也是现代服务业迈上新台阶的一个重要标志。

现代钢材物流服务业的特征主要体现在以下 5 个方面：

（1）从实物运转到实物流动。钢材物流贯穿于产供销全过程，特别是生产过程之中。生产物流是企业内部的钢铁原材料、半成品或产成品的空间位移过程；销售物流则是通过流通链将钢材送达用户，实现钢材的外部流动过程。

（2）从企业物流到社会物流。传统企业物流部门为企业服务，在经营淡季大量资源闲置、利用率不高，造成浪费；社会物流是利用第三方物流等外部资源整合打造企业的供应链，企业因而可以专注于核心业务。

（3）从搬运服务到增值服务。传统物流被视为企业的成本，是销售费用的一部分；现代物流包括提供仓储、包装、加工、信息等一系列增值服务和一体化的服务，增值服务是创造企业价值的重要内容。

（4）从大市场到大物流。传统观点认为市场越大，服务范围越大。当"零库存"战略和准时制生产等理念出现以后，企业管理思路有了新的改变。市场与物流紧密结合而连成一体，市场信息传递加速，迅速响应市场成为企业运营的重要目标。

（5）从交通网络到信息网络。传统区域物流最初研究配送网络的优化，以降低配送成本；在网络时代，信息构成了现代物流的核心，通过钢材流通管理平台上下游可协同运作和信息共享，交货能够打破时空限制，从而提高物流效率。

（一）从营销渠道到供应链的转变

美国营销学之父菲利普·科特勒认为，营销渠道是帮助生产者向消费者转移产品或劳务所有权的组织、企业或个人，所以钢材营销渠道就是钢材从钢材制造企业到钢材用户的所有权转移过程。营销渠道更多的是以生产企业为核心，促进企业商流的实现过程，而供应链被赋予了更多的内涵。

供应链是一个系统的概念，是上下游企业因利益关系密切合作、主动结合在一起形成的一条链。供应链是围绕产业链上的核心企业，从上游原材料采购到生产加工为产品，通过营销渠道和销售网络，完成向下游的产品销售和物流服务。因此，供应链中不仅产生商流，还产生物流、资金流和信息流。供应链的中下游通过仓储、加工、包装等增值环节，实现对原始产品的价值创造，并通过接近客户的优势，能够快速地响应市场。供应链在本质上是一条价值链，各节点企业依靠自己的核心优势，摒弃不擅长的业务，集中主要优势资源，为客户提供更具竞争力的产品或服务。

从钢材物流发展到钢材供应链是一大飞跃，是现代物流的优化升级，也是全新的商业模式。供应链是一个系统工程,从产品的市场调研,到研究开发设计,再到原料、零部件的供应,生产加工制造,再到营销、维修服务以及产品回收的全部过程,是一体化的集成运作。打造钢材供应链,应注意以下 6 个方面:围绕核心优势打造供应链,做自己擅长的事;全球背景下的专业化,更应专注于核心业务;突出核心竞争力,集中资源配置,将非核心业务外包;企业间紧密合作,形成经济资源联合体(或战略联盟),注重供应商价值,按质量、成本、时间等选择标准长期互利合作;从企业内部平衡到企业外部平衡,实现供应链整体最优;同时优化流程,提供第四方物流(物流的设计、方案优选)服务。

供应链的实质是价值链,通过价值链分解,提升供应链整体价值,创造新价值。价值链的效益来自企业内部占 1/4,企业外部占 3/4;流通链上努力争创"软三元",如产品出厂价为 1 元,其零售价通常为 4 元,生产成本下降空间已经不大,而降低流通渠道中所增加的 3 元成本是可行的。现代供应链的竞争体现为整体的竞争,而非单个企业,参与国际业务竞争的企业,要着力打造全球供应链。

在钢材供应链的组织管理方面,钢材供应链建设主要突出以下 3 个方面:

(1) 以客户为导向。客户需求是供应链的起点,从推动到拉动,快速响应市场。

(2) 钢材流通管理平台。串联起钢材流通体系,通过 6 大子系统完成信息的互动,预测、定制、生产、营销、物流管理等都融合在流通管理平台,简化了工作流程,提高了流通链的效益。

(3) 四流一体化。利用信息平台进行流程优化,信息流、商流(业务流)、物流(实物流)、资金流四流一体化;其中信息流是主导,加快"四流"的流速,实现良性互动。

(4) 引资引智。人才是关键,引进真正懂钢材、懂物流、懂管理的复合型人才,培训成为具有国际视野和供应链思维的高素质人才。

(二) 商物分流,促进专业化运作

传统制造型企业追求"大而全",物流和商流是同时运作的,即货物的所有权和实体转移是同时由一家企业来完成的。在市场环境不景气的时候,这种交易模式风险很高,货物积压严重。日本商流和物流分离经营的模式不仅提高了钢材流通效率,还充分利用了社会闲散资源,这对我国钢铁企业具有很好的指导意义。

钢材流通涵盖钢材的物流与商流。钢材流通是钢材从钢铁企业到最终用户消费中物流和商流的产生过程,其参与者包括钢铁企业、不同层次的经销商、储运公司、配送中心、终端用户等企业或机构。钢材流通所实现的功能包括生产、交易、运输、储存、加工、配送等，其最终目的是为钢材终端用户提供一体化的多功能、高效率的综合服务。

由于我国分散的钢材用户和产地之间的不匹配，需要控制流通环节以防止迂回运输。借鉴国外流通业发展经验，流通管理中物流与商流分离、专业化运作是提高流通效率的关键，也是钢材流通业发展的趋势。例如，客户通过 EDI 系统提前下达订货通知，支付预付款，实现"商流先行"；钢材制造企业根据客户要求的时间和地点通过交易市场或者物流中心加工中转，利用第三方物流企业送到最终用户手中，实施"物流外包"战略。通过物流和商流的分离及专业化运作，加速了钢材的生产与流通，使物流与商流向系统化和专业化方向发展，最大程度上节约了社会资源。

商物结合是最传统的企业运营管理模式。在传统的制造型企业里，追求大而全，企业销售物流和商流一并在产品售出后进行，企业不但积攒了大量的存货，造成了资源的浪费，而且在动荡的市场环境下，容易造成巨大的损失。企业经营精力分散，各个职能模块都要兼顾，尤其是物流模块固定资产和设备闲置的成本较大，造成资源的浪费。

将商物分离的思路应用于钢材流通是本书在认识论上的一次创新。中国的商物分流诞生于电子商务时代，物流和商流分离运作后，企业大大提高了运营效益。例如，消费者在网购商品时，先下订单，支付全部或部分货款，商流率先完成，产品的所有权已经归客户所有；企业利用社会专业物流公司或第三方物流企业将货物运送到客户手中，客户交齐剩余货款，这样通过物流完成货物实体的空间转移。与此类似，在钢材流通管理平台上，信息成为主要的元素。商物分流、专业化运作使钢材电子交易运营效率提高。因此，围绕钢材信息，构建钢材流通管理平台具有重要意义。

（三）虚拟价值链提升供应链价值

虚拟价值链（Virtual Value Chain）的思想是由瑞波特和史维奥克拉（1995）提出的。他们认为传统的价值链只是把信息看作是价值增值过程中的辅助部分，而非创造价值本身的源泉。进入信息时代后，所有企业都在两个世界中进行竞争：一个是管理者可以看到、触摸到的由资源组成的物质世界，称之为市场场所（Market Place）；另一个则是由信息所组成的虚拟世界，称之为市场空间（Market Space）。在市场场所中，企业通过"物理价值链"（Physical Value Chain），即采购、生产、销售等活动为顾客生产、加工有形的产品或提供具体的服务；而在市场空间中，企业可以利用的资源只有信息，企业通过"虚拟价值链"（Virtual Value Chain，VVC），即信息的收集、组织、综合、选择和发布等开展价值创造活动,为顾客创造无形的产品或服务。

在信息产业不是很发达的时代,传统价值链认为信息不是创造价值的源泉,所以人们只是把信息看作价值创造过程中的辅助部分。但在信息高速发展的今天,信息产业作为一门新兴产业,正发挥越来越重要的作用。尤其在进入电商时代后,信息不仅促使供应链上下游联系更加紧密,还推动了价值创造的空间。

例如,在以"钢材物流中心"为主要流通环节的新型流通模式中,钢铁流通中心的虚拟价值链分析如下图所示。

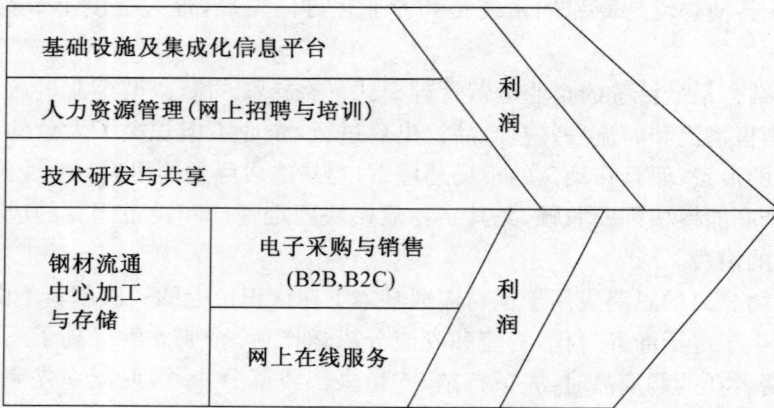

图3-3　钢材流通中心的虚拟价值链

虚拟价值链的贡献主要体现在对传统业务流程的优化上。通过供应链上下游信息共享,有助于物理价值链上各节点协同运作,同时拓展了传统价值创造活动的空间,增加额外收益。例如事前发货通知、货物追踪、可视化管理和电子交易等都是基于信息的互动产生的,所以改进虚拟价值链可以提高供应链的运行效益。

虚拟价值链是信息时代的产物,在对企业价值链的重新划分和剖析后,得出信息能创造价值的结论。虚拟价值链最初应用于外贸型电子商务企业,在本书中将其应用于钢材流通中心的价值链分析是在传统钢材价值链认识之上的创新,把物理价值链和虚拟价值链结合起来比较分析,从而进一步证实了信息在钢材流通链中起到了至关重要的作用,另外钢材电子交易平台的建立证实了信息创造价值理念的可靠性。

第三节　钢材流通的载体

钢材供应链是围绕产业链上的核心企业,从上游原材料采购到生产加工为产品,通过营销渠道和销售网络,完成向下游的产品销售和物流服务。钢材制造企业、钢材交易市场、钢材经销商、钢材加工配送中心和用户构成了钢材产业链的5个重要节点。

一、钢铁制造企业

钢铁制造企业是钢铁流通产业链的起点。多数钢厂远离消费地,销售和服务区域分散,钢铁销售物流还停留在原始粗放发展阶段,从钢厂到用户的中间环节复杂,流通成本过高,这一系列因素导致钢材在整条链上流通不畅。

根据世界钢铁产业的发展规律,随着产业集中度的加强,钢铁企业之间竞争加剧,并购重组成为必然。钢铁企业着力打造自己的核心竞争力,一方面在有选择地向高附加值的钢材流通领域渗透,另一方面对于下游一些利润空间狭窄的领域要舍得放弃。例如,通过整合第三方资源采取局部业务外包战略,打造以核心优势为中心的供应链。

二、经销商

经销商是特定的某些单位、组织或个人,其在某特定区域负责某些产品的销售和服务。经销商往往拥有多个品种产品的经营权,通常采取买断制造商的产品或服务的方式开展业务,经营活动比较自由,基本不受供货商限制,并且具有独立的经营机构。

钢材经销商就是经销钢材产品的单位、组织或个人。钢材经销商是钢铁制造企业稳定的流通渠道,承载了钢厂中下游的商流和物流服务,所以又是钢厂关键的战略性客户。随着钢材流通业的高速发展,经销商将更加呈现出个性化的特点。迫于成本和竞争压力,经销商群体中将进行以信息转移、实物转移和资金转移为内容的专业化分工。流通领域中的新型经销商群体,如进出口贸易型、加工配送型、分销代理型、会员制型、专业贸易型、仓储物流型、分销服务型等经销商将不断涌现。

三、钢材交易市场

钢材交易市场是聚集钢材进行销售的集散地,有些交易市场还能为客户提供仓储、物流、加工等服务。钢材交易市场多分布在交通便利的大中型城市郊区或沿河沿江线路,以发挥较强的区域覆盖功能,储备良好的货源,满足各行各业对钢材的需求。

钢材交易市场内的经营模式已经由摊位制向电子商务转变,交易市场为入驻企业提供行业信息、电子交易、仓储管理、加工配送、质押融资等"一站式"服务。随着电子商务的发展,虚拟交易市场通过网络开展交易,商流在前,物流在后,形成了专业化运作的高效流通局面。实体钢材交易市场正向规模化、集团化方向发展,将成为具有很强辐射功能的钢材集散枢纽和物流中心。此外,交易市场通过构建钢材流通管理信息平台,汇集中小型经销商结为战略联盟,以"虚拟企业集团"的模式在本市场内进行专业化分工与协作,共同提高交易市场的竞争力。

四、加工配送中心

随着经济建设的加快和钢材流通量的激增,钢材加工配送中心虽然起步较晚,但在我国发展迅速,目前有 600 多家较为专业的钢材加工配送中心已经建成并投产。加工配送中心可以设在服务区域直接抵达终端客户,这对巩固钢厂的市场地位具有重要意义。钢材加工中心最初由外资企业涉入,发现并进入高附加值的空间,随后钢铁制造企业、有实力的经销商以及善于发掘机会的投资商等也介入这块领域。钢材加工配送中心,能够延伸钢铁企业的产品链,增加产品的附加值,更能够接近直供用户,稳定营销渠道。钢材加工配送中心有利于稳固钢铁企业与用户之间的价值链,形成自身完整的供应链体系,结成产业联盟,从而获取更为可观的利润。

例如,宝钢在上海、天津、广州、杭州、青岛、重庆、沈阳、长春等城市建立了钢材加工配送中心,宝钢的钢材加工配送中心全部建成后将形成"干线运输＋区域配送"的分销体制。武钢在武汉市兴建江北钢材加工配送基地,在江苏太仓兴建钢材加工配送中心,并在国内主要消费区抓紧建设钢材加工配送中心或钢材深加工基地。鞍钢先后在上海、广东、沈阳、大连等地区建立了钢材加工配送中心,实现销售地加工配送,"零距离"为用户服务。攀钢在广东等地区建立了钢材加工配送中心。首钢、马钢等钢铁企业也在抓紧建设专业化的钢材加工配送中心。

五、钢材用户

中国钢铁企业的最终用户可以分为两类：大客户（企业大批量用户）和散户（小批量用户）。大客户往往是关系稳定的制造企业，下游除建筑等行业外，绝大多数钢铁还不能直接投入用户的生产使用，还需要通过剪切加工来实现。从下表可以看出，近几年，我国建筑业的繁荣带动了钢铁产业的发展，建筑用钢材超过了钢材总消费量的一半。工业用钢材和建筑业用钢材合计约占总消费量的93%，成为钢材的主要应用领域；交通运输业用钢材约占总消费量的6%；其他行业仅占1%。因此当前钢材流通业主要面向建筑业和工业用户，并为其提供最优产品和最优服务。

表 3-1　不同行业用钢统计表

行业类别	涉及内容	占总消费量的比例
工业	机械、轻工、化工、电力、冶金、石油、煤炭等	约38%（其中机械占11%，轻工业占15%）
建筑业	房地产开发、基础设施建设、城市发展建设等	约55%
交通运输业	高铁、铁路、轨道交通等	约6%
其它	其它	约1%

第四节　钢材流通模式分析

美国和日本等世界钢铁强国钢材流通业的发展已经趋于成熟，研究日美钢材流通体系和流通模式对我国钢材流通业具有很好的借鉴意义。但是，日美两国钢材流通业构建的高效流通体系与自身的国情密切相关，中国的实际情况既不同于美国，又不同于日本。我国钢材流通业需要根据既有的行业发展基础和先进的行业发展经验，探索真正适合我国钢材产业发展的新型流通模式。

一、日本钢材流通模式

日本没有孤立地把流通作为一个独立产业，而是将其融合于制造业、建筑业、消费品等行业当中，实现了资源的高效整合。日本拥有独特的钢材"直供"流通模式，即钢厂首先与用户谈判确定供货数量和价格，然后商社负责执行合同，在流通链中钢厂和综合商社均起主导作用。综合商社可以通过钢厂的资源分配负责执行合同,一方面钢厂只需要接洽综合商社就可以推动下游分销,另一方面综合商社可以集中资源谈判获得价内折扣。钢厂和商社掌握了钢材的销售流向,掌握了钢材需求明细等信息。钢铁企业通过这些可靠的信息和业务手段可以进行有效的市场监控。日本钢材"直供用户"的流通模式,减少了信息不对称和各种舞弊现象的发生,有助于建立有效的沟通与协作机制,从而使钢铁流通链信息流更畅通。

(一) 特点一:钢厂在流通链上处于主导地位

1. 直接定价维持了流通链的稳定性

日本钢材流通链下游的大型用钢企业,在订货时通常直接与企业进行价格谈判。例如,钢铁下游的造船厂、汽车厂等大客户需求量通常比较稳定。合同谈判价格一经确定,长时间保持不变,然后交由综合商社或专营商社来执行。日本钢材采用上下游直接定价的模式具有重要意义:第一,便于钢厂精确把握客户需求,掌握重要的客户资源;第二,保证了钢铁企业在钢材定价方面的主导权和对流通渠道的简化;第三,长时间保持相对稳定的价格,有利于钢铁市场的平稳运行,更有助于双方进行长期战略协作。

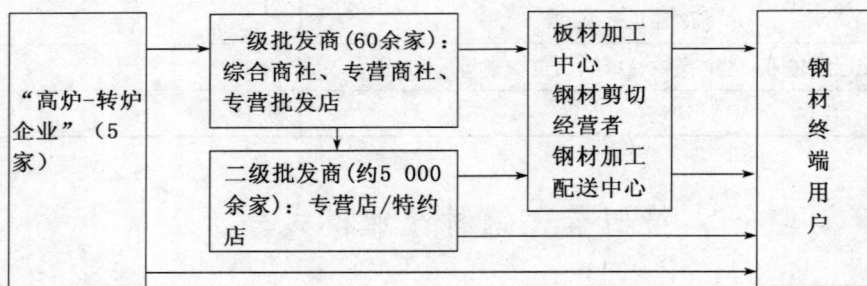

图 3-4 日本"高炉-转炉联合企业"钢材流通模式

2. 钢厂与商社之间的利益分享机制有效控制了流通链

日本钢厂绝大部分钢材销售量是通过商社完成的,钢厂与商社双方是基于委托代理关系达成业务协议的,所以一定程度上二者在利益上是一致的。钢铁企业给予商社一定的价内折扣,相当于商社承担分销任务的"佣金",钢厂把这部分佣金纳入到自己的营销成本。这样做,一方面有利于钢厂控制商社的佣金,降低钢材销售费用;另一方面可以限制钢材中间商的利益过高,从而引导钢材流通商不断扩大销售规模,而不是利用价差恶性竞争来获取高额利润。通过商社分销的钢材大都是钢厂与汽车、造船等大型用户企业谈判而取得的成果,基于长期的协作和利益均衡,这部分直供钢材具有稳定的结算价格,该价格对市场价格具有重要的导向作用。通过批发商销售的钢材可以获得价外折扣,其折扣额度和其它各级批发商的加价额度都是公开的。具体来讲,钢厂通过商社销售给用户企业钢材时大致可分为两种情况:不经过流通加工的钢材被销售给用户时,计算方法是买进钢厂的价格上浮 3%;经过加工的钢材被销售给用户时,计算方法一般为买进钢厂价格加 12%的加工费及额外加 3%的利差。这种价格公开操作的方法抑制了流通中的囤货等投机行为,也是日本钢材社会库存量占年度产量比重远低于中国的一个最主要原因。

(二)特点二:钢厂和商社通过互利共赢机制从博弈走向合作

日本五大钢铁企业与下游稳定的直供合作,维护了国内钢材市场流通秩序和交易秩序的规范性、运行的连续性、合作的持久性。日本钢材流通体系的关键组成部分是商社。各个商社作为流通体系中的一级批发商,均拥有属于自己营销网络所管辖的专营店、加工中心。专营店和加工中心与商社存在资本上的附属关系,或者因战略合作存在利益上的共享而结合在一起。每个批发商和专营店的区域集中度比较高,服务范围一般较为稳定,通常控制在 300 公里以内,因此独立性较强。目前,综合商社意识到下游待开发的增值服务产生的巨大利润,纷纷渗透到钢材深加工和零部件制造领域,在快速响应市场方面又前进了一步。商社从过去单纯进货销售的模式,转变为提供物流金融、物流资讯、加工配送等增值服务,并积极采取非核心业务外包战略,整合外部资源以构建具有核心竞争力的高效产业链。

(三)特点三:通过商流和物流专业化分工,有效控制商流长度和渠道宽度

日本流通体系较为精简,因此流通效率比较高,这与钢材流通直供和钢材深加工比重的不断提高密切相关。日本钢材流通体系中,严格的批发商等级制度保证了钢材流通链长度可控。通常钢厂的一级钢材批发商数量在一定时间内保持相对稳定,而且钢厂将商社作为重要的战略客户来维护,直接与之发生业务关系;同时,上级批发商仅与下级批发商发生业务往来关系,即只与自己的下级专营店开展业务,并限定在 5 个节点内将钢材送达客户,保持流通体系的高效率运转。

例如,日本五大钢铁企业有近九成的钢材通过一级批发商完成"直供"。为规避钢厂与综合商社直接的市场竞争,二者通过划分不同的销售市场有效地控制了钢材服务范围。钢厂为集中精力抓住关键客户,一般也不与普通的中小型钢材用户产生直接的交易关系。

二、美国钢材流通模式

与日本相比,美国钢厂在钢材流通方面也是采取以"直供"为主的流通模式,但美国钢材的流通模式又有所不同。

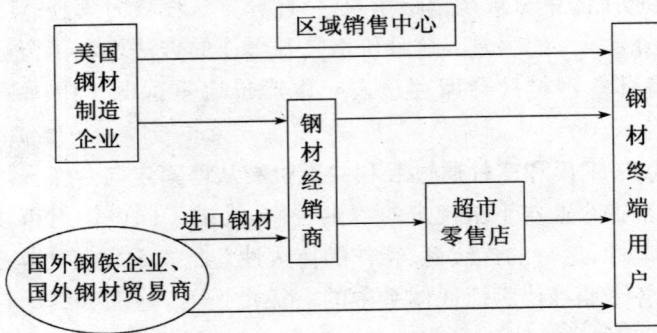

图 3-5　美国钢材流通路径和流通模式

(一) 流通商买断式经销钢材比代销式更有利

经销制是美国钢材流通业的普遍模式,即流通商从钢铁企业手中买断钢材,自主经营、自负盈亏。对钢材经销商而言,实行买断式的经销制比传统的代销制更有利:一方面经销商自主经营、拓展增值服务,可以提高产品新增的附加值;另一方面经销商销售对象大多为中小用户,可以实现定制化加工,因而已经创造了新的品质与价值。

美国钢铁企业灵活的价格政策为其争取了大部分客源,因为钢铁企业直供用户的总体交易成本较低,所以其直供价格通常低于销售给经销商的钢材价格。例如,美国钢铁企业对用户和钢材经销商都会依据订货数量给予批量优惠,并依据付款方式和期限的差异给予适当的价格折扣。大客户通过与钢厂保持长期战略合作关系,用大批量订货可以争取到更多的价格优惠,另外,经销商采取买断式经销,可通过仓储、再加工和配送等中间环节进行价值再创造,因而可以赚取增值利润。

(二) 钢厂与流通商竞争与合作并存

美国钢材流通商自主选择性较强,当国内钢材产量仅 30% 左右的资源被钢材流通商所控制时,其在流通链的地位显然处于弱势,这时流通商会转向国外资源。钢材流通商通过掌握较为充足的进口钢材,具备了与美国钢铁企业进行价格谈判的实力。虽然美国经销商与国内钢铁企业、国外钢材供应商保持着长期合作,但三者的博弈从未停止过。正因为美国钢材流通商可以在选择国内资源与国外资源时进行成本和利益的权衡,所以流通商具备了不同于日本商社的属性。一方面,从国外进口钢材具有一定的价格优势和品种优势;另一方面,美国钢铁企业所生产的钢材具有运输成本较低、及时供货等优势。因此,美国钢材经销商大量进口钢材对美国钢材流通体系的重新构建产生了重要影响。美国钢材流通商保持较强的独立性,是有别于中日等国家最为显著的特征。

(三) 强势经销商迫使钢铁企业采用直销延伸策略

美国钢铁企业主要通过对钢材资源流通总量的限制,实现对钢材经销商的控制。当流通商进口钢材比重较低时,钢铁企业通过直销可以控制市场上的大部分钢材资源,这意味着钢铁企业基本掌握了钢材交易的市场价格,从而成为钢材流通体系中的主宰者。

当美国钢材消费总量超过 30%的比重依赖国外钢材时,则意味着经销商控制了市场上钢材资源量的大部分份额(因为经销商还可从美国钢铁企业手中获得一定的钢材资源),这强化了美国钢材市场中经销商的定价权,弱化了美国钢铁企业的话语权。美国钢材经销商采购国外钢材获得低价格优势,可以以低于钢铁企业直销价格销售给钢材用户,增强了市场竞争力。

因此,美国经销商的相对独立性促使钢铁企业必须创新思路,寻找更多的利润空间。首先,美国钢铁企业迫于经销商的压力向下游延伸,加强客户关系管理,保持直销量的同时开发更多的增值服务,从而削弱流通商对市场钢材价格的影响力;其次,美国钢铁工业已具备企业自建流通渠道的基础,通过合理配置资源和规划区域销售网络,扶持地方物流企业,可以实现快速响应市场的目的。

三、中国钢材流通模式

中国的国情决定了钢材流通模式呈现多元化发展趋势,我国钢材市场中将主要有以下 5 种流通模式并长期存在:

(1) 钢铁制造企业—终端用户(直供);

(2) 钢铁制造企业—经销商(级别)—钢材交易市场(层次)—终端用户;

(3) 钢铁制造企业—经销商(所有权)—终端用户;

(4) 钢铁制造企业—加工配送中心(主体多元化)—终端用户;

(5) 钢铁制造企业—钢材物流中心(钢材物流企业)—终端用户。

从统计数据来看,目前通过多级经销商和钢材交易市场作为中间商进行钢材流通的两种模式在国内仍然占据绝对地位。

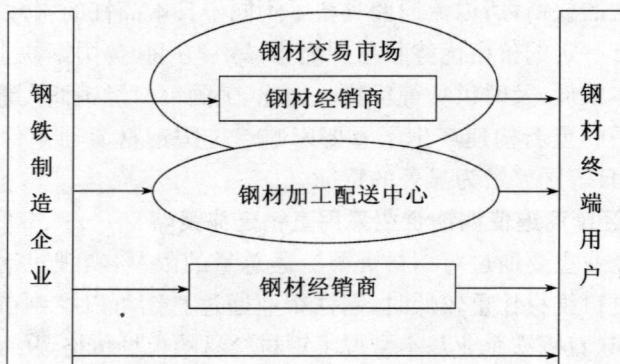

图 3-6　中国的钢材流通模式和流通体

表 3-2　中国现阶段不同流通模式占流通量的比例

流通模式	占流通量的比例
直销流通模式	约 30%
传统流通模式	约 60%
新型流通模式	约 10%

（一）直销流通模式

在"钢材企业—终端用户（直供）"流通模式中，国内大型钢铁企业与下游各种企业建立战略合作伙伴关系，通过直接销售供给来缩短流通环节，以降低流通成本保证实现理想的经济效益。目前国内钢厂直接销售钢材量约占总流通量的三成，但在日本这一比例达到六成以上。直销流通模式是最为理想的降低流通成本、提升产业链整体效益的方式。

（二）传统流通模式

"钢材企业—经销商（级别）—钢材交易市场（层次）—终端用户"是我国较为传统的流通模式，不同级别的经销商在不同层次的交易市场依次倒卖，流通环节复杂，各节点利润摊薄，供应链整体效益低，这一流通模式正逐渐被新型流通模式取代。

在"钢材企业—经销商（所有权）—终端用户"流通模式中，经销商通过垫资取代钢铁企业的代理，并寻找用户完成销售，在资金方面经销商承受巨大风险，经销商之间恶性竞争，资金回收困难，导致流通链中断，流通效率低下。

（三）新型流通模式

"钢材企业—加工配送中心（主体多元化）—终端用户"和"钢材企业—钢材物

流中心(钢材物流企业)—终端用户"是最近兴起的新型流通模式。随着钢铁企业和用户向流通领域的挤压,不断侵蚀着经销商的利润空间。近几年钢材物流中心和加工配送中心模式发展迅速,通过这两种模式的流通量比例显著提高。

　　钢材物流中心和加工配送中心这两种流通模式,在本质上和商物分流专业化运营的观点相一致。加工配送中心真正从商流中分离,承担纯粹的物流加工与配送的职能,利用第三方物流以满足区域大客户和分散的小客户需求。钢材物流中心,一方面作为钢材市场,为经销商和钢材制造企业提供钢材交易的平台,承担商流的职能;另一方面,物流中心在为客户承担加工配送业务的同时,作为第四方物流企业提供解决方案并利用本地物流公司开展物流活动,从而在运作中使物流和商流分离,分工更加专业化,物流中心整体效益增加。

表3-3　大型钢企已成立的加工配送中心

企业	地域分布	钢材加工配送中心名称
宝钢	东北	长春一汽宝友钢材加工配送有限公司 沈阳宝钢钢材配送有限公司
	华北	天津宝钢储菱物资配送有限公司
	华南	东莞宝特模具钢加工有限公司 佛山宝钢不锈钢加工配送公司
	华东	上海宝井钢材加工配送有限公司 上海申井钢材加工有限公司 上海宝舜联钢铁制品有限公司 杭州宝钢钢材配送有限公司 安徽宝钢钢材配送有限公司 南昌宝江钢材加工配送有限公司
	华中	宝钢华中物流剪切配送中心
	西南	成都宝钢
武钢	华北	武钢(太仓)配送中心 武钢—奇瑞一站式服务(芜湖)中心
	华中	武汉行井钢材加工有限公司 武汉江北钢材加工配送基地 武钢(华中)钢材物流中心
	华南	广州钢材加工配送中心
	西南	武钢(重庆)钢材加工配送中心

（续表）

企业	地域分布	钢材加工配送中心名称
鞍钢	东北	蒂森克虏伯鞍钢中瑞(长春)激光拼焊板有限公司 鞍钢沈阳钢材加工配送有限公司 鞍钢新轧-新船重工大连钢材加工配送有限公司 长春一汽鞍井钢材加工配送有限公司
	华东	鞍钢潍坊钢材加工配送有限公司 上海鞍钢钢材加工有限公司

四、中日美钢材流通模式比较

日本钢材流通体系以钢铁制造企业为主导,通过对下游营销渠道的有效控制实现商流链的缩短。作为一级批发商的商社,因为直接与钢厂发生业务关系,所以其数量保持相对稳定;同时,一级批发商仅与二级批发商发生业务往来关系,这种严格的批发商等级制度保证了日本流通体系的长度可控。

美国钢材经销商的买断式经营与中国截然不同。美国钢铁经销商是在企业发出全部钢材后结清货款,只有信用差的经销商需要预付一定额度订金,但中国经销商则在与钢铁企业签订合同时就要交清全部预收货款,所以中国钢铁企业往往表现比较强势,通过契约强制要求交纳一定数额的保证金等才付诸实施。

日美两国钢材流通业构建的高效流通体系与自身的国情密切相关,中国的实际情况既不同于美国,又不同于日本。日本资源匮乏,国土形状狭长,通过五家钢铁制造企业合理布局,可以主导钢材流通;而美国流通业基础设施齐全,国际贸易发达,钢铁行业内部能够兼并整合,外部能够取得资源,市场竞争合作机制健全,因此也能够建立高效的流通体系。但是,中国流通业基础薄弱,除了几家大型的钢铁制造企业外,其它中小规模的钢铁制造企业居多,市场机制不健全。一方面大型钢厂的资源过于集中,造成垄断;另一方面中小钢铁制造企业资源分散,技术含量低,再加上众多的分销商无序竞争,国内整个钢材流通业呈现混乱的局面。

结合国内钢材流通业的发展现状,钢材流通模式将持续呈现多样性的特征,钢铁制造企业整合并购,流通商优胜劣汰,全国范围内钢铁行业的产业布局将是必然的发展趋势。因为加工配送中心(投资主体多元化)和钢材物流中心（钢材物流企业)的两种商物分流、专业化运作的模式缩短了商流链条,延伸了钢铁企业的利润空间,同时兼顾企业用户和下游散户的需求,降低了钢材流通成本,所以是今后钢材产业中最有可能大范围拓展的模式,也是现阶段最为适合中国钢材流通业发展的创新模式。

第五节　基于供应链的钢材流通管理平台构建

钢材供应链是指钢铁产品流通过程中涉及的生产商、分销商、零售商以及最终消费者等，通过与上下游成员之间信息流、资金流、商流和物流的衔接组成的供需网络结构。钢材流通管理既要考虑多元化流通模式的限制，又需兼顾流通体系中涉及的所有载体的利益。基于供应链的钢材流通体系涵盖钢材物流、商流和资金流，钢材物流、商流和资金流都将产生信息，所以通过整合信息可以加强供应链的集成管理，尤其是针对流通体系进行的信息化整合，是直接提高钢材流通效率的关键。

一、钢材流通常见问题

在钢材流通行业的调研和实践中，发现钢材流通商发展尚待解决的问题主要包括以下 10 个方面：

（1）上游钢材到达钢材流通中心的时间、种类和数量不可控制，钢材物流中心无法对上游厂家进驻的钢材进行合理预测；

（2）钢材流通中心人员和设备等资源有限，无法根据钢铁企业的即时需要做好入库装卸工作，大都需要排队等候；

（3）钢材检货、验货、盘点以及信息录入的手段落后，大多数流通商依靠人工记录，管理效率低下；

（4）上下游与流通中心的信息沟通手段落后，无法得到钢铁制造企业的事前发货通知（ASN），无法掌握出库时机且运营效率低下；

（5）出库时发货出错率偏高，难以找到对产品的品种和数量进行有效监控的方法或手段，导致物流企业损失巨大；

（6）在钢材剪切加工后，加工配送中心剩余的钢材边角余料的统计和回收困难，难以对余料进行集中利用；

（7）钢材因重量和体积都比较大，只能按照整体吨位出入库，难以实现对钢材单品和信息的有效管理；

（8）钢材出库发送后对中下游难以实时追踪，因为流通环节过多、运输时间过长，无法准确预知货物到达最终客户的具体时间；

（9）上游对钢材的流向难以掌握，钢材用户在产品出现质量问题时无法找到

直接生产厂家,难以追责,造成了厂商以次充好进行投机获利的心理;

(10)钢材供应链之制造商、经销商、物流企业等各节点孤立运作,难以实现流通链上钢材信息的同步共享,由于信息的不对称造成流通过程中对产品质量与价格认识的不统一。

总结起来,上述十大问题可以描述为:钢材供应链的节点企业没有形成因利益共存的结合体,信息孤立导致各环节无法协同运作,钢材流通业的秩序混乱。在钢材供应链上,钢材制造企业(或经销商)与钢材物流企业没有实现同步信息的共享,节点企业间存在"信息孤岛",因此,钢材流通管理框架中,解决这些常见问题的根本途径是建立流通链上下游企业之间的 EDI 系统,率先实现信息的同步传递,完成钢材流通链整合的第一步。以信息为核心建立钢材流通管理平台,是促进上下游协同运作的关键。

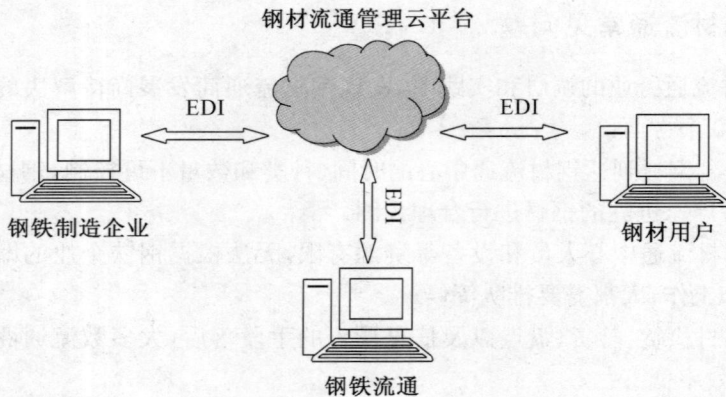

图 3-7　钢材流通链上下游 EDI 系统示意图

二、钢材流通管理平台模型

在涉及钢材所有流通模式的流通体系中,除去钢材制造商和用户,把所有中间商抽象为一个"综合流通中心",则钢材流通模式简化为"钢材制造企业—钢材流通中心—用户",这个"流通中心"承担了钢材交易、流通、加工、仓储和分销等所有职能。

钢材流通管理平台设计围绕的核心因素是信息,渠道是供应链,商流和物流产生的信息始终贯穿于供应链。利用信息整合钢材供应链,可以促进流通中心中涉及载体的融合,加强供应链的稳定性。钢材流通管理平台旨在解决钢材运营管理的两个重要问题：其一，如何实现钢材供应链上物流、资金流、信息流和商流的四流合一；其二，如何依托电子商务通过钢材流通中心虚拟价值链提升供应链效益。

基于供应链的系统思维，建立钢材供应链 EDI 系统可以搭建钢材流通管理平台。为实现钢材供应链上各节点信息共享，上下游需要建立标准化的数据和信息存储方式，这样便于双方或多方理解。上下游各方通过这个系统填写单据，传输信息，然后进行发货、运输、存储、反馈等一系列相关活动。建立钢材流通管理平台有助于供应链标准化运作，供应链节点企业能更有效地管理钢材供应链。例如，事前发货通知把从发放订单到收到货物所需的平均时间从几周缩短到几天；通过对存货清单的控制，利用供应链节点企业减少钢材交易市场冗余；通过扫描钢材条码，自动与 EDI 系统订单数据匹配，杜绝发货出错；EDI 系统可以有效缩短典型的订单产生、交付和处理的整个过程，减少流动资金的压力；结合电子资金传输，可以进一步缩短资金周转周期；通过 EDI 系统，企业可以实时访问完整数据，搜集和操作企业与客户或供应商的信息，辅助企业迅速做出决策；物流企业与供应商建立 EDI 系统后，随着 EDI 应用范围的拓展，可以吸引潜在客户，促进业务增长。

EDI 系统在钢材供应链的应用是大势所趋，它减少了出错率，节省了巨额的费用，对建立钢材流通管理平台和提升整个钢材物流行业的竞争力具有重要作用。

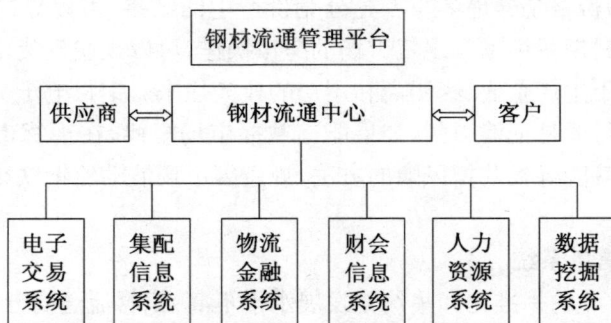

图 3-8　钢材流通管理平台——供应链框架

对供应商：保证钢材市场需求的稳定，减少牛鞭效应；对用户需求有更好的理解，促使钢厂加强研发；缩短用户的交货期，提高对市场的反应速度；提高用户转换成本，提高市场占有率，增强渠道的稳定性；与未采取战略合作的供应商相比，可以获取更高的利润。

对客户：降低采购和储备资金占用；降低采购风险和库存水平；提高钢材的成材率，降低用户的加工成本；简化采购和订货业务流程，降低出错率。

对上下游：改善节点之间的信息交流；实现共同的期望和目标；共担风险和共享收益；减少外在环境的影响及市场不确定造成的风险；转变投机心理，增强沟通协调能力。

对经销商：增加信息透明度；准确把握市场需求；准确识别和预测价格变动；更容易促成业务合作；简化钢材流通体系；避免恶性竞争等。

三、钢材流通管理平台系统架构

钢材流通管理平台的内部系统模块和结构框架设计至少涉及以下 6 个方面的子系统：电子交易系统、集配信息系统、物流金融系统、财会信息系统、人力资源系统和数据控制系统。

（一）电子交易系统

包括现货盘和远期盘两个交割平台。钢材物流企业现货盘采用一口价、可议价等方式成交，远期交易实行双向撮合竞价交易，本着价格优先、时间优先原理，实现网络电子化交易，使企业的风险防范更加有效，库存管理更加灵活。

钢材电子交易克服了现货市场和传统交易方式的缺陷：一是钢材电子交易突破了传统钢材市场的地域限制，缩短了订货和流通环节，显著提高了交易效率；二是钢材电子交易价格是异地参与者充分竞价产生的结果，可以导向未来的市场价格；三是利用钢材期货市场和现货市场的跨市操作，可以规避现货市场的震动带来的风险，更有益于生产企业、经销商和用户的业务往来。钢材电子交易和钢材期货的推出，对钢铁行业是把双刃剑，如果能够掌握市场规律，在现货市场和期货市场之间做出匹配，就能寻找共担风险的方法，规避因市场波动给钢铁企业或经销商带来的巨大损失。

（二）集配信息系统

我国钢铁行业的标准化和集约化发展水平不高，钢材流通商分散，数量大但规模小，运营效率较低。供应链上的各企业之间缺乏有效的相互链接和信息共享，从而导致钢材配送过程中的空载现象较为普遍，配送成本较高，并且资源浪费严重。

钢材物流企业可以根据上下游的需求，整合有效信息和资源，建立车源、货源、仓储等供求互动平台，为上下游企业提供匹配服务，并利用物联网技术进行物流调度，实时追踪，通过呼叫中心为客户提供适时服务信息。例如，基于已有的客户、车辆、空载船只和实物货源形成的配送网络体系，由各地龙头企业牵头成立会员公司，会员公司独自发展会员，将零散的小规模企业纳为会员单位。这样通过会员制介入钢铁流通中心的物流服务，流通中心通过整合社会闲散的资源打造供应链，拓宽了钢材增值服务,从而在市场竞争中立于不败之地。

(三) 物流金融系统

在钢材物流金融中,涉及钢材物流中心、钢材客户和金融机构等相互关联的三方。金融机构为钢材流通中心提供授信额度,钢材流通中心为资金需求方提供担保融资服务。因此,不需要物流企业与金融机构谈判,流通中心以自身实力和信用取得贷款,并为客户提供仓单质押、担保等增值服务,对满足条件的客户提供网上融资"绿色通道",可以显著提高钢材物流中心的竞争力。

物流金融、供应链金融是金融手段反哺实体产业的创新服务模式。在钢材流通业中,单纯从事钢材物流的企业难以在竞争中立足,利润空间已经被挤占到最小;只有通过不断创新,源源不断地为客户提供增值服务,企业才能赢得更多的人气。作为经销商或流通商,出现最多的问题就是流动资金短缺,如果钢材流通中心或者交易市场能够以自身的信用征得授信额度,就可以为客户提供物流金融或供应链金融服务,就能为客户创造增值服务而实现互利双赢。

(四) 财会信息系统

钢材交易电算化条件下,通过会计信息系统可以加强内部控制,它将手工条件下的大部分会计核算工作均集中在电子计算机中,由会计软件来自动完成。财会信息系统辅助管理者做出预测和决策,提高企业管理水平与经济效益,以达到防止信息丢失和避免人为失误的双重目的。

传统的财务会计是对过去的总结,财务数据分析是一个时期的概念,很难准确判断适时的企业运转状况。在财务会计系统中,每日的进出货次数、进出货量、销售量、仓位利用率等都是可视化的,并且按照设定的程序运行,把企业适时的财务数据和运转能力动态呈现在眼前。

(五) 人力资源系统

在该子系统中企业员工档案电子化,且与人事日常事务记录、薪酬、员工招聘、员工培训、绩效考核和晋升等密切联系在一起,员工在企业的所有活动或业绩均与子系统衔接,便于企业对人力资源的分类和集中管理,从而可以建立详细的人才动态可追踪档案。

传统管理中对人的认识是凭直觉和经验的,但人力资源系统对人的分析是凭借数据。人力资源系统中记录了员工过去的和现在的活动的所有信息,把员工的特点具体化为每项活动,这样通过数据挖掘便能分析出员工在单位中适合做什么,缺少什么,以便于有针对性的培训、教育和晋升。

(六)数据挖掘系统

数据挖掘就是从数据库、信息平台或数据云等大量数据中获取有价值的或潜在可用的信息的过程。数据挖掘可以分析得到钢材物流企业业务规律,例如客户对各类钢材的需求规律、天气变化对钢材流通的影响、不同月份客户的需求规律等。数据挖掘可以创造性地为客户提供物流服务,结合其他智能软件可以发掘企业的财富,为企业预测和决策提供依据。

数据挖掘和信息开发能创造额外效益。例如,前面提到的人力资源系统对人的特性和工作的判断;财务会计系统对企业经营活动的分析;还能够结合历年的营业数据对下年度或下一周期出现的情形进行预测,这对企业规避风险具有重要的意义。

通过以上 6 个子系统模块的整合,钢材供应链上下游通过 EDI 系统标准化、规范化高效率运作,企业对自身和上下游都有了清晰的了解,从而自觉维护供应链的稳定性,在这个供应链管理框架中实现了信息流、资金流、商流和物流的融合。

第六节　钢材流通发展展望

在深入研究中国钢材流通体系后,通过构建以信息为核心的钢材流通管理平台,实现了对钢材流通业和流通链的整体统筹规划。但在实际运营中,钢材不同载体利用这个平台进行管理时又会遇到不同的问题。因此,需要对钢材流通业的发展趋势进行合理预测,并就运营过程中出现的问题提供有效的解决思路、方法和建议。

一、钢材流通发展趋势

(一)流通模式多元化

现阶段中小钢厂资源分散,技术含量低,分销商无序竞争,而大型钢厂的资源和技术过于集中,造成垄断,这种混乱的局面决定了不可能立即建立统一标准的管理体系。因为上游钢铁企业布局集中,下游客户分散,客户需求与钢材的配置不匹配,所以钢材流通业也不可能只用一种流通模式去解决所有的问题,流通模式多元化的现象将长期存在。近年来,钢材流通业取得了巨大发展,一方面钢铁企业向下游渗透拓展利润空间;另一方面经销商通过创新流通路径,提高流通效率,通过"加工配送中心(独资或合资)"和"钢材物流中心(钢材物流企业)"等商物分流、专业化运作的模式越来越受到重视。

（二）钢材交易虚拟化

钢材交易虚拟化，即钢材电子交易市场的建立，它克服钢材现货交易的诸多缺点。与现货交易市场相比，钢材电子交易市场可以采用集中竞价的模式，提供参考价格、信息咨讯等服务，从而提高交易的效率。电子商务交易系统的核心是钢材流通管理平台，其发展过程将依次经历信息、交易和增值服务三个阶段。网上交易对投资者、客户和钢铁企业都具有重要的影响，钢材电子交易打破了时间和地域限制，降低了交易成本。2009 年 3 月钢材期货正式推出，从此钢材期货成为钢材贸易流通商对冲经营风险的重要工具之一，钢材产品虚拟化交易在期货电子盘等影响下，其金融稳定性的属性将会变得越来越强。

（三）市场竞合理性化

2008 年金融危机爆发，钢材价格大起大落，钢铁企业和经销商遭受了巨大的损失，这使流通商意识到只顾自身利益是行不通的，世界钢材市场已经成为一体。生产企业和流通企业都有规避风险的需要，因此生产商和流通商有必要从零和博弈走向合作。随着市场的逐渐规范，经销商不再哄抬钢材价格，而是转向增值服务；钢铁制造企业不是单纯增加产能，而是在钢材品种和技术含量上下功夫，同时积极培育专属经销商向下游延伸自己的产品和服务。

（四）产业布局合理化

钢铁产业空间布局体现了钢铁产业的集中度。世界发达国家和地区钢铁产业都经过了兼并整合，集中度大幅度提高，或已形成了较为稳定的几家大型钢铁集团。比如，日本在经历几次并购后，最终形成了五大联合企业为主的钢铁产业新格局。虽然我国钢铁产能世界第一，但整个钢铁产业的集中度低，企业产品同质化严重。低端重复建设频繁等问题，一直是困扰中国钢铁产业发展和结构升级的难题。近几年，钢铁企业再一次掀起整合浪潮，落后低端的小钢厂将被兼并，我国钢铁企业加快模式转型。钢材流通链向下游不断延伸，旧的秩序将被打乱，新一轮的产业布局将慢慢形成，且将趋于合理。

二、改善钢材流通管理的措施

针对我国钢材流通体系的发展现状，以信息整合商流和物流搭建的钢材流通管理平台为支撑，笔者认为构建高效的钢材流通体系，提升流通产业链整体效益，在实践中还需要注意以下 5 个方面，现分述如下：

（一）大客户战略维护稳定的利润源

对钢铁企业而言，大客户是具有战略意义的客户，也称为核心客户，大客户管理对稳定钢材产业链和企业营销管理有着重要的意义。与大客户建立长期的战略合作伙伴关系,一方面要针对客户要求产品的时间长短、交货批次、产品质量、交货周期以及价格的期望,有计划地安排生产与流通,随时关注客户的需求以及需求的变化;另一方面,要跟客户沟通判断自身服务对满足客户的程度,了解客户的需求程度,建立一个快速响应客户的动态系统。

例如,2009 年中国钢铁产业经受了此消彼长的供需矛盾和严峻考验,市场竞争日趋激烈。济南钢铁正是利用"二八原理",采取了积极的大客户战略,有计划、有步骤地稳定了大客户,保证了钢材销售量。大客户管理部率先取得战略性客户的订单,重点服务关键客户,在完成公司销售任务的同时,对巩固营销渠道等发挥了重要的作用。

(二)电子商务打破交货时空限制

随着钢材行业标准化和信息化的深入,钢材企业现有的供应链管理平台必须相应变动,把握物流商流分离专业化运作的趋势,将企业管理与上下游的需要融合在一起。钢材流通管理平台设计和优化应注意两个重要方面:一个是客户,一个是信息。无论是实体交易还是电子商务,客户的需求驱动是业务的起点。信息需要挖掘,在电子商务过程中善于发现客户的特点,根据客户的偏好有针对性地进行产品和服务的营销。电子商务最大的优势是给客户提供了广阔的寻找供应商的空间,消除了时间和地点的限制。但是,电子商务始终是辅助业务开展的一种手段。现代电子商务为迅速满足客户要求,还需要整合外部第三方物流企业,积极构建以客户订单信息作为驱动的拉动式、敏捷供应链。

例如,中联钢电子交易平台是由中国钢铁工业协会牵头,宝钢、鞍钢、首钢、武钢、包钢、唐钢、邯钢、太钢、本钢、攀钢、中国钢铁工贸集团、莱钢、济钢以及马钢、华菱钢铁公司等 15 家共同出资设立的大型钢铁交易市场。中联钢电子交易平台从过去单纯把钢铁生产企业的集合,扩展到包括钢铁原燃材料、设备备件配套服务企业、钢材经销商企业、钢材用户企业以及物流配送企业的全产业链。其尝试与钢材经销商企业和物流企业的联合,并探索了用户股东化,打破了过去由钢铁生产企业单方面建市场的传统格局,形成了整合资源、齐心协力共同打造中国网络化钢材大市场的新格局。

(三)拓展钢材区域流通服务业范围

通过对流通模式的分析可以看出,商物分流、专门化运营也是钢材流通业发展的趋势。一方面,企业与下游客户建立稳定的战略合作,签订季度或年度用钢协议,把握大客户,吸引小客户;另一方面,钢材市场又是不断发展的,各个区域的政策倾向不同,因此需要结合当地实际情况对流通模式不断创新,构建相对稳定的供应链。

基于供应链的思维,以区域加工配送网络和电子商务为依托,打造企业综合物流或一体化物流服务体系。针对区域范围内战略性大客户和分散客户的差异,企业应努力做好以下 3 点来拓展钢材流通服务业市场范围:第一,根据当地客户分布,划分需求层次并优化区域钢材销售网络;第二,划分区域物流网络,开展定点加工配送的流通模式;第三,积极整合外部资源,在服务范围内争取并扶持第三方物流企业的发展等。

例如,2005 年以来,武钢为扩大市场占有率,在国内主要消费区建设了一批钢材加工配送中心或深加工基地。武钢加工配送中心规划呈“五市二点”式布局:“五市”即天津、广州、重庆、芜湖和太仓,“二点”即武汉的江北加工基地和沌口加工配送中心,产品以汽车零部件、冷弯型钢、线材制品、高强度精密带钢和家电面板等为主。武钢通过延伸产业链进一步拓展利润空间,其已拥有覆盖全国乃至全球的钢材销售网络、先进的信息系统以及布局在核心客户周边区域的剪切配送中心,从而建立了比较完善的钢材区域营销服务体系。

(四) 以核心优势构建灵活的供应链

钢材流通体系中钢材不同载体发挥着不同的作用,经销商经销不同的产品则与不同的钢厂开展业务,每个钢厂一般有着几家固定的大型钢材经销商负责产品的销售,而钢材物流中心和加工配送中心是中下游钢材的集散地,因为具有接近终端客户的优势,与大型钢企或经销商也保持了密切的联系。日本钢铁产业严格的批发商等级管理制度能够给我国钢铁流通业的发展提供很好的借鉴思路:大型钢企要发展自己的专属经销商;为开拓地方市场,大型经销商需要与地方小的批发商和钢材交易市场合作;大型经销商和钢铁制造企业建立区域范围内的加工配送中心等。

因此,不同载体逐渐形成了自己独特的核心优势。在构建属于自己的供应链过程中,集中核心资源做自己擅长的事情,然后合理选择上下游节点企业,保持高效的协作,以便快速响应市场,这条价值链将成为各载体不可或缺的一部分,并逐渐成为企业稳定的价值来源。

(五) 利用钢材期货市场套期保值

我国在国际市场上没有取得国际钢材价格和铁矿石价格的定价权,尤其在2008 年钢铁价格随国际金融形势大涨大跌,这对我国的钢铁产业造成了极大冲击。因此,利用金融工具,借助钢材期货市场发现未来价格并进行套期保值,有助于形成钢材现货与期货有机结合的市场体系。

现代金融手段是一把双刃剑,当实体产业与金融资本结合时,金融资本可以助推产业的飞速发展。例如,在世界钢材市场进行钢材现货与钢材期货的结合,利用得好,可以规避市场风险,甚至还能获得一定收益;利用得不好,不仅不能保本,还将造成更大的损失。在国际市场范围内进行钢材现货与期货的配置,可以有效减少市场对企业的冲击,避免造成更大的损失。

现代钢铁企业运用套期保值金融手段进行操作的基本流程如下图所示:

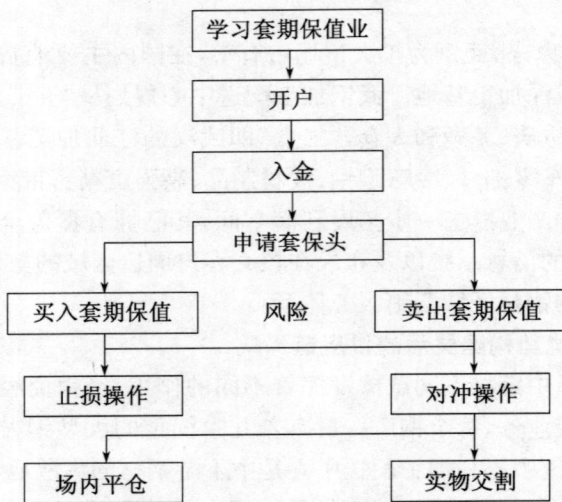

```
          ┌──────────────┐
          │ 学习套期保值业 │
          └──────┬───────┘
          ┌──────┴───────┐
          │     开户      │
          └──────┬───────┘
          ┌──────┴───────┐
          │     入金      │
          └──────┬───────┘
          ┌──────┴───────┐
          │   申请套保头   │
          └──────┬───────┘
  ┌──────────┐  风险  ┌──────────┐
  │ 买入套期保值│       │ 卖出套期保值│
  └────┬─────┘       └────┬─────┘
  ┌────┴─────┐       ┌────┴─────┐
  │  止损操作  │       │  对冲操作  │
  └────┬─────┘       └────┬─────┘
  ┌────┴─────┐       ┌────┴─────┐
  │  场内平仓  │       │  实物交割  │
  └──────────┘       └──────────┘
```

图 3-9 企业运用套期保值的基本流程

钢材流通是在钢厂到钢材终端用户的整个流通渠道中钢材"实体"流通和"虚体"流通产生物流、商流和信息流的全部过程。供应链是围绕产业链上的核心企业,从上游原材料采购到生产加工为产品,通过营销渠道和销售网络,完成向下游的产品销售和物流服务。钢材制造企业、钢材交易市场、钢材经销商、钢材加工配送中心和用户构成了钢材产业链的 5 个重要节点。钢材流通涵盖钢材的物流与商流。从钢材物流发展到钢材供应链是一大跃升,是现代物流的优化升级,也是全新的商业模式。商物分流是电子商务出现之后,物流和商流分离运作,企业大大提高了运营效益。虚拟价值链的贡献主要体现在对传统业务流程的优化上,通过供应链上下游信息共享,有助于物理价值链上各节点协同运作,同时拓展了传统价值创造活动的空间,证实了信息创造价值的理论。

本章比较了中日美三国的钢材流通模式,因国情不同,每个国家的流通模式都有自身的显著特征,例如美国的买断式经销制、日本的商社等严格的批发商等级制度。笔者认为,由于中国现代物流的基础设施和管理体制都处在发展之中,未来最有发展前景的钢材流通模式是"钢厂—钢材物流中心—用户"和"钢厂—加工配送中心—用户"商物分流的模式。转变发展模式的经销商和钢厂正通过钢材物流中心和加工配送中心延伸服务,这是因为:第一,钢材产业上游利润空间有限,研发能力短时间内难以有新的起色,而下游利润空间比较大;第二,钢厂的并购整合使得钢铁产业重新布局,钢铁制造企业更加注重产业布局,区域性的钢材加工配送中心更接近终端客户,有利于市场渗透。因此,通过钢材物流中心和钢材加工配送中心两种商物分流、专业化运作的模式必将受到更多的重视。钢材流通管理平台是在认识到供应链一体化和虚拟价值链中信息创造价值两个重要理论后而进行的信息共享平台创新设计。钢材流通管理平台将流通模式抽象为"钢厂—钢材流通中心—用户",即将所有的流通商和中间环节抽象为一个流通中心。针对流通体系建立产业链上下游共享的信息平台,本书设计了该平台的 6 大子系统,从而提出了钢材流通业整体信息化的建设方案。

我国钢材流通业呈现四大发展趋势:流通模式多元化;钢材交易虚拟化;市场竞争合作理性化;产业布局合理化。通过构建以信息为核心的钢材流通管理平台,实现了对钢材流通业和流通链的整体统筹规划。本书认为,构建高效的钢材流通体系,以信息整合商流和物流搭建的钢材流通管理平台为支撑,提升流通产业链整体效益,企业在管理实践中还需要做好以下几方面的工作:采取大客户战略,构建稳定的利润源;利用电子商务打破时空限制;积极拓展钢材区域服务范围;以核心优势构建灵活的供应链;利用钢材期货市场套期保值。

本书将电子商务时代商物结合与分离、虚拟价值链的思想创新应用到钢材流通中,并对钢材流通进行了系统阐述,对钢材流通模式进行了合理预测和设计,而且基于供应链构建了钢材流通管理平台子系统。但是受限于时间和精力,有些问题与本书研究课题相关但尚需完善之处,例如,流通体系未从国内钢材供应链拓展到全球供应链,钢材流通管理平台未完整地推向实践应用,未进行国内钢铁产业的空间布局系统研究等。如有机会,必将深入研究下去,以期在钢材流通和供应链管理领域取得新的研究成果。

第四章　钢铁物流金融

第一节　物流金融的基本模式

一、物流金融的概念

物流金融是物流服务和金融服务相结合的产物,广义上是指面向物流运营的全过程,通过应用金融工具和开发各种金融产品,组织和协调供应链运作过程中的资金运动,对物流、资金流、信息流进行有效整合,从而提高资金运作效率的一系列经营活动。[1]　狭义上物流金融,是第三方物流企业借助银行的支持和帮助,在供应链运作的全过程向客户提供结算和融资的服务过程。[2]

二、物流金融的基本模式

(一) 代收货款

代收货款模式多出现于 B2C 电子商务业务中,如快递公司代电商收取货款,第三方物流企业按照提货人的要求向发货人提货,在向提货人交付货物时代替发货人收取货款,定期与发货人结算并从中收取一定比例的佣金。目前,各家物流公司代收货款手续费处于 2‰～6％不等。

图 4-1　代收货款模式

该种模式(图 4-1)通过借助第三方物流公司强大的网络和配送终端,有效解

---

[1]　邹小芃,唐元琦. 物流金融浅析. 浙江金融,2004(5):2.

[2]　陈祥锋,朱道立. 现代物流金融服务创新——金融物流. 物流技术,2005(3):4～8.

决了提货人为确保货物安全拒绝采用线上支付而采用货到付款的结算方式引起的发货方收款困难的问题。代收货款业务为商户解决了电视购物、网络购物交易中商品配送与资金结算不方便、不及时的难题,为买卖双方规避了非面对面交易所带来的信用风险。现代的代收货款业务将物流、资金流、信息流集于一体,让更多商户在享受高效、安全、遍布全国的第三方物流体系的同时,享受以最快的速度回笼资金所带来的资金效率收益。对于第三方物流企业,由于收款和付款存在一定的时间差从而积淀下一笔非同小可的资金,这笔资金不但能给第三方物流企业带来手续费等收入,更重要的是能给第三方物流企业带来现金流。

(二)代付货款

代付货款模式(图4-2)多出现于B2B电子商务业务中,发货人委托第三方物流企业送货,第三方物流企业按照合约代提货人垫付部分和全部货款,当第三方物流企业向提货人交付货物时向提货人收取发货人的应收账款,并与发货人结清货款。

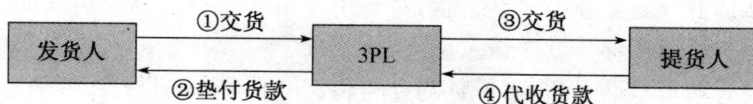

图4-2 代付货款模式

如果第三方物流企业没有雄厚的资金实力,就需要引入银行协助(图4-3),银行作为第四方为其提供资金支持。在发货人将货物发给第三方物流企业后,将货权转移给银行,银行根据市场情况和货物属性按货值一定比例提供融资贷款。当提货人向银行偿还货款后,银行向第三方物流企业发出放货指令,第三方物流企

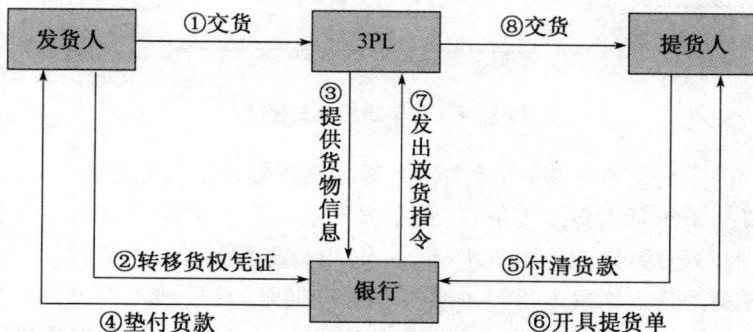

图4-3 引入银行协助代付货款模式

业根据银行指令将货权还给提货人。如果提货人不能在规定的时间内向银行偿还货款,银行可以在第三方物流企业的协助下在市场上拍卖掌握在手中的货物或者要求发货人承担回购义务。

代付货款模式不仅可以增强对购销双方的吸引力,增加传统物流服务的业务量,而且使得第三方物流企业或银行在融资业务上获得新的收益。供应商在将货物交付给第三方物流企业时获得的货款可直接投入生产运营,减少在途货物对资金的占用量,缩短资金周转时间。采购方无需事先支付货款而只需在提货时结清,降低了采购方在同强势供应商交易中所带来的资金压力。

（三）仓单质押

首先货主即借款人与银行签订银企合作协议获得银行授信并开通专用监管账户;第三方物流仓储企业、货主和银行签订仓储监管协议;同时第三方物流仓储企业与银行签订《不可撤销的协助行使质押权保证书》。

货主按照约定数量发货至指定的监管仓库,第三方物流仓储企业接到通知并经验货确认后开立专用仓单;货主当场对专用仓单作质押背书并由仓库方签章后交付银行提出仓单质押贷款申请。

银行对仓单审核通过后,签署贷款合同和仓单质押合同,根据市场行情和货物属性按照仓单价值的一定比例放款至货主在银行开立的监管账户。

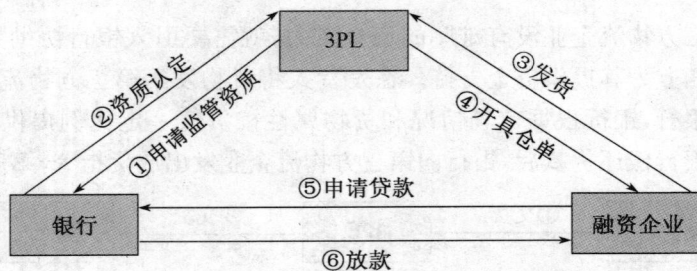

图 4-4 仓单质押模式图 I

贷款期内实现正常销售时,货主须将货款全额划入银行监管账户,银行根据到账金额开具提单给货主释放提货权,仓库根据银行指令按约定要求核实提单后发货;贷款到期归还后,余款可由货主(借款人)自行支配。

仓单质押的贷款期限不得超过质押物储存期限,且最长不得超过一年。仓单质押率一般不超过仓单项下质押物价值的 80%。仓储物价值根据质押物总价值扣除必要的其他费用后确定,即质押物价值＝质押物的单位价格×质押物数量一

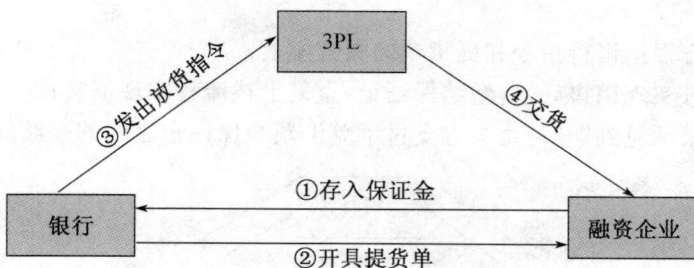

图 4－5　仓单质押模式图 II

预估计的其他费用。质押物的单位价格通过比较仓储物进价和市场价就低确定。预估计的其他费用是指贷款期间可能产生的仓储费用以及仓单尚未支付的其他费用的总和。

（四）物流授信

第三方物流企业按银行有关企业信用担保管理的规定和要求申请信用担保，银行把贷款额度直接授权给第三方物流公司，由第三方物流企业根据借款企业的需求和条件进行质押贷款和最终结算。在此模式中，第三方物流企业根据与其长期合作的中小企业的信用状况合理分配信贷额度，银行在贷款额度内提供贷款资金，基本不参与质押贷款项目的具体运作。第三方物流企业在提供质押融资的同时，还为借款企业寄存的质物提供仓储管理服务和监管服务。

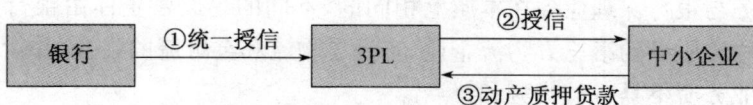

图 4－6　物流授信模式图

（五）保兑仓

保兑仓是指以银行信用为纽带，以银行承兑汇票为结算工具，在银行控制货权和卖方受托保管货物并对承兑汇票保证金以外金额部分承诺回购的前提下，买方随缴保证金、随提货的一种特定融资服务模式。

保兑仓融资基本程序：

（1）买方向银行缴纳一定比例的承兑保证金；

（2）银行签发以卖方为收款人的银行承兑汇票；

（3）买方将银行承兑汇票交付给卖方，要求提货；

（4）银行根据买方缴纳的保证金的一定比例签发提货单，向卖方发出发货指令；

（5）卖方根据银行指令和提货单向买方发货；

（6）买方实现销售后，再缴纳保证金，重复上述流程实现提货；

（7）汇票承兑到期后，由买方支付承兑汇票与保证金之间的差额部分。

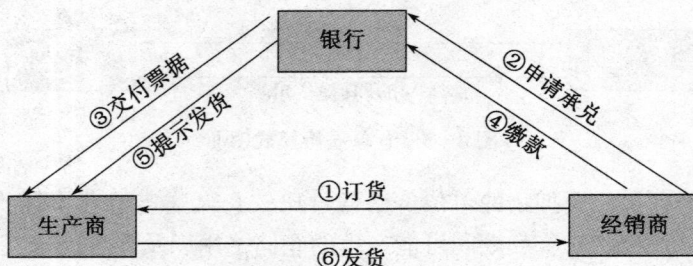

图4-7　保兑仓模式图

（六）物流保理

保理业务也称应收账款承购，是指销售商以挂账、承兑交单等方式销售货物时，在其对买方到期付款承担连带保证责任的前提下，申请由保理商购买其与买方因商品赊销产生的应收账款，并由保理商向其提供买方资信评估、销售账户管理、信用风险担保、资金融通、账款催收等一系列服务的综合金融服务方式。简单的说就是指销售商通过将其合法拥有的应收账款转让给银行从而获得融资的行为。物流保理业务与银行保理业务在本质上相同的，不同的是经营主体由银行变为了为客户提供物流服务的第三方物流企业，实现了物流和金融流的集合，并衍生出许多银行保理业务所不具备的优势和特点。

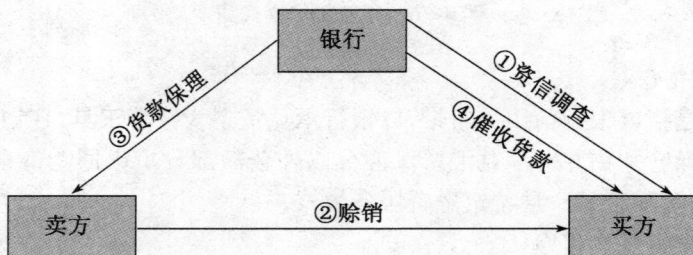

图4-8　物流保理业务图

物流保理业务克服了仓单质押只局限于以质押物为担保的缺陷，使得融资服务能够贯穿整个供应链，解决了需长时间在途运输货物的融资需求。随着物流和经济的发展,第三方物流企业越来越多地介入到客户的供应链管理之中,深入地掌握了买卖双方的经营状况和资信能力,在进行信用评估时不仅手续较金融机构更为简洁便捷,而且可以有效降低风险。

(七) 物流应收账款质押贷款

物流应收账款质押贷款是指为供应链上核心大企业生产配件或提供加工等配套服务并建立长期稳定合作关系的中小企业,以大企业的应收账款单据凭证作为质押担保,向银行等金融机构申请期限不超过应收账款账龄的短期贷款,由金融机构向处于供应链上游的中小企业提供融资的物流金融模式。物流应收账款质押贷款中提供融资的主体变为第三方物流企业,是指第三方物流企业利用其与上下游企业的深度合作和对其经营状况、资信程度的了解,为中小企业提供以其合法拥有的应收账款收款权作为还款保证,在不继承其在该应收账款项下的任何债务的条件下所提供的短期融资服务。

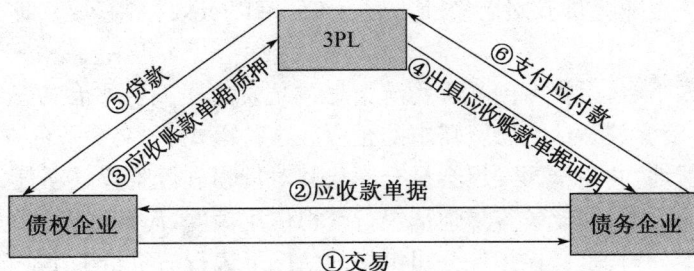

图 4-9　物流应收账款质押货款模式图

第二节　物流金融中的角色分析

一、金融机构

(一) 授信方式

授信是指银行向非金融机构客户直接提供的资金,或者对客户在有关经济活动中的信用向第三方做出的保证。即银行根据借款人的资信程度及企业经营情况授予其一定期限内的贷款额度,在授信期限及额度内借款人可根据自己的资金需求情况随用随借,不必每次都办理繁琐的贷款审批手续。

在物流金融业务中,银行可以根据供应链上下游企业的实际情况灵活地采取授信买方、授信卖方、授信物流企业、授信交易平台、授信担保公司等不同授信方式，从而有效规避了银行的放贷风险。

授信买方是指银行直接对实际融资的下游企业或者出质人授信，如在基于订单的融资中商业银行根据贸易商与上游生产厂家真实、合法、有效的买卖关系，授信需要融资的贸易商为其提供采购所需的资金。

授信卖方是指在上游生产厂家提供担保或者承诺回购的条件下，银行授予生产厂家一定期限内的信贷额度，在该信贷额度下由生产厂家根据下游借款贸易商的需求和条件进行信贷额度分配和信用贷款，此种授信方式使用于贸易商的信用等级较低、生产厂家的信用等级较高的情形，通过卖方授信可以规避银行直接放贷给下游贸易商的风险，将银行的放贷风险转移给生产厂家。

授信物流企业，即前文提及的物流授信，是指银行直接对物流企业授信，由物流企业根据与其有长期物流合作关系企业的实际情况分配信贷额度并实施放贷。此种方式物流企业凭借其对融资企业的了解，可以有效控制风险、缩短企业融资耗时。

授信交易平台，是指专门从事物流金融的现货电子商务平台方从银行申请信用贷款，再将资金放贷给有融资需求的企业。这种模式下，交易平台方利用电子商务的全国辐射性，并在全国发展会员仓库代其对货物进行监管，从而达到规模融资和规模监管的目的，即比较容易地从银行获得信用额度，而且可以有效控制风险。

授信担保公司，是指在担保公司担保的情况下银行放贷给中小企业，一旦出现中小企业无力偿还贷款，由担保公司代其偿还。

（二）结算方式

在物流金融的实际操作中，根据不同情况可以灵活选择不同的结算方式，目前实际中最常用的有银行流贷、银行承兑汇票、开证监管三种结算方式。

银行流贷，是指银行直接将资金划入融资企业的账户或者此贷款使用对象的上游企业的账户中，作为企业的流动贷款。

银行承兑汇票，是由在承兑银行开立存款账户的存款人出票，向开户银行申请并经银行审查同意承兑的，保证在指定日期无条件支付确定的金额给收款人或持票人的票据。银行承兑汇票一般按票面金额向承兑申请人收取万分之五的手续费，承兑期限最长不超过 6 个月，承兑申请人在银行承兑汇票到期未付款时按规定计收逾期罚息。

开证监管，是指银行为进口商开具立信，进口商利用信用证向国外的生产商或出口商购买货物，并向银行缴纳一定比例的保证金，其余部分则以进口货物的货权作为质押担保获得银行贷款,货物的承运、监管及保管作业由第三方物流企业完成。

(三)质押方式

动态质押,是指物流监管事前确定质押商品的最低要求值,监管方占有或监管下的质押物价值不得低于银行设定的最低质押值的 95%,在质押期间超过最低要求值的部分可自由存入或提取,支持接受信贷方质押动产的形式多样化,质押的动产在不同阶段可以以不同的形式存在,允许质物按照约定方式置换、流动、补新出旧的一种分批次多次提单质押方式,又称为"核定库存模式"。动态质押方式对企业生产经营活动的影响较小,客户在无需启动保证金赎回质押货物的情况下可以货易货,对盘活存货的作用明显。动态质押是在静态质押基础上发展而来的,是静态质押的延伸产品,但比后者更具灵活性。在静态质押中,质押物事先约定且在信贷过程中不允许更换,并直到信贷方缴纳足够的保证金或者还清贷款才放货,其核心是质押物不允许以货换货,也被称为"特定化库存模式",是动产及货权质押信贷业务中最基础和最原始的业务模式。

45 天监管空白期,是指在物流公司或担保公司担保的前提下,自质押生效起45 天内银行不对质物进行盘查,第 45 天开始对质物进行盘查,出质人保证质物价值不得低于银行设定的最低质押值,否则由物流公司或者担保公司补足差额保证金。

质押率为贷款本金与标准仓单市值的比率,设定质押率一方面是为了防范违约风险,另一方面是为了弥补借款人违约后弥补损失和处理质押品过程发生的成本。确定质押率需要综合考虑多方面的因素,比如企业的资信程度、质押货物的存货特性和物流金融的业务模式等。所以在开展物流金融业务时,首先要选择价格相对稳定的商品作为质押货物,并分析商品的安全储存特性和商品的价格波动水平。

二、第三方物流企业

作为中小企业和金融机构"粘结剂"的第三方物流企业能够有效地缓解中小企业融资过程中信息不对称和风险控制难的问题,其在物流金融业务中的作用主要表现在以下几个方面。

(一)提供贷款前信息筛选

由于中小企业生产经营规模小、财务信息透明度低等特点,而金融机构向其提供物流金融服务前必须对其经营状况、购销情况、库存数量、结算方式等进行分析与研究,无疑使得金融机构在信息筛选和风险识别方面的成本过高,造成金融机构对中小企业存在惜贷心理。为中小企业提供运输配送、仓储管理等物流服务的第三方物流企业,由于清楚掌握其库存商品的动态变化、销售情况、平均进货周期和结款信誉度等金融机构贷前分析需要的主要信息,通过第三方物流企业对中小企业的信息进行筛选,可大幅度降低金融机构贷前的筛选成本,其贷款意愿和运行效率也相应提高。

（二）质押物的评估和监管

由于中小企业的质押物单位价值低、流动性较大,而在物流金融业务中金融机构不得不对中小企业提供的存货、应收账款或仓单等有效质押物进行估值并确定质押率和贷款期限等内容,无疑增加了质押物评估的成本和难度,增强了金融机构的惜贷心理。由于第三方物流企业越来越多地介入企业的供应链管理中,对中小企业的到货数量、库存数量、销售数量和商品价格、规格等做到了如指掌,由其为金融机构提供质押物的所有权评价和价值评价等信息,无疑可降低金融机构的信贷交易成本和信息不对称产生的风险。

另一方面,第三方物流企业严格执行商品的入库验收和储存保管规定,向指定的保险公司申请办理仓储物的相关保险,利用其严格的收发货及在库货物管理操作流程,定期与不定期的盘库制度,质押货物的专人专库管理,严谨的单证管理制度,强大、完善的信息系统以及广泛的配送网络,不仅对质押物进行静态质押,还可以实施货物的动态质押和在途监管,降低了金融机构的管理成本和业务风险。

（三）实施严格的提货管理

客户提货时第三方物流企业仓单管理员必须在与银行联系确认后方可办理发货出库,并严格遵守发货下限鉴别提货单真伪,同时按照仓库发货规定登记明细台账。目前,钢铁电子商务平台开展的融资业务中普遍采用了"密码提货"制度,即提货单位在向银行或放贷方存入足额保证金后,系统根据保证金的数额开具提货单,并产生一组随机数字,该组数字作为提货时必须输入的密码,只有提货单位知道,如此便极大地提高了提货管理中的风险控制水平。

（四）违约货物的处置

如若货主违约,银行有权处置质押在第三方物流企业的货物,并将处置指令下达给第三方物流企业,后者接到处置指令后在市场上对其进行拍卖或回购,以尽快回笼资金。

以上第三方物流企业在物流金融业务中的功能实现必须依靠先进的管理信息系统,包括支持多仓库、多银行、多客户、各种物资的统一管理;银行和管理者查询质押融资客户的详细资料、货物的库存情况及历史进出货记录以及客户还款记录等的权限,质押融资客户登陆信息系统查看货物保存情况及限制额度并直接预发货物的权限;银行在线授信、在线放贷、在线开具提货单的功能;支持仓库视频监控的管理,实现对仓库质押物的远程实时视频监控。

三、担保公司与保险公司

(一) 融资性担保

担保公司在物流金融业务中扮演的角色随着业务的发展进行着持续不断地创新,但最基本的角色是融资性担保,即担保公司与银行业金融机构等债权人约定根据银行的要求让借款人出具相关的资质证明进行审核,之后将完成审核的资料交由银行复核后放款,担保公司收取相应的服务费用,当被担保人不履行对债权人负有的融资性债务时,由担保公司依法承担合同约定的担保责任。根据银监会的相关规定,融资性担保公司对单个被担保人提供的融资性担保责任余额不得超过其净资产的10%,对单个被担保人及其关联方提供的融资性担保责任余额不得超过其净资产的15%,总融资性担保责任余额不得超过其净资产的10倍。

(二) 贷款保证保险

在实务中,很多保险公司创新性地引进贷款保证保险,作为融资性担保的替代解决方案从而介入物流金融业务中。贷款保证保险的投保人是申请贷款的中小企业,被保险人是贷款银行。在一般情况下,贷款企业应正常履行合同义务按期偿还贷款本息,当借款企业未能履行合同规定还款义务时,则由保险公司通过保证保险替借款企业偿还尚欠贷款本息,其最高额不超过保险的金额。凡是经工商行政管理部门依法登记具有法人资格的企业及个体工商户,在向银行申请贷款时依条款规定向保险公司投保,投保时应先将企业的固定资产、流动资产向保险公司购买企业财产保险。

贷款保证保险的保险责任是:投保企业由于生产上、经营上的原因导致企业倒闭和经法院宣告破产时保险公司负责偿还企业所欠银行贷款的本息,保险公司偿还本息后,企业贷款本身债权即属保险公司。如果投保企业不是由于生产和经营上的原因,而是由于"自然灾害和意外事故"、"过期归还贷款和贷款利息"或违反国务院1985年发布的《借款合同》规定的贷款等原因造成的银行贷款损失,保险公司不负赔偿责任。

银行贷款保证保险的保险金额根据被保险人取得的银行贷款金额确定。贷款转期或者换据需另办投保手续。购买保险的企业要按保险公司的规定一次交清保险费,同时接受保险公司对贷款资金的投向和运用的监督、检查,并按月向保险公司提供企业计划、财务报表等信息。经银行同意变更贷款用途时必须书面通知保险公司办理批改手续。投保的企业如不履行上述规定,保险公司有权拒绝赔偿。被保险人向保险公司申请赔偿时应提供有关主管部门或法院宣告破产、倒闭的文件以及有关账册、报表和单证,经保险公司调查核实后,按规定赔偿给银行,赔偿金额以不超过保险金额为限。

(三)物流保险

保险公司除了为物流金融业务提供上述贷款保证保险外,其最常见的角色便是在货物从供应地向接受地的实体流动过程中提供与物流金融风险控制相关的保险业务,包括财产保险、货物运输保险、货物仓储保险、责任和信用保险以及物流综合保险等,被保险人或保险第一受益人是银行,从而通过固定的财务支出将物流金融业务中的不确定风险转移给保险人。

四、买方与卖方

在物流金融业务中,一般情况下银行不会只考虑卖方企业的资信情况,而是把供应链企业间的贸易关系综合起来考虑,即综合考虑卖方和买方的资信情况。若买方是中小企业,可通过以供应链上的核心企业为出发点为供应链提供金融支持,在核心企业承购或担保的前提下将资金有效注入处于相对弱势的上下游配套中小企业,解决中小企业融资难和供应链失衡的问题,打通供应链资金瓶颈环节,促进中小企业与核心企业建立长期战略协同关系,提升供应链的整体竞争能力。

第三节 钢铁物流金融运作模式创新

一、生产商—贸易商阶段的物流金融模式创新

纵观整个供应链,根据物流的特点可以将物流金融业务分成两个阶段论述:第一阶段是生产商至贸易商间具有整进整出特征的批发阶段,此时可以以作为供应链核心企业的生产商为出发点,对下游的贸易商提供物流金融服务,采用承兑汇票作为结算工具,上游生产商承诺借款人,如果出现债务问题时,回购质押给银行的货物;第二阶段,贸易商至终端客户间具有整进零出特征的零售阶段,综合考虑买

卖双方的资信情况,并选择授信对象,或者借助物流企业或担保公司等融资平台的信用,获得银行等金融机构的融资服务。第一阶段主要借鉴厂商银模式,包括两种方式:先票后货和先票后单。

为了克服实体市场交易辐射半径小的缺点,一般情况下,银行等金融机构会在全国或一定区域范围内与第三方物流企业联盟,发展货物交割监管仓库,并建立现货融资电子商务平台,通过电子商务的虚拟市场扩大交易辐射半径,从而获得规模经济效益并降低风险水平。融资平台一般由生产商、贸易商、第三方物流企业、提供资金的金融机构投资建设,但平台成功的实施有两个先决条件:资金和物流。故本章后半部分主要基于第三方物流企业的视角研究钢铁物流金融运作模式。

(一) 厂商银模式

基于生产商和与第三方物流企业有长期合作关系的贸易商之间真实、合法、有效的商品买卖关系,在生产商承诺回购或协助调剂销售的前提下,以银行为贸易商开出的商业汇票为结算工具办理承兑,定向用于向生产商购买货物,生产商在收到款项后将货物发运到第三方物流企业仓库由其监管,贸易商在向银行交付提货保证金后进行提货。

银行承兑汇票必须指定用于向生产商购买货物,以生产商为票据收款人,票据须按合作协议约定的方式交付给生产商,不得通过贸易商交付给生产商。贸易商未缴纳保证金提货时,由生产商退还银行差额购货款。

1. 先票后货

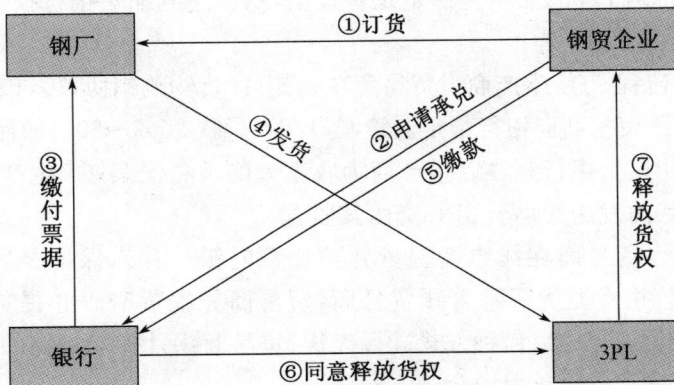

图 4-10 厂商银模式——先票后货图

2. 先票后单

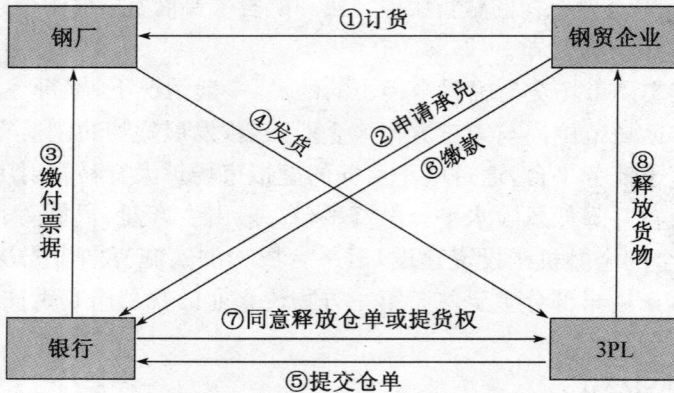

图 4 - 11　厂商银模式——先票后单图

先票后货与先票后单的最大不同在于第三方物流企业接收货物后的监管交割要求及贸易商货物提取方式。先票后单中的仓单质押是一种权利质押,而先票后货中的货物质押是动产质押;两者生效要件不同,仓单质押以出质人的背书转让作为生效要件,而存货质押的生效要件为存货的转移占有;两者在物资流管理过程中对操作风险管理的要求也不同。

（二）操作流程

（1）授信。钢铁现货融资平台的所有授信均采用线上授信方式,贸易商网上提交资料,银行网上审核资料并决定是否授信,从而达到缩短银行授信时间、提高授信效率的目的。

（2）采购流程。① 生产商与贸易商在线签订《货物购销协议》,该协议中包含了回购条款;② 贸易商向银行指定监管账户存入货款 20%～30% 的保证金;③ 根据《货物购销协议》,银行开具以生产商为收款人的承兑汇票;④ 生产商收到汇票后,在指定时间内发送货物至 3PL 交由其监管。

（3）提货。贸易商在线申请提货并按比例向银行存入保证金后,银行通知3PL 释放货权,并将提货密码告知贸易商,贸易商凭提货密码和提货清单提货,3PL 亦据此发货。无论以何种方式进行提货,贸易商累计提取货物的价值不得高于贸易商累计缴存的承兑保证金。

（4）违约处置流程。① 在银行承兑汇票到期前贸易商提货款不足银行承兑汇票金额时,银行向生产商发出《回购通知书》;② 生产商收到《回购通知书》后,核对台

"厂商银"	贸易商	生产商	3PL	银行
授信流程	线上提交资料,申请成为会员		审核资料,办理入会手续	审核资料,在线授信
采购流程	向生产商订货	贸易商与生产商达成购销协议并与银行签订回购条款		
	向银行申请承兑,并交纳20%~30%的保证金			审核订单并开具承兑汇票,缴付票据
		收到汇票后,发货至3PL	3PL监管货物	
提货流程	在线申请提货并向银行存入保证金			通知3PL释放货权
	凭密码和提货单提货		发货	
	循环			
违约处置	承兑到期,未存入足额保证金		银行要求生产商回购	
		生产商是否回购,退还差额购货款　是	兑付银票	

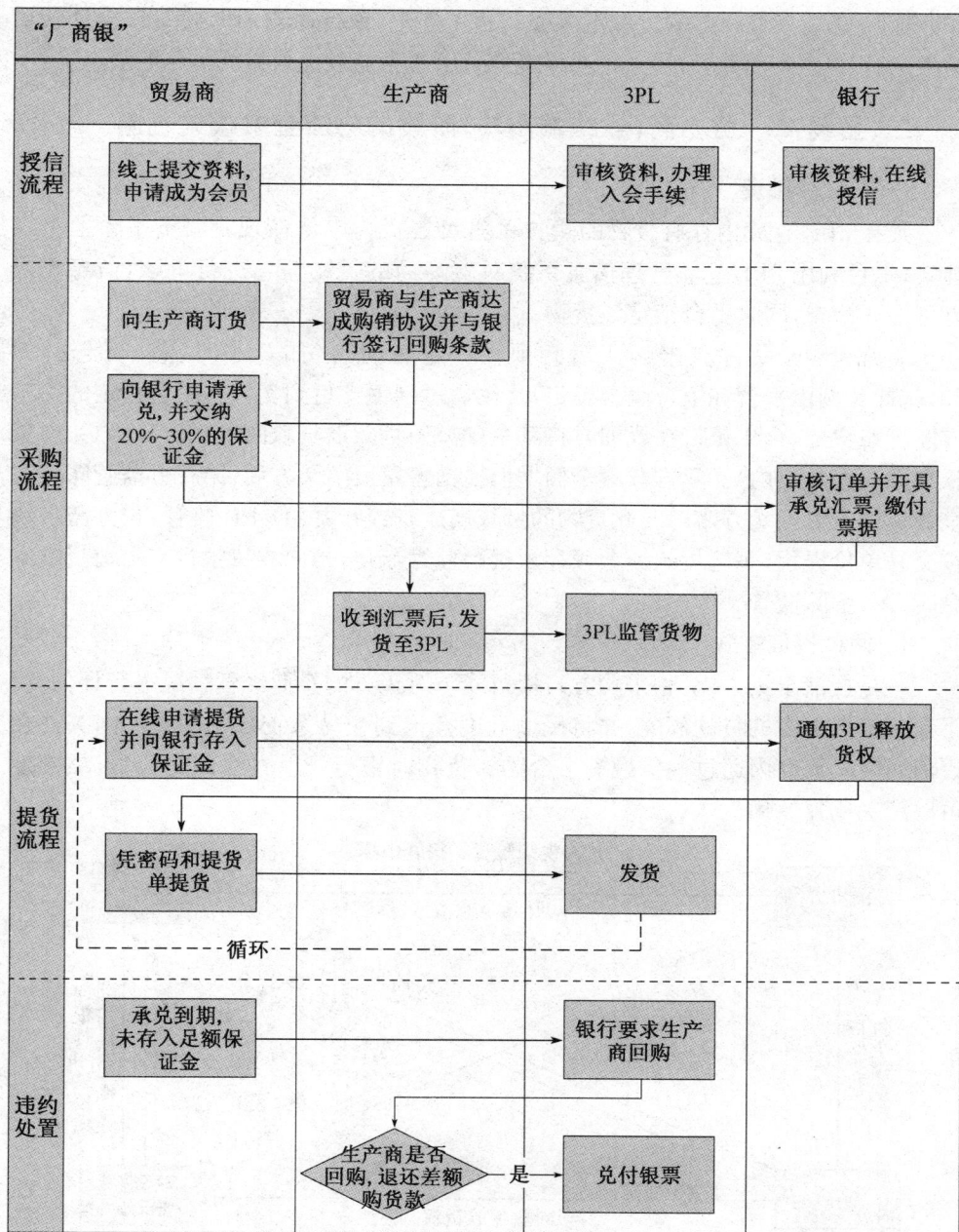

图4-12　厂商银模式操作流程图

账办理回购,生产商将差额货款汇入银行指定账户,银行通知3PL将货权全部转让给生产商,由生产商处置;③ 银行扣收保证金及差额货款兑付银行承兑汇票。

二、贸易商—贸易商(或终端用户)阶段的物流金融模式创新

(一) 订单融资

凡在3PL仓库内存有货物的卖方可将可售货物申请在现货融资平台上上线挂卖,平台利用3PL仓储管理信息系统对贸易商的货物信息进行审核,信息无误方可上线公布,同时平台锁定该货物。

买方视频验货并点击购买后必须在一定时间内(如2小时)将一部分(如20%,此比例由平台和银行联合确定)货款通过网银支付到卖方在平台指定的第三方监管账户中,合作银行在线即时将其余(80%)货款以贷款的形式放贷给买方(贷款期限6个月以内)。卖方开具全额增值税销售发票给买方后,第三方监管账户将全额货款支付到卖方账户。此货物的货权属放贷银行并由3PL监管,买方需带钱按交易单价提货,每笔货款须全额存入银行监管账户,当向放贷银行支付清贷款本息时方可解除监管。

1. 两种授信方式

一是授信于买方(货物采购方):银行线下对买方的企业经营情况进行评估,授予其一定期限内的贷款额度,并将授信额度登记到交易系统数据库中。当买方在授信期限及额度内通过现货融资平台购买货物时银行予以在线即时放贷,该额度可以滚动反复使用。

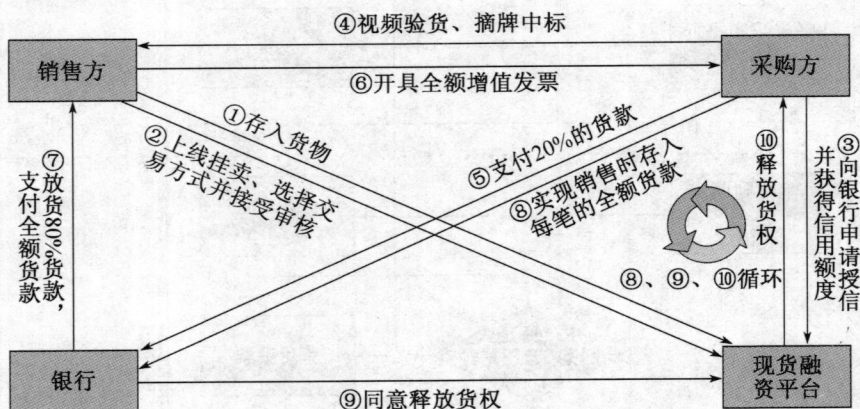

图4-13 买方授信概念图

此种授信方式下的流程图如下：

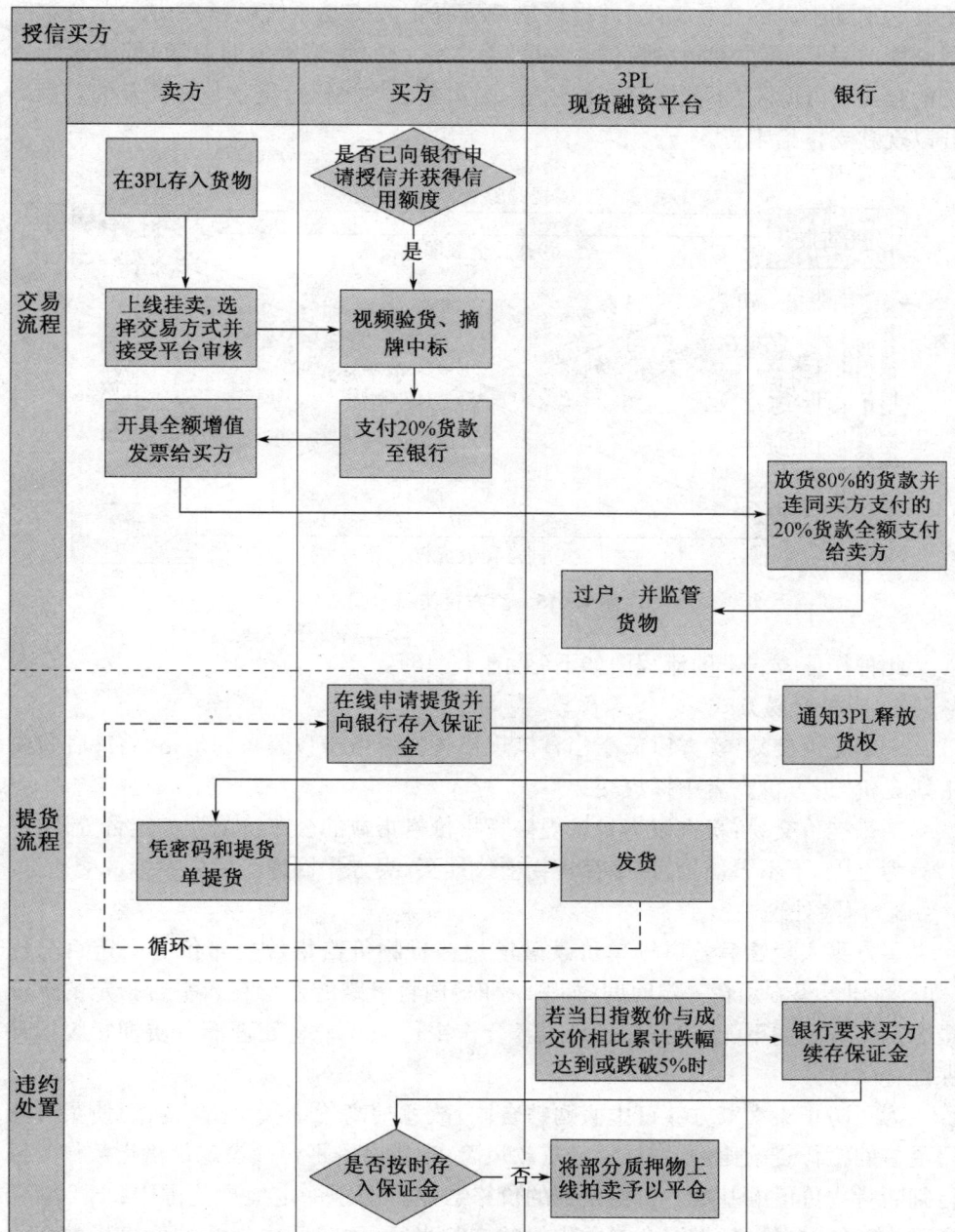

授信买方				
	卖方	买方	3PL 现货融资平台	银行
交易 流程	在3PL存入货物 → 上线挂卖,选择交易方式并接受平台审核 → 开具全额增值发票给买方	是否已向银行申请授信并获得信用额度 —是→ 视频验货、摘牌中标 → 支付20%货款至银行	过户,并监管货物	放货80%的货款并连同买方支付的20%货款全额支付给卖方
提货 流程	凭密码和提货单提货 循环	在线申请提货并向银行存入保证金	发货	通知3PL释放货权
违约 处置	是否按时存入保证金 —否→ 将部分质押物上线拍卖予以平仓	若当日指数价与成交价相比累计跌幅达到或跌破5%时		银行要求买方续存保证金

图 4-14　买方授信流程图

二是授信于卖方(货物销售方):银行线下对卖方的企业经营情况进行评估,授予其一定期限内的贷款额度,并将授信额度登记到交易系统数据库中。在贷款期限到期前,如果买方缴付的保证金总额(存入银行的每笔货款的总额)低于银行放贷的金额时,即买方不能完全实现销售,则卖方必须将银行贷款与保证金的差额部分以现款支付给银行。

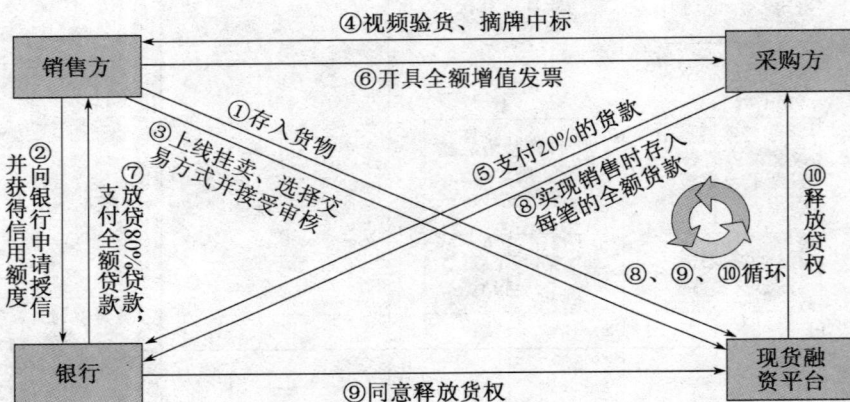

图 4-15 卖方授信概念图

此种授信方式下的流程图如下(见图 4-16):

2. 两种交易方式

一是竞价交易:卖方以低于当日该规格货物价格指数公布的价格,将库存货物上线竞价,买方价高者中标成交。

二是挂价交易:卖方以当日该规格货物价格指数的公布价上浮一定百分比(如2%)为上限,下不限低价,将库存货物上线挂买,买方先摘牌者优先中标成交。

3. 风险处理

买方买入货物后若市场单价跌破该规格货物价格指数公布价的一定百分比(如5%)时,买方须在一定时间(如24小时)内将下跌的差价存入平台指定的保证金账户。若当期不能按时存入保证金,合作银行强行平仓处理部分质押货物填补保证金敞口。

为了防止买卖双方签订虚假购销合同,故意抬高货物买卖价格从而使买方获得更多的银行贷款比例,增加银行贷款风险,现货融资平台须设定价格指数作为银行判断货物价值的基准。价格指数的价格数据来源于一定地理范围内(如200千米)的市场交易价格,需综合考虑货物的交割半径、国际国内市场的价格指数变化

授信卖方

	卖方	买方	3PL 现货融资平台	银行
交易流程				
提货流程				
违约处置				

交易流程

在3PL存入货物

是否已向银行申请授信并获得信用额度，与银行签订回购协议 —— 是

上线挂卖，选择交易方式并接受平台审核 → 视频验货、摘牌中标

开具全额增值发票给买方 ← 支付20%货款至银行

放货80%的货款并连同买方支付的20%货款全额支付给卖方

过户，并监管货物

提货流程

在线申请提货并向银行存入保证金 → 通知3PL释放货权

凭密码和提货单提货 → 发货

循环

违约处置

若当日指数价与成交价相比累计跌幅达到或跌破5%时 → 银行要求买方续存保证金

是否按时存入保证金 —— 否 → 通知卖方回购

卖方是否回购，退还差额购货款

否 → 将部分质押物上线拍卖予以平仓

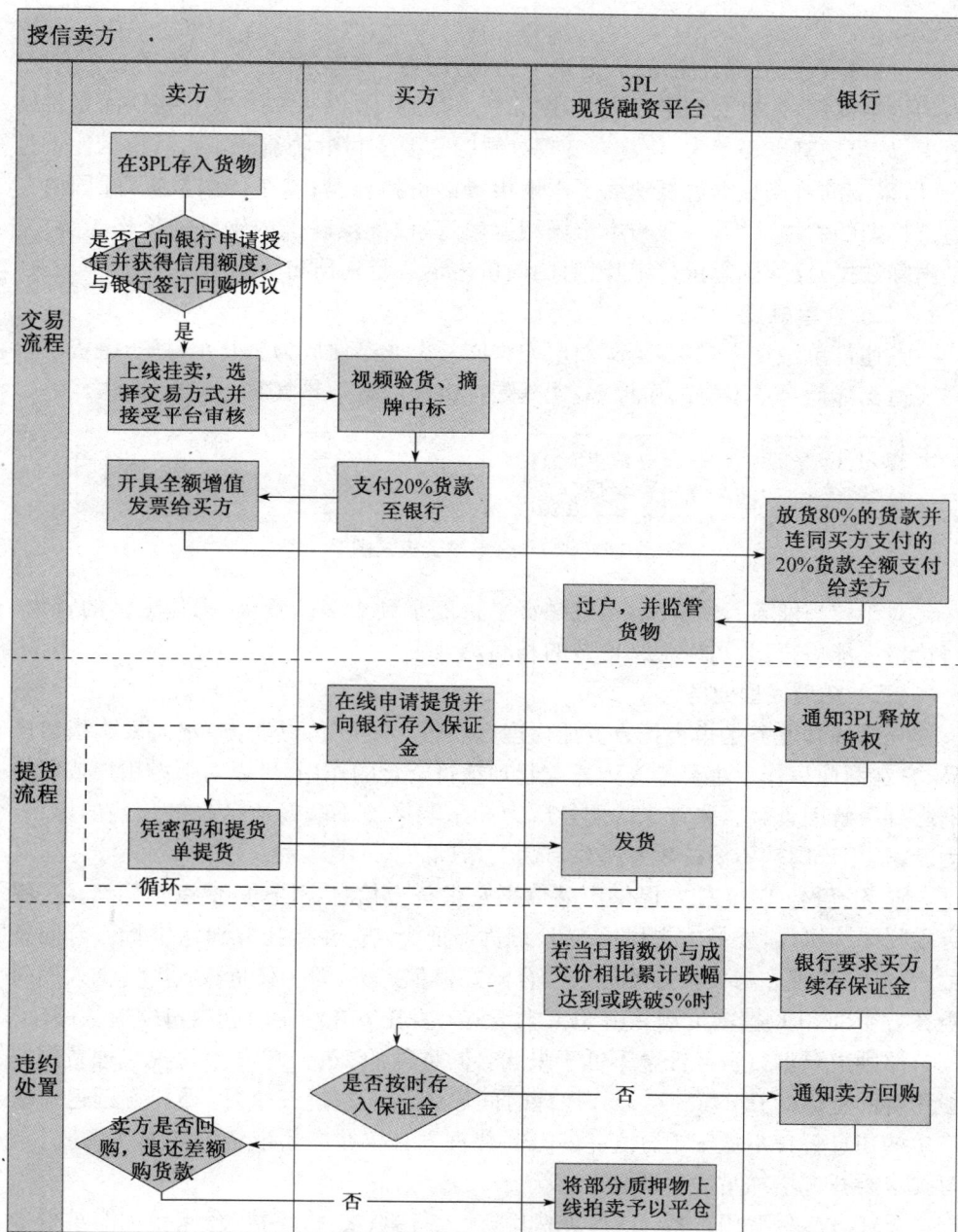

图4-16 卖方授信流程图

趋势等。

价格指数有三部分组成：一是区域价格，即在一定交割半径（一般是200千米）内的价格数据，如果交割半径太小，则无法采集到可如实反映市场价格的海量价格数据；如果交割半径太大，货物在变现处置时需要支付的物流成本占货值的比例过大，所采集的价格数据过低映射了本地市场的价格行情；二是国内数据，即国内其他市场上的价格数据，一般与本市场相差较远，以此反映国内钢铁的价格走势；三是国际数据，反映国际价格走势，对国内价格走势起到预测的作用。

（二）仓单融资

上述订单融资模式中，若买卖双方为同一企业时便成为了仓单融资，融资平台需要适当降低仓单融资的质押率，尤其是在市场前景不景气时。流程如下：

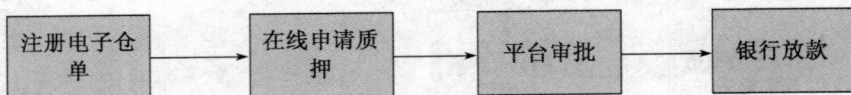

图 4-17 仓单融资模式图

对于贸易商若行情看涨，通过融资平台能拿到更多的资金，囤积更多的货物，待价格上涨后售出，可以带来更多的利润。

（三）托盘代理业务

托盘代理业务是指委托方委托代理方（3PL）向供货方（卖方）定向采购指定产品，它在商业运作上主要是为委托方起到垫付资金的作用，可以对下游用户或贸易商起到缓解因资金紧张带来的购货压力和采购渠道不顺畅所带来的烦恼的作用，为商家、用户周转不济的生意提供有力的帮助。

业务流程：① 委托方提供产品信息及供货方信息，3PL 负责审核确认；② 签订委托采购协议，委托方支付给 3PL 订货保证金；③ 经委托方确认供货方合同条款后，3PL 代理方与供货方签订采购合同并付款提货，即转移货权；④ 货物入库时委托方协助 3PL 检验货物并由 3PL 监管；⑤ 委托方在约定时间内付款提货。

原则上要求订货保证金不低于采购合同金额的 20%，单月不含税代理费用一般为合同金额的 0.8%～1.5%，代理时间原则上不超过三个月，委托方延迟付款产生的罚息每日不低于千分之一。3PL 代理方有权在产品市场价格下跌超过 5% 时要求委托方增加足额保证金。

委托方应付费用包括：① 代理费用，计入货款；② 移库费、仓储费和滞纳费等中间环节费用；③ 如代理费用未包含货款占用现金利息，则根据供货方公司利息标准执行，一般为合同余额的 1‰/月；④ 如违约，须支付违约费用。

（四）应收账款质押贷款与物流保理

在实际业务中，由于核心企业竞争力较强、规模较大，在交货、价格、账期等贸易条件方面对待上下游配套企业苛刻，一般采用月结的结算方式，如此导致上游配套的中小企业资金紧张。由于第三方物流企业越来越多地介入到客户的供应链管理当中，与供应链上的核心企业有着长期深度的合作，对于买卖双方的经营状况和资信能力都有深入的把握，因此基于第三方物流企业对核心企业的了解和信任以及未来业务中预期货物的控制权，可开展应收账款质押贷款与保理业务，从而满足大企业货款月结的要求。

应收账款的质押率一般为 60%～80%，申请企业所需提交的资料一般包括销售合同原件、收发货单、付款方的确认与承诺书等资料，其他所需资料与一般流动资金贷款所需资料相同。业务流程如下：

① 买卖双方签订销售合同，形成应收账款；

② 卖方以应收账款为质押，向 3PL 申请贷款；

③ 3PL 审核后，发放贷款；

④ 到期前 3PL 向买方发出付款通知；

⑤ 买方向 3PL 支付应收账款。

应收账款保理指销售商通过将其合法拥有的应收账款转让给 3PL，从而获得融资的行为，分为有追索权与无追索权两种方式。前者是指当应收账款付款方到期未付时，3PL 在追索应收账款付款方之外，还有权向保理融资申请人（销售商）追索未付款项；后者指当应收账款付款方到期未付时，3PL 只能向应收账款付款方行使追索权。保理融资业务流程如下：

① 买卖双方和 3PL 签订《三方协议》，明确应收账款债权转让给 3PL，由买方企业向 3PL 付款；

② 3PL 向卖方支付购买应收账款现金；

③ 到期前 3PL 向买方发出付款通知；

④ 买方向 3PL 支付应收账款。

三、物流联盟下的物流金融运作模式创新

（一）虚拟仓库——仓库联盟

随着物流金融业务的发展，以一个个独立的物流企业（主要是仓储企业）作为货物交割监管仓库的模式逐步转向多个物流企业联盟，包括仓储企业之间的联盟

和仓储企业与运输企业的联盟两种方式。在物流企业联盟下,各仓库联合对货物进行监管,责任共担、利润共享,只要货物进入联盟会员仓库等同进入指定的货物交割监管仓库,其实质是扩大了单一仓库的外延,诞生了一种新型的仓库——"虚拟仓库"。

虚拟仓库推动物流金融进一步创新,产生了库存前置和在途质押两种新型的运作模式:

1. 库存前置

当生产商与目标销售市场的地理距离很大,且货物自生产商发货至目标市场的整个运输时间很长时,生产商可以直接将货物发至紧邻的联盟会员仓库,获得银行或第三方物流企业的质押贷款,及时回收资金,不仅可扩充市场份额,还可有效减少应收账款。物流企业随机将其货物在现货电子商务平台上挂卖,并根据市场行情随时准备将质押的货物在联盟仓库间周转出售,若未售完,由生产商回购或调剂销售。库存前置模式,实质上是生产商凭借物流联盟企业间广阔的网络渠道和介入供应链管理后获得的业界影响力,实现货物的灵活机动销售,充实了生产商的销售渠道,挖掘了物流企业在供应链商流中的隐形作用。

2. 在途质押

当货物自生产商出库至目的地需要长时间运输时,银行首先对信誉优良的生产商给予一定额度的授信,承诺给生产商提供的本地特许经销商开出的以其为收款人的银行承兑汇票,生产商给予相应货物提单,并将货物发往最近的联盟会员仓库,质押即可生效,仓库企业通过自营运输业务或者与第三方运输企业联盟将货物运输至目的地联盟会员仓库,由其负责货物监管和交割。物流联盟企业凭借现代通信技术,如定位技术、移动通信技术、条形码等,对运输途中的货物实施全程不间断跟踪,通过信息的实时采集和企业之间的信息共享,实时掌握货运状态。银行以提单作质押,目的会员仓库根据提单释放货权,承兑到期经销商未售完或未提货部分由厂家归还银行承兑差额部分。在途质押减少了生产商和经销商的资金占用量,原本需要以储存在仓库中的货物作为质押物方能获得银行的融资,由于物流企业之间的联盟,联合控制物流过程和物流风险,将在途运输中的货物作为质押物申请银行的贷款,扩大了质押物的范围,缩短了经销商的融资申请周期,加速了整个供应链的资金周转速度。同时,经销商无需提供担保即可获得货物的销售权,给经销商销售和变现货物带来了极大的方便性,使物流金融业务变得更具柔性和灵活性。

(二) 到门式的物流金融运作模式

在仓库企业与运输企业联盟的模式下,加上物流企业间通过信息化手段实现了协同网络化运作与信息共享,便产生了"到门式"的物流金融服务模式,不仅为客户解决了送货和取货不便的问题,而且最大可能地扩大了客户融资的时间界限。"到门式"的物流金融业务一般主要针对资信良好且货物在监管交割仓库与客户间流转时间长的大型企业。具体而言有两种形式:生产商到门式和终端用户到门式。

1. 生产商到门式

与仓库联盟的运输企业直接上门接收生产商的货物,生产商将货物交由运输企业后,运输企业即刻利用移动通信技术通知银行,质押即可生效,生产商随即收到银行的贷款或承兑汇票。此种模式适用于货物自生产商至监管仓库需要长时间运输的物流金融业务,其实质是"在途质押"的延伸,与"库存前置"相比也更具灵活性,最大化地减少了生产商的应收账款时间。

2. 终端用户到门式

客户事前在网上申请提货,在物流企业担保的前提下,银行审核后通知仓库释放货权,当与仓库联盟的运输企业将货物送至客户后,经客户验收确认无误后支付货款,运输企业方可卸货收回提货单,从而实现了"一手交钱、一手交货",最大化地缓解了客户资金紧张的局面。

第四节　钢铁电子商务模式比较与分析

一般物流金融服务模式,尤其是基于质押的物流金融模式需要借助仓库实现物流监管和货物交割,而客户势必与监管交割仓库存在一定的地理距离,由于配送成本的存在,无疑限制了单个仓库的服务半径,难以取得规模发展。所以第三方物流企业在开展物流金融服务时会借助电子商务平台,在一定范围内乃至全国联盟或自建多个监管交割仓库,拓展监管交割仓库的地理位置,扩大物流金融服务半径。客户可以就近进行质押监管,极大降低客户的物流成本,同时提供物流金融服务的第三方物流企业也可借助电子商务平台实现物流监管规模经济效益,降低管理成本,为客户提供在线服务。

一、制造商主导类型——东方钢铁在线

东方钢铁由宝钢集团打造,致力于向钢铁及相关企业提供基于共享平台的运营支持及增值服务,并面向钢铁流通企业提供第三方电子交易和网络中介服务的

电子商务服务,下属的"东方钢铁在线"专注于钢材及相关物资的现货交易,集网上交易、支付结算、实物交收于一体,为钢铁及上下游企业提供一站式物流服务及供应链融资服务。

(一)物流金融运作模式研究

东方钢铁在线与深圳发展银行、华夏银行、中国民生银行、中国光大银行合作,主要为宝钢国际下属地区及专业公司销售的正品钢材提供融资服务。以"提货权+动产质押"为融资担保,包含期货草约、定金入库、现货和直发四种业务类型,票据和现金流贷两种融资方式。

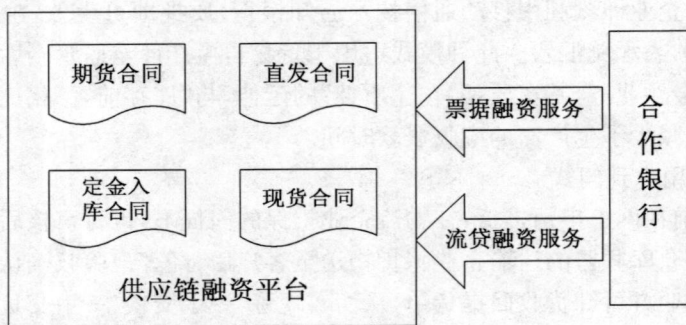

图 4-18 钢材供应链融资平台概念图

卖方通过交易平台将存放于交易中心指定监管仓库的货物进行挂牌,买家在完成网上货物采购后,仅需支付不低于 30％的首笔货款给卖家,剩余货款由银行以交易货物作质押予以贷款。卖方可以在合同生成的第二个工作日内收到全额货款,减少资金回笼成本。质押的货物由银行委托东方钢铁对监管仓库定期核对检查。买家可以将质押物进行挂牌销售,待货款回笼后向银行还贷,银行办理货物解质押手续后,买家即可到仓库提货。买家可以根据实际情况分批还贷和部分提货。针对钢铁贸易流通过程中流通快、周期短的特点,此过程的贷款区间最长为 90 天,贷款利息不高于银行同期贷款利息。这种新型的融资方式,区别于一般意义上的简单的货主抵押物融资,它贯穿于整个贸易的前端,是真正的供应链融资。

(二)平台优劣分析

宝钢国际供应链融资平台在优化了销售合同付款结构、加速了货款回笼的同时,解决了客户资金流不足的问题,缩短了客户提货周期,为其规避了资金、货权、市场风险,降低了客户的运营成本,最终提高了用户对宝钢产品全额订货的比例。

但是以宝钢的东方钢铁在线为典型的制造商主导的钢铁电子交易平台存在着

难以突破的缺陷,就是由于其特殊的身份,在融资额度存在一定限制的条件下,势必会优先将授信额度授予下属的销售公司和代理公司,如此与其存在竞争关系的同业制造企业不愿也不能通过本平台实现物流金融服务。从长期来看,同业制造企业的拒绝使用会影响到平台的服务范围和标的市场的容量,当金融市场上货币宽松时,贸易企业对资金的需求不再是行业的普遍现象,而是分散在每个制造企业下游供应链中,此时提供物流金融服务的电子商务平台需要通过扩大市场范围方能提高投资总量和盈利能力,制造商主导的钢铁电子商务平台提供的物流金融服务暴露了其缺陷与不足。

二、贸易企业主导类型——中国钢铁商城

中国钢铁商城(www. steel-mall. com)是由浙江物产金属集团有限公司联合国内数家钢厂和第三方物流企业建设的钢铁产品电子商务平台,致力于通过全方位的数字化服务,实现覆盖在线交易、电子支付、配送跟踪、仓储物流、仓单质押、信息资讯等全流程的第三方电子商务平台。

(一)物流金融运作模式研究

1. 定单注册

定单,指经商城注册流程存于指定仓库并符合要求的钢材产品的存货凭证。定单持有人,指经商城确认的可在商城处分定单的会员。定单项下货物在指定仓库的提取或过户需由商城开具的交割单方可进行。基准价指商城每日公布的各品种的指导价格。

定单注册成功后,定单持有人可申请商城合作银行质押融资,也可通过商城定单交易平台进行自主销售或授权销售。自主销售,指定单持有人直接在系统平台自行销售。授权销售,指定单持有人先将定单项下货物转让给商城,再接受商城授权在系统销售。定单注册成功的,定单持有人应缴纳监管服务费。

2. 销售要约

卖方会员进行自主销售时直接向系统提交定单信息和销售价格后形成要约。

卖方会员进行授权销售时,首先与商城签订《定单授权销售合作协议》,由商城锁定定单,商城按照基准价核定货值预支付给卖方会员,并从付款次日起开始计算提前收款手续费。提前收款手续费按日计算,每日金额按照定单货值的75%为基数结合商城手续费率计算。

商城授权卖方会员在定单有效期内销售定单项下货物,卖方会员在定单有效期内不能完成销售时应按原货值回购定单项下货物,即在有效期终止日的前一交

易日 16:00 前向商城支付货款,若未按时完成回购,商城有权组织拍卖或以其他方式处置定单项下货物,处置完毕后商城与卖方会员结算,由此发生的费用由卖方会员承担。卖方会员须交纳回购首付款,回购首付款金额为定单货值的 25%,交纳回购首付款后,向系统提交定单信息和挂牌价格后形成要约。

销售价格范围为:基准价的 92%～108%,销售价格当日有效。成交前,卖方会员可变更销售价格,也可撤销定单的销售。

3. 采购应约

买方会员在应约前须在交易资金专用管理账户存有足额的资金,应约时系统自动冻结成交金额的 25% 货款作为首付款。买方会员可以对定单项下全部或部分货物应约成交。

应约成交后买方会员应按以下时间节点将剩余货款转入商城:中午 12:00 之前成交的,当日下午 16:00 前;中午 12:00 之后成交的,下一交易日 12:00 前。应约成交后商城做系统结算,并在成交的下一交易日内与卖方会员结清款项,结算后商城完成相应成交部分定单持有人变更。

买方会员延迟支付剩余货款时,商城锁定定单并从次日起计算延迟付款手续费,延迟支付手续费按日计算,每日金额按照定单买方成交金额的 75% 为基数结合商城手续费率计算。商城锁定定单前,买方会员可申请商城合作银行贷款。

买方会员延迟付款不得超出定单有效期,在有效期终止日的前一交易日 16:00 前仍未付款的,商城有权组织拍卖或以其他方式处置定单项下货物,处置完毕后商城与买方会员结算,由此发生的费用由买方会员承担。

买方会员可分批支付货款,定单同时分批解锁,买方会员结算完成后成为定单持有人,可以在定单有效期内通过商城定单交易平台进行自主销售或授权销售。

4. 结算与交收

成交的结算。商城与买方会员根据买方成交金额、首付款、延迟支付手续费、监管服务费及其他费用结算;商城与卖方会员根据卖方成交金额(买方成交金额下浮千分之一)、回购首付款、提前收款手续费、监管服务费及其他费用结算。

卖方会员回购的结算。商城与卖方会员根据定单货值、回购首付款、提前收款手续费、监管服务费及其他费用结算。

结算完成后,卖方会员向商城开具增值税专用发票并送达商城,时间期限为:当月 20 日(含)之前成交的,在当月 25 日(含)之前送达;当月 20 日之后成交的,须在下月 25 日(含)之前送达,25 日为非交易日时顺延到下一交易日。商城收到卖方会员开具的增值税专用发票后两个交易日内向买方会员开具增值税专用发票。

定单持有人申请注销的,商城审核通过后开具交割单,与交收凭证一并交定单持有人提收货物。会员应当在收到商城提货凭证之日起三个交易日内到指定交收仓库提收货物,办理出库或过户手续,提收货物有数量异议时应当在提收期限届满前提出,提收期限届满,若无正当理由未提收仍视为提收完成。

会员提收货物时,发现质量问题或对货物的质量保证书或海关出具的商检证明等文件有异议时,应当在提收后两个交易日内向商城提交书面质量异议,异议期限届满,若未提出则视为提收无异议。

5. 风险控制

定单锁定期间,定单所对应的货物基准价跌幅达到注册日基准价的 8% 时,定单持有人应在当日 12:00 前向商城缴纳跌价保证金,保证金金额根据注册日基准价、跌幅和定单项下货物数量计算。基准价持续下跌,跌幅达到注册日基准价的8%的倍数时,定单持有人应补充跌价保证金。

定单持有人未按时缴纳跌价保证金时,商城有权组织拍卖或以其他方式处置定单项下货物,处置完毕后商城与定单持有人结算,由此发生的费用由定单持有人承担。

（二）平台优劣分析

浙江物产集团通过发展电子商务平台,逐步实现钢铁资源的集购分销和传统流通业态的转型升级,完善资源组织方式,围绕客户价值提供集成服务,实现商业模式的再创新。中国钢铁商城通过股东各方以及金融机构、第三方物流企业的协同运作,逐步形成以强大的信息处理能力、便捷的网上交易功能和成熟的网下配送体系为支撑的综合型电子商务平台。

然而,通过研究中国钢铁商城的物流金融模式不难发现,它是托盘业务的一种形态。首先,托盘业务的规模受到其自有资金和银行授信额度的限制,由于其所处的贸易行业属于资金密集型行业,当其企业留存资金有限或者银行授信额度紧张时,势必会面临着"狼多肉少"的局面。其次,由于其在供应链中的贸易商角色,在开展此项业务时势必会优先为其下游的中小贸易企业提供融资服务,其他供应链条中贸易企业势必会受到排挤,上游制造商也会随之被拒之门外。再次,资金实力雄厚的贸易商会自建电子商务平台,不仅通过平台实现企业内部信息的交流和共享,而且通过网络搜寻,迅速获得最新的商业资讯,并发布企业的资源信息,通过物流金融的杠杆作用和电子商务的扩展作用,拓展企业销售渠道,建立企业新的利润增长点。最终借助企业自己的电子商务平台,建立维护网上品牌以及建设和保护企业的无形资产,扩大自身影响力,参与国际、国内市场竞争,为企业创造经济效益。

三、金融机构主导类型——金银岛

北京金银岛网络科技股份有限公司(www.315.com.cn)是中国大宗商品电子商务的又一典型,致力于为大宗商品市场创造信用环境、降低交易成本、提高产业效率。大宗产品电子商务领域率先实现了信息流、资金流与物流的三流合一,为大宗产品产业链的各方参与者提供内参资讯、现货交易、在线融资等全方位电子商务解决方案。"在线融资"是金银岛与商业银行、第三方物流企业三方合作,为金银岛的交易商提供全流程在线即时融资服务。

(一) 物流金融运作模式研究

金银岛的"在线融资"业务主要有两种模式,分别是网络订单融资和网络仓单融资。

网络订单融资指借款人凭借金银岛确认的电子订单(借款人作为买方)向银行申请贷款的融资业务。若贸易商有良好的渠道关系,却苦于没有资金实力无法达成合作,可采用网络订单融资模式。

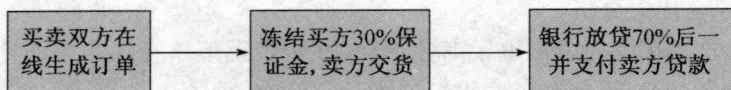

图 4-19　网络订单融资模式图

网络仓单融资指借贷人持银行认可的第三方物流企业出具的电子仓单进行质押,向银行申请贷款的融资业务。若行情看涨,贸易商能筹集到更多的资金,囤积更多的货物,待价格上涨后售出可以获得更多的利润时,可采用网络仓单融资模式。

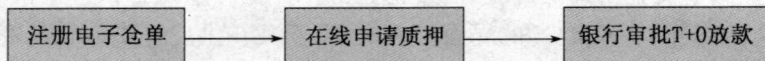

图 4-20　网络仓单融资模式图

具体业务流程如下:

(1) 交易商报名:① 交易商在线报名;② 符合融资条件,平台(金银岛)通知交易商提交所需材料清单。

(2) 申请授信、办理相关手续:① 交易商在线申请授信,银行内部授信审批;② 通知审批结果,交易商开立账户办理网银;③ 交易商通过网银与银行签订合同;④ 平台与交易商签署协议,办理电子签章;⑤ 第三方物流企业与交易商签署协议。

（3）货物入库:① 交易商在线提交入库申请;② 第三方物流企业审核通过后,交易商办理货物入库手续。

（4）网络仓单融资:① 交易商网上在线选择货物品种和数量,生成电子仓单,并提交质押申请;② 第三方物流企业审核通过后,平台（金银岛）发送电子仓单质押申请给银行;③ 交易商登录银行网银进行贷款支用申请;④ 银行审核通过后予以放款。

（5）网络订单融资:① 交易商（买方）与卖方在系统上生成订单;② 买方电子签章确认并冻结 30％货款;③ 卖方电子签章确认交货;④ 买方确认收货并提交电子仓单质押申请;⑤ 第三方物流企业审核通过后,平台（金银岛）发送电子仓单质押申请给银行;⑥ 买方登录银行网银进行贷款支用申请;⑦ 银行审核通过后放款,将保证金与贷款一并划给卖方。

（6）交易商赎货:① 交易商登录银行网银办理还款,选择赎货品种及数量;② 银行审核通过后,在线通知第三方物流企业解押货物。

（7）交易商办理出库:① 交易商在线提交出库申请;② 第三方物流企业审核通过后,提货人凭系统发送的提货密码办理出库。

每日无负债结算:平台（金银岛）每日评估质押货物的价格,当质押货物价格下跌导致仓单价值下跌,视为负债,平台通知交易商在下一交易日中午 12 点前补足差额资金;若交易商在下一交易日中午 12 点前未完成补款,金银岛向银行发送违约通知,银行收到通知书,自动扣划交易商备抵资金。

交易商贷后管理:平台利用网络视频方式定期对交易商负责人进行视频访问,交易商定期提供企业运营状况资料,平台定期对货物进行抽查。

（二）平台优劣分析

金银岛的在线融资业务在解决中小企业融资难的问题方面实现了实质性的突破,不但降低了准入门槛,减少了公关支出,且授信过程快捷简单;信息系统实现用款全流程在线操作,方便快捷,包括银行利息和物流费用的总体企业融资成本低。所以得到了中小型贸易企业的认可和肯定,加上依托于中国建设银行的战略支持,资金充足,目前金银岛拥有企业客户 36 万家,日交易量超过 13 万吨,成交额已超过 2000 亿。

在物流方面,金银岛与中远物流合作,将其分布在全国的 11 个仓库认定为钢材交割监管仓库,并与其他物流企业合作发展了 68 个钢材交割监管仓库、7 个塑料交割监管仓库、9个有色金属交割监管仓库、12个煤炭交割监管仓库、3个矿石交割监管仓库、2个油品交割监管仓库。尽管如此,金银岛一直无法摆脱依靠第三方物流实施监管的业务模式。在物流金融业务中,货物监管和保管问题,对作为一个电子商务平台的金银岛来说,其承担的责任和风险是巨大的,如果不能有效地控制整个作业链条,导致抵押物货权灭失或者混乱的话,将面临来自合作银行与融资方双重的索赔压力。所以,首先需要制定标准和筛选机制,选择一些资信强、实体型的第三方物流公司作为自己的分包方;其次,必须对由第三物流公司提供的营运设施具有绝对的控制权,通过派遣监管员、信息化系统、流程优化等措施提高第三方物流企业监管力度,确保货权的完整性和清晰性。但是以上措施势必会增加监管成本,对不具备物流专长的金银岛而言在未来一段时间仍是一个课题。

四、物流企业主导类型——天津港散货交易网

天津港散货交易网是天津港旗下垂直行业B2B电子商务平台,主要有现货交易、行业资讯行情、物流金融、行业商圈五大业务功能,以实名制会员服务为基础,从会员注册、信息发布、供需对接,到交易履约执行等各个环节,采用人工信息核实和线上线下联动的方式,为煤炭、焦炭、铁矿石、油品等大宗散货交易产业链中的生产商,贸易中间商,钢、电、焦化厂采购商,以及设备制造、技术支持等中间环节服务商,搭建的面向产业链的专业电子商务平台,依托天津港散货交易市场在即期现货交易、资金监管、物流金融、信息聚集等领域的强大资源优势,致力于打造散货交易行业B2B电子商务平台的典型。

(一)物流金融运作模式研究

1. 现货质押融资业务模式

现货质押融资业务模式是指企业以自己合法所有的货物作为质押物质押给银行,由银行委托平台(天津港散货交易网)代理银行占有监管质押物,企业获得银行相应的融资授信的模式。银行给予客户的贷款一般是客户质押货物总值的50%~70%。此项业务分为静态和动态抵(质)押两种操作方式。静态方式下客户提货时必须打款赎货,不能以货换货;动态方式下客户可以用以货换货的方式,用符合银行要求的、新的等值货物替代欲提取的货物。动产质押融资支持包括贷款、银行承兑汇票、信用证、保函和商业承兑汇票等多种融资方式,企业可以根据自身的情况灵活选择合适的方式进行融资。

2. 未来货权质押融资业务模式

未来货权质押融资业务模式是指采购商向银行支付一定比例的保证金,由银

行向其供应商支付全额货款,供应商根据银行指令发货平台的交割监管仓库,平台根据银行指令对货物实施监管。未来货权质押融资包括仓储监管和未来货权开证业务两种方式,前者主要用于国内业务,后者主要用于进口业务。

3. 委托监管业务模式

委托监管业务模式是指买卖双方签订买卖合同并确定购买货物的品名、规格等基本信息后,委托平台监管方对货物数量进行监管,平台监管方保证其入库货物维持一定数量或依据买方指令出库的监管业务模式。该模式是基于买卖双方之间在交易中缺乏互相信任,付款交货存在一定的时间差造成贸易活动受到影响。而由平台作为监管方以独立第三方的角色出现,以公平、公正原则对待买卖双方成为二者的中介平台,减少了许多猜忌和信用调查工作,使买卖过程变得简单有效。

4. 采购执行。为解决业务客户购买货物流动资金短缺的困难,平台接受业务客户的委托,通过锁定业务客户的采购价格以及其上游供应商的供货价格的方式,代业务客户购买货物,并在规定时间内销售给业务客户,最终达到扩大业务客户贸易量的目的。

5. 销售执行。为解决业务客户销售货物时无法及时收回货款或无法及时销售货物的困难,平台接受业务客户的委托,通过锁定业务客户的销售价格以及其下游采购商的购货价格的方式,在规定时间内代业务客户销售货物,最终达到扩大业务客户贸易量的目的,其中对于平台未完全销售的货物业务客户须全部回购。

（二）平台优劣分析

作为综合性的国际贸易大港的天津港,在煤炭、焦炭、铁矿石等大宗散货方面的交易活跃,物流量和资金需求量庞大,在此背景下,港口借助银行的战略性支持打造港口物流金融服务平台,对物流链条中的物流、资金流和信息流进行有效整合,为供应链上下游企业提供安全便捷的物流金融服务,为疏通大宗商品的流通渠道和繁荣港口经济发挥了巨大作用。港口物流金融服务平台不仅帮助银行吸引和稳定客户,在降低信贷风险的同时,扩大贷款规模并增强银行的竞争能力,而且可以拓宽供应链上下游企业的融资渠道,降低融资成本和原材料、半成品和产品的资本占用率,提高企业的资本利用率,实现资本优化配置,从而扩大销售规模并提高企业的销售利润。最后,打造港口物流金融服务平台可以拓展港口的服务功能,扩大业务规模,增加经营利润,提高一体化服务水平,进而提高港口的综合竞争能力,最终可形成港口物流供应链的良性互动和共赢。

五、不同类型企业开展物流金融的对比研究

如上文所述,由于物流金融业务带来的丰厚利润,成为每个企业追逐的利润源泉和业务增长点,于是供应链上下游不同类型的企业纷纷建立钢铁电子商务平台开展物流金融业务。由于企业在供应链中的角色不同,导致其在开展物流金融业务时各有所长、各有所短,下表予以了详细分析:

表 4 - 1   不同类型企业开展物流金融业务对比表

平台类型	资金充足性	排他性	物流专业性	客户融资成本
制造商主导型	不充足	强	较弱	高
贸易商主导型	不充足	强	较弱	高
金融机构主导型	充足	弱	弱	较高
第三物流企业主导型	比较充足	无	强	低

（1）资金充足性。由于 3PL 企业控制着客户的大量现货资源或未来提货权,银行有动力以货权为质押,低风险地为物流企业开展物流金融业务提供资金支持,实现金融业务的拓展。第三方物流企业借助一家乃至多家金融机构的资金支持,从而可以实现规模发展,提升平台服务容量。

（2）排他性。金融结构为控制自身风险水平,在宏观上会控制物流金融业务的总放贷额度占金融机构总放贷额度的比例,因此会在某种情况下限制其主导平台的业务规模和服务容量。第三方物流企业由于其角色定位是为整个供应链上下游企业提供无歧视物流服务,不参与贸易,作为中立的第三方提供融资服务,使平台具有中立性和公信度,并使平台业务快速拓展和规模发展成为可能。

（3）物流专业性。由于物流金融业务中物流监管不仅是物流金融业务开展的必备条件,其专业化程度更是直接决定着物流金融业务的风险水平和安全性。又由于一般金融机构完全不涉足物流领域,几乎不具备物流专业知识,而第三方物流企业的专业性促使了两者在物流金融领域的合作。建立钢铁电子商务平台开展物流金融业务,以开放式的平台向一定区域乃至全国提供融资服务,需要业务流程上具备一定的柔性,根据客户的不同需求灵活提供个性化服务和物流监管,客观上促使第三方物流企业扮演起主导平台的角色,并借助金融机构的资金协助发挥供应链服务管理的作用。

（4）客户融资成本。制造商和贸易商主导的钢铁电子商务平台在开展物流金

融业务时,由于资金的限制、排他性、物流的非专业性,致使平台难以取得规模发展,无法形成规模经济效应,至此每个客户所分担的融资成本势必较高,此举又反作用于客户参与使用平台物流金融业务的积极性,成为平台难以突破的漩涡。第三方物流企业凭借其与金融机构的互补性发挥其主导作用,建立钢铁电子商务平台为客户提供物流金融服务,克服了资金不足的劣势,充分发挥其不参与贸易、作为第三方的中立性和物流专业性,从而实现规模发展形成规模经济效益,进一步促使其降低客户的融资成本,形成良性互动发展。

总之,不同主体主导建设的钢铁电子商务平台,在开展物流金融服务时各有千秋,但是鉴于第三方物流企业不参与贸易,作为中立方开展物流金融业务,为客户提供融资服务,不仅克服了其他类型钢铁电子商务平台的排他性缺陷,也可发挥第三方物流企业的专业性和规模经济性,从而降低物流金融业务风险水平和企业的融资成本。

第五节　钢铁物流金融风险管理

作为经济学、管理学、社会学等众多学科研究对象的风险,在经济学家、决策理论家和保险学者等中间至今尚无一个适用于各个领域的一致公认的定义。广义上的风险,是指实际结果与预期结果的偏离,这种偏离的结果既可能是损失,也可能是收益。此定义强调风险既是机会又是威胁,是机会与威胁的矛盾统一体。狭义上的风险,是指损失发生的可能性,这是传统上的定义,强调风险的不利后果,以告诫管理者需要提高警惕并采取防范对策。钢铁的物流金融风险系指发生在钢铁物流金融领域的风险,是第三方物流企业在开展钢铁物流金融业务时未来的不确定性对其实现经营目标的影响。

一、钢铁物流金融的风险识别

在对钢铁物流金融业务中的风险实施管理时,首先需要识别风险,是指对第三方物流企业所面临的及潜在的所有风险加以判断、归类和鉴定其性质的过程。本小节将钢铁物流金融业务中的风险分为业务管理风险、货值评估风险、质物监管风险、业务合同风险、质押物风险、客户资信风险和环境风险等七大类风险。

(一) 业务管理风险

业务管理风险是指 3PL 企业在开展物流金融业务时,由于其管理制度不健全、工作人员素质低和信息不对称而影响业务的管理水平。尽管管理风险对于任何企业来讲是一种普遍存在的共性风险,但是,物流金融服务对于 3PL 来说具有一定的特殊性:首先是由于中国物流企业物流专业人才的缺乏,而物流金融服务对于 3PL 企业来说又是一项新业务;再次是物流金融业务涉及货物监管或信用担保,监管机制和管理制度是否健全成为业务管理风险控制的关键点。

(二)货值评估风险

第三方物流企业开展物流金融业务时,由于评估系统和技术的不完善所带来的风险被称为货值评估风险。对质押物的价值评估是物流金融业务中的一项重要工作,是 3PL 风险控制的关键点,尽管在对商品价值评估方面 3PL 企业具有一定的优势,但对质押物价值评估方法的科学性和评估系统的完善性都是影响质押物价值评估准确性的重要因素。

(三)质押监管风险

质押监管风险是指 3PL 由于安全管理制度缺失、管理设施和工具失效等监管不善而引起的损失。在开展物流金融业务时,第三方物流企业需要与银行签订《不可撤销的协助行使质押权保证书》,负有无条件根据仓单交付货物的义务,对质押货物的保管负责,保证实际货物的数量和价值与仓单相同,承担丢失或损坏的责任。然而监管制度的全面性、管理设施及工具的安全性、工作人员操作的规范性和管理信息系统的先进性等因素都是影响质物监管风险的关键指标,在动态质押模式下安全库存的控制又是一大风险源头。

(四)业务合同风险

因合同内容的不完善、条款和责任不明确而导致的损失被称为业务合同风险,主要涉及合同条款的规定和质押物所有权的归属等问题。包括合同条款本身拟定不完善而引起利益主体之间的纠纷,相关法律的缺失和不健全给合同带来的不确定性和模糊性,由于质押物所有权在多方主体间的循环多向流动而产生的所有权纠纷。

(五)质押物风险

当客户一旦无法清偿而变卖质押物时,质押物由于各种原因无法按预期变卖而带来的损失被称为质押物风险,主要涉及质押物的合法性、价格的稳定性和变现能力以及质量问题等方面。首先质押物的合法性是 3PL 和银行的潜在风险,若客户将非法获得的货物或他人货物进行质押或者多次重复抵押,必然产生质押落空,将对 3PL 企业和银行将造成损失。再次是质押物价格的稳定性和变现能力。若质押物价格出现大幅度波动而借款人到期又无法偿还借款时,变卖、拍卖该质物的价款可能无法变现,或者不足偿付银行贷款,从而给银行和 3PL 企业造成损失。

其次就是质量问题,尽管 3PL 企业谨慎严格地评估质押物质量,但货主在滚动提取货物时提好补坏、以次充好是 3PL 企业容易忽视的风险控制关键点。

(六)客户资信风险

客户的资信状况在借贷关系中甚为重要,包括资产和信用两个方面,资信不良的客户可能给贷款人造成严重的后果。第三方物流企业选择客户时首要考察的因素便是客户的资产即经营能力,因为在金融业务中,在某种程度上第三方物流企业起到了担保的作用,一旦客户无法按期还款同时质押物变卖、拍卖后尚不能足额偿还银行贷款本息时,其将承担连带责任。在信用方面,由于我国目前尚未建立全国统一的信用评估系统和严厉的失信惩罚机制,3PL 企业只能从以往的经验来判断客户的信用情况,从而带有很大的假设性和不准确性。

(七)环境风险

环境风险是指因政策制度和经济环境的突变而引起的损失,是一种与整个经济环境波动相联系的风险,也被称为系统风险和不可分散风险,包括经济政策、法规出台或调整,国际和国内经济的周期性波动,利率、汇率变动,通货膨胀等。

二、第三方物流企业物流金融风险管理策略

物流金融风险管理策略是第三方物流企业在开展钢铁物流金融业务时风险管理活动的指导方针和行动纲领,是针对第三方物流企业面临的主要风险设计的一整套风险处理方案,是围绕企业经营目标和战略,确定风险偏好、风险承受度和风险管理有效性标准,选择适当的风险承担、风险规避、风险转移、风险转换、风险对冲、风险补偿和风险控制等风险管理工具,确定风险管理所需的人力与物力资源的配置原则。

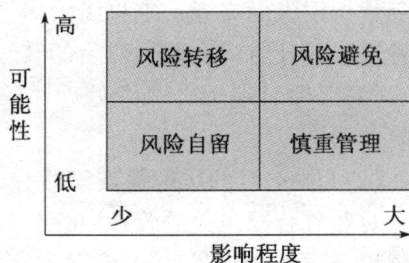

图 4-21　风险管理策略矩阵图

依据风险发生的可能性和风险影响的程度,风险管理策略可以分为风险避免、风险转移、慎重管理风险、风险自留四种。

(一)业务管理风险管理策略

对管理风险的管理以慎重管理为主。慎重管理风险也称损失控制,是指企业有意识地接受经营管理中存在的风险,并以谨慎的态度通过对风险进行分散、分摊以及对风险损失进行控制,从而化大风险为小风险、变大损失为小损失的风险处理策略。具体的措施主要有:第一,加强企业内部管理,制定内部管理规范,从组织结

构、责权分配制度、监管机制等方面入手,积极探索行之有效的内部管理制度;第二,培养或引进既具有物流知识又具有金融知识的复合型人才,培训常态化,丰富管理层的知识结构,提高决策效率;第三,引进物流新技术,如射频识别(RFID)技术和无线传输技术等。

(二) 货值评估风险管理策略

对货值评估风险的管理,主要也是以慎重管理的策略为主。具体的措施包括:在业务开展的初期可以聘请专业评估机构的专家,承担企业的评估顾问,对货值评估进行指导和培训,或者派专人去评估机构系统学习评估方法和知识,逐步独立开展评估工作。另外,3PL 企业还可以根据自身实践经验,自主探索和开发适合物流金融业务中质押物评估特点的评估方法,积极建立可靠和完善的评估系统,并在实际使用中不断优化升级,使系统尽量满足评估所需的各种要求,降低物流企业的评估风险程度。

(三) 质押监管风险管理策略

对于质押监管风险的管理,主要是慎重管理和风险转移的策略。在慎重管理风险方面,要不断完善监管制度,实行专人监管负责制,加快企业信息化建设和开展协同作业,高效地同客户、银行进行信息的沟通和共享,方便银行对仓库的监管,加强对预警机制的建设,此外还要加强对安全库存的控制。转移风险是指 3PL 为避免承担损失而有意识地将风险损失或与风险损失有关的后果转嫁给其他企业的一种风险管理方式。监管风险的转移方面主要是指 3PL 企业可要求货主为货物购买保险,保险是 3PL 企业处理风险的有效手段,将可能的经济补偿责任转嫁给保险公司。

(四) 业务合同风险管理策略

对业务合同风险的管理,主要以慎重管理的策略为主。首先是要强化合同风险意识,成立法务部门由专人负责完成对合同内容的审核,完善相关的法律合同内容,使合同条款尽可能地具体、完备和全面,并明确各方的权利与义务。其次是要制定切实高效的合同管理制度和处理流程,利用信息技术进行合同管理,量身打造合同法律风险管理模式。再次,要熟悉与物流金融相关的法律法规,在保护质权人合法权利的前提下,尽可能简化物流金融服务的操作程序,降低合同的复杂程度。

(五) 质押物风险管理策略

对质押物风险的管理,可采用风险避免和慎重管理的策略。风险避免是指放弃某项活动以达到回避因从事该项活动而可能产生风险损失的行为。加强对质押物权属和合法性的审核,建立灵活快速的市场商品信息收集和反馈体系,加强质押物存量控制和对动态质押模式下质押物质量的检查。

（六）客户资信风险管理策略

对客户资信风险的管理,主要采取风险回避和风险控制的策略。客户资信风险的回避主要是指根据客户的历史履约情况、履约意愿、主营业务增长率、资产负债率等判断其资信程度是否达到要求和标准,如果不达标则拒绝与其合作来规避风险。对客户资信风险的慎重管理方面,首先在与银行信息共享的前提下,开展联合信用评估和风险管理,形成互动的监管与控制机制。其次是通过建立客户资料收集制度、客户信用评级制度和客户信用档案等一系列制度,加强对客户信用的收集、评级和管理,对客户经营状况进行全方位的监控,根据客户的经营情况随时修改和调整信用政策。

（七）环境风险管理策略

政策和经济环境风险不能通过慎重管理或风险转移的管理策略予以消除,而只能采取事前分析和论证的方法,或采取风险回避或风险自留的管理策略。风险回避策略要求 3PL 企业应该加强国家政策、宏观经济环境、行业前景、市场信息的收集和分析工作,根据对宏观经济走势的预测与判断适时调整业务运作模式,尽量减少宏观环境及经济周期对 3PL 企业开展物流金融业务造成的不利影响。风险自留是指 3PL 自己来承担风险,其可行性程度取决于损失预测的准确性和补偿损失的适当安排。一般风险发生的概率很低、造成的损失不大时,多数企业会选择风险自留的方式。

本章立足于当前中小企业融资难、3PL 企业服务单一、缺乏竞争力、钢铁电子交易发展迅猛的背景,在充分分析了国内外研究、发展现状和适用于钢铁的物流金融模式后,提出了基于第三方物流企业开展的贯穿整个供应链的物流金融运作模式,并对风险管理进行了研究,综合得出以下结论:

（1）在物流金融业务中,银行可以根据供应链上下游企业的实际情况选择买方、卖方、物流企业、交易平台或者担保公司予以授信,采用银行流贷、银行承兑汇票、开证监管等多种结算方式,在对质押物进行质押时可以采用静态质押和动态质押方式。物流企业的作用主要是为金融机构提供贷款前信息筛选,对质押物的评估和监管,对违约货物的处置。担保公司和保险公司的介入,主要是以融资性担保和贷款保证保险、物流保险的方式分散物流金融业务中的风险。

（2）生产商至贸易商阶段的物流金融业务采用在生产商承诺回购或协助调剂销售的前提下,以银行为贸易商开出的商业汇票为结算工具办理承兑,定向用于向生产商购买货物,生产商在收到款项后将货物发运到第三方物流企业仓库由其监管,贸易商在向银行交付提货保证金后进行提货的模式,分为先票后货和先票后单两种操作方式。

(3) 贸易商至贸易商阶段的物流金融业务采用订单融资、仓单融资、托盘代理业务、应收账款质押贷款与保理多种业务模式,其中在订单融资中银行根据买卖双方的资信灵活选择授信对象,客户既可选择竞价交易也可选择挂价交易,平台通过建立价格指数来规避价格变动风险。

(4) 在仓储企业之间的联盟和仓储企业与运输企业的联盟的前提下,可以实现库存前置、在途质押和到门式的物流金融业务操作模式。

(5) 不同主体主导建设的钢铁电子商务平台开展物流金融服务时所采用的模式不尽相同,且各有优缺点。东方钢铁在线以"提货权+动产质押"为融资担保,包含期货草约、定金入库、现货和直发四种业务类型,票据和现金流贷两种融资方式;中国钢铁商城则主要采用销售要约和采购要约两种业务模式;金银岛的"在线融资"业务主要有两种模式,分别是网络订单融资和网络仓单融资;天津港散货交易网则提供现货质押融资、未来货权质押融资、委托监管、采购执行、销售执行等多种业务模式。但是鉴于第三方物流企业不参与贸易,作为中立方,开展物流金融业务为客户提供融资服务,不仅克服了其他类型钢铁电子商务平台的排他性缺陷,也可发挥第三方物流企业的专业性和规模经济性,从而降低物流金融业务风险水平和企业的融资成本。

(6) 在开展钢铁物流金融业务时,第三方物流企业面临着七大风险:管理风险以控制为主,主要包括加强内部管理和制度建设、引进专业人才;货值评估风险主要通过聘请相关的专家当评估顾问,派专人去评估机构学习评估的相关知识,探索开发评估方法等方式予以控制;监管风险可通过信息化建设、安全库存控制、购买保险予以控制和转移;合同风险以控制为主,要加强对合同内容的审核并熟悉与物流金融相关的法律法规;质押风险主要通过质押物选择、权属审核、建立商品信息收集和反馈体系来予以规避和控制;客户资信风险管理方法包括加强信用和风险评估、加强对客户经营状况的监控;针对环境风险第三方物流企业要加强国家政策、宏观经济环境、行业前景、市场信息的收集和分析工作,根据对宏观经济走势的预测与判断,适时调整业务运作模式。

钢铁物流金融运作模式随着客户需求、宏观经济环境、法律法规等因素的变化,在不断地发展和创新,在业务创新的道路上势必会产生种种课题有待克服。笔者尽管充分调查、研究了不同类型企业开展物流金融的不同业务模式,并提出了适

用于第三方物流企业的钢铁物流金融运作模式,但是也存在着不足,主要表现在以下两个方面:

(1)在对不同类型企业主导建设的钢铁电子商务平台开展的物流金融运作模式优劣对比分析时,由于相关数据缺乏只停留在定性分析上,在某种程度上缺乏一定的客观性。

(2)第三方物流企业在实施贯穿整个供应链的物流金融运作模式时,势必会出现一些新的事前无法预料的风险,而且这些风险的产生会涉及供应链上下游相关企业,这需要第三方物流企业在实践中通过建立科学的甄别方法予以识别,并制定风险管理联动措施。

第五章 钢铁物流行业绩效管理系统的构建

第一节 绩效管理的必要性和战略意义

一、引入绩效管理的必要性

钢铁物流行业提供的服务大体可以分为运输服务、仓储服务、流通加工和电子商务服务等几大类,而相应的企业总成本就与运输成本、仓储成本、运营管理成本密切相关。

如今,国际原油价格不断攀升已让传统的以钢铁物流运输为生的企业备受成本压力的折磨,同时,国际钢铁原材料价格的大幅上升也让钢铁生产商饱受生产成本压力的苦恼,钢铁生产商为缓解成本压力,开始在流通领域进行改革,进一步压缩成本(包括重新低价选取长期物流合作商、或者改变长期合作方式进行短期招标式物流承运),因此传导给钢铁物流企业的压力就更大了。与此同时,受到近年来国家房地产行业发展的影响,大量的中小型钢铁物流企业蜂拥而起,使原有的钢铁物流处理产能远远超出了实际市场容量,致使大规模的低端价格战陆续开始,钢铁物流企业的竞争压力异常之大。因此,如果钢铁物流企业的生产运营管理仍延续原有的简单而粗放的方式,只会导致企业自身物流成本更加居高不下,而不会对企业真正提高经营效益、改善服务质量有任何实质性的帮助。很显然,生产运营管理的问题已经成为现阶段束缚钢铁物流企业进一步生存和发展的瓶颈。如何降低运营成本、提高物流服务质量,成为中国钢铁物流行业所面临的严峻问题,也是亟待解决的问题。

在此环境下,钢铁物流企业未来发展的方向和其所应有的核心竞争力就是如何提高自身的管理能力,最大限度降低企业物流的成本,提高服务质量,让企业在激烈的市场竞争中保持不败之地,实现企业的可持续发展。

与此同时,我们应该认识到,钢铁物流企业自身管理能力的重点和难点是有关生产运营的管理和人事管理,如何建立起一套针对钢铁物流企业运营成本的绩效管理系统,成为了钢铁物流行业迫切需要解决的问题。为此,我们应当加快建立、健全和完善钢铁物流企业的绩效管理系统,把绩效管理的思想落实到企业各个部门和员工,以实现降低企业运营成本、提高物流服务水平并最终提升钢铁物流企业的市场竞争力的目标。

二、绩效管理在钢铁物流行业中的重要意义和价值

钢铁物流企业面临的问题包括四大方面:(1)国际原油价格上涨,导致企业运输成本上升;(2)国际钢铁原料价格上涨,钢铁生产商的成本压力上升,开始进行改革,包括流通领域的改革:低价选取长期物流合作商、采取短期招标式物流承运等办法,将压力直接传导给钢铁物流企业;(3)国内钢铁物流企业大规模扩张,产能过剩引发价格战;(4)国内《劳动合同法》推出后,企业劳动力成本不断上升。

这四大方面中前两项属于国际宏观大背景和现状,后两项属于国内现状和企业所面临的挑战。而现实中,钢铁物流企业能着手进行改善自身效益的方法,更多的时候是从后两个方面着手。

钢铁物流企业作为钢铁物流服务提供商,它的企业利润来源主要取决于一定时期内承接的物流量和作业量的多寡与物流处理单价和作业的单价。正如上文所述,由于国内钢铁物流企业近年来的大规模扩张和重复建设,钢铁物流处理产能严重过剩,远远超出市场的实际需求,在既有的钢铁市场规模下[①],钢铁物流竞争者的增多必定导致激烈竞争而压低相应的钢铁物流价格。因此,一方面由于钢铁物流企业所获的物流量和作业量变小了,另一方面由于钢铁物流的单位处理单价和作业单价也在逐年下降,最终导致了钢铁物流企业的利润空间不断变小,使企业难以生存和发展。

为此,钢铁物流企业应从企业内部的成本进行挖掘,重视绩效管理,从绩效管理的对象(包括生产作业和管理人员)入手,提高生产效率和优化管理流程,降低人为因素对企业生产成本的影响,为企业的整体效益做出实质的改善。

既然钢铁物流行业绩效管理的目的是降低成本、提高服务质量,那么,钢铁物流行业绩效管理的核心就应是有关生产运营的管理,即对降低成本、缩短反应时

[①]　我国的大多数生产型钢铁企业,主要生产低精度和单一功能的粗钢,而对于市场上急缺的特种钢、定制钢和高精密钢却一直未能保证稳定的生产和供给,因此低端钢铁市场(包括生产、物流运输、仓储保管、批发零售等环节)的竞争异常激烈和残酷。

间、加快资金周转、降低库存、提高服务质量等方面进行科学合理的有效管理,实现降低企业的运营管理成本、提高经济效益的总体目标。

构建钢铁物流企业的绩效管理系统的战略意义在于,通过建立一套系统而科学的绩效管理方案,不仅为企业内部提高生产效率、降低生产运营管理成本、提升物流服务质量提供科学合理的依据,而且也为改善企业经营效益提供制度的保证。同时,一套完善的绩效管理系统是可以不断更新并且循环的,也为企业在今后的发展和转型提供坚实有力的基础。因此,钢铁物流企业的管理人员应重视绩效管理,从企业内部着手,为降低企业经营成本和提升企业的市场竞争力而不断地奋斗。从钢铁物流企业长期发展来看,也只有在完成了企业内部的管理后,才能进一步实施新的业务转型和企业升级,从而在国内市场和国际市场占有重要的一席之地。

三、钢铁物流行业中绩效管理方案的要务

钢铁物流行业作为劳动密集型、资本密集型的产业,降低成本一直是整个行业的重点与难点,同时钢铁物流企业中的成本绝大多数是由生产作业和人事管理所产生的。

因此,我们在为钢铁物流企业设计一个完整的绩效管理系统时,就应以降低成本、提高物流服务质量为核心,通过对生产运营类和行政人事类这两大方面进行着手。

从钢铁物流企业所涉及的业务活动应满足实用性和可操作性这两方面出发,在此对钢铁物流企业的绩效管理进行划分,大致构成如下图所示:

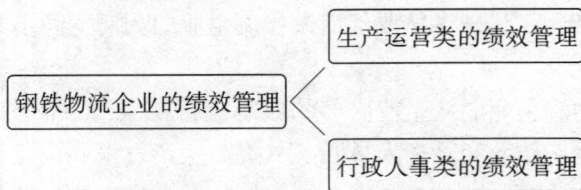

图 5 - 1　钢铁物流企业的绩效管理方案的构成

第一类是生产运营类的绩效管理,这类管理的对象主要指钢铁物流企业的基本业务服务活动,主要包括运输、装卸搬运、仓储保管、简单组合与包装、流通加工、配送等业务。这部分的绩效管理主要从物流成本管理的视角进行创新性分析,并引入相应的度量工具。同时,针对钢铁物流企业的各业务单元进行分析,设计和构

建出一套科学完整的适用于生产运营管理的绩效管理系统。这部分是本章分析研究的重点。

第二类是行政人事的绩效管理，这类管理的对象主要包括管理人员、文职等常规性职务的工作人员。这部分的绩效管理方案可以借鉴一般企业有关人事管理的考核，笔者在此不作探讨。

从上文可知，如何降低物流成本与提高物流服务水平，已成为每个钢铁物流企业生存和发展的关键，因此，生产运营类的绩效管理就更应针对物流成本管理这最基本的课题进行深入研究和分析。

四、影响钢铁物流行业绩效管理的主要因素

在建立钢铁物流企业的绩效管理系统时，应该考虑以下影响因素：

1. 企业物流的合理化

企业物流的合理化指的是企业内部物流设施设备的配置和相应的物流活动科学合理，主要是如何在取得较高物流服务水平的同时保证较低的物流运营成本。钢铁物流企业提供的物流活动包括运输、仓储保管、装卸搬运、简单拼装组合包装、配送、流通加工等，如何将这类活动进行管理改造，趋于合理化水平，同时，物流的合理化作为影响钢铁物流企业总物流成本的关键性因素，直接影响企业的经济效益和长远发展。因此，企业可以把企业内部的各类物流设备和涉及的物流服务活动融合成一个整体系统，让每个物流要素在这一大系统中发挥各自的作用和特用功能。

2. 企业的物流服务质量

提升物流服务质量的管理水平是有效降低企业物流成本的重要途径。根据物流成本与物流服务质量存在的"二律背反"关系，我们知道，单方面提高物流服务质量水平会导致企业物流成本的增加；同时单方面降低企业物流服务质量水平也会导致企业物流成本的降低。因此，钢铁物流企业在明确如何提升物流服务质量水平时，应以能最大限度满足顾客的满意度为前提，并能最小化企业的物流成本，让物流服务质量与物流成本两者的合理化贯穿于企业的运营管理之中，实现企业和顾客之间的双赢局面。

3. 企业的物流效率

钢铁物流企业涉及的物流服务活动大多得依赖大型物流设备设施，同时服务的对象主要是大宗的生产性资料，因此，如果可以有效提升物流操作效率，不仅可以加快企业内部的物资流动速度，也可以缩短各类物资在库存的周转天数，从而降

低上下游企业的储存费用,为企业节约成本。因此,钢铁物流企业可对现有的设施设备与业务流程进行不断的提升和改造,提高生产操作的效率,也可相应地完善辅助性的先进设施,比如硬件系统、软件应用、信息联网的构建等,将新型的电子商务优势应用于企业中,提高整个钢铁物流企业的效率,促使物流成本的有效降低。

4. 企业的各类物流管理人才

实现钢铁物流企业的合理化、提高钢铁物流企业的服务质量水平和物流效率,都离不开企业中各类物流管理人才。这类物流管理人才的工作方式和能力,都直接影响钢铁物流企业物流成本的大小。在钢铁物流企业中,如何构建一个轻松愉悦的工作环境,制定吸引人才、培育人才、使用人才的系统性人才管理方案,对企业的长期发展至关重要。企业可以通过优秀物流管理人才的工作,实现整体物流成本的降低,为钢铁物流企业创造更好的经济效益。

事实上,影响钢铁物流企业绩效管理的因素还有很多。企业要真正提高物流服务质量、降低物流成本,就必须对整个钢铁物流企业中的生产作业流程进行分析和研究,建立科学、合理的生产作业的绩效管理系统,同时不断地发现和解决问题、优化业务流程,完善生产作业中的各项物流流程,并使其形成标准化。只有这样,才能最终使企业的物流趋于合理化,真正实现企业物流成本的最小化。因此,提高企业物流服务质量和降低物流成本,是钢铁物流企业重要的研究课题。

第二节 构建钢铁物流行业的绩效管理系统

一、构建绩效管理系统的总体思路

绩效是组织(企业)期望的结果,是组织为实现其总体目标而展现在不同层面上(各部门和各人员)的有效输出,绩效管理就应是"结果管理"和"过程管理"相结合的完整统一体。

绩效不但是可以衡量的,而且是可以控制的,一旦我们对绩效指标及绩效标准进行了确认,我们就可以通过对绩效的考核与管理来对绩效的形成过程和最终结果进行控制与改进。一个高效而科学的绩效管理方案应该是可持续循环的系统,同时该系统必是以提高物流服务质量和降低物流成本为核心的,因此,在设计过程中就应该遵循以下的原则:

(1)市场导向原则。钢铁物流企业的服务以市场需求为导向,根据经营信息和竞争需要确定和进行控制企业物流服务水准。

（2）顾客满意原则。企业在决策物流服务要素和服务水平的过程中，需要重视顾客满意度，包括上游钢铁生产商和下游钢铁分销商。

（3）系统性原则。钢铁物流企业的服务是一个内在的复杂系统，因此，绩效管理体系要构成一个具有内在联系的体系。

（4）实用性原则。基于钢铁物流企业的一般管理者日常事务较为繁忙而琐碎，因此，设计的绩效管理系统要易于理解和操作，同时评估方法的衡量与计算也要简单易行，评价指标所采用的数据更要易于采集和分析。

（5）目标导向准则。绩效管理系统不仅要能客观地评价钢铁物流企业中各个物流服务与环节的现状和问题，评出优劣，而且要能针对性地提供反馈机制和改善方案，引导物流企业朝正确合理的方向和目标发展，切实提高企业整体运营效益。

本章针对钢铁物流企业绩效管理系统的构建提出了总体思路如下：

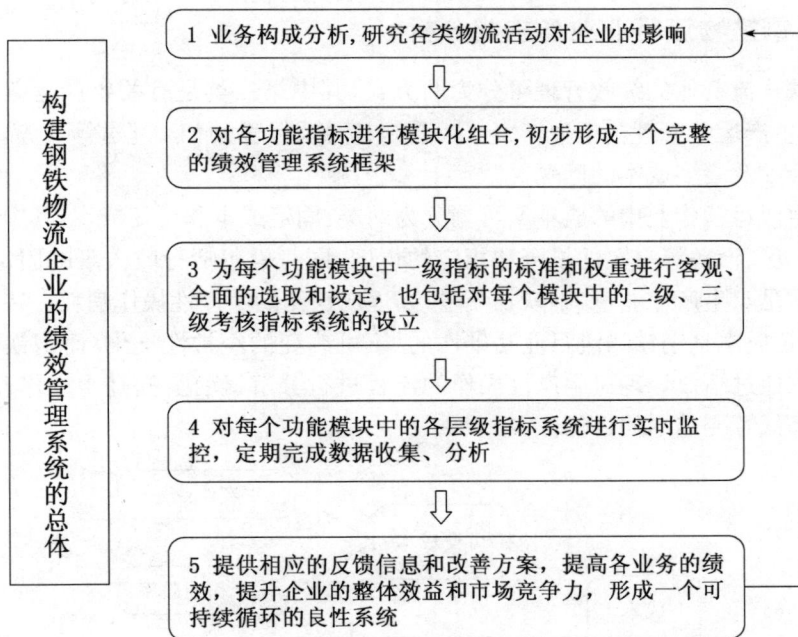

图 5-2　钢铁物流企业绩效管理方案的总体思路

第一部分：业务构成分析。针对钢铁物流企业的业务构成进行分析和研究，找出企业中可变成本和固定成本的关系，同时从能否给企业带来增值的角度进行分析，对企业的物流服务进行判断和取舍。

第二部分：功能指标模块化组合。在完成钢铁物流企业的业务构成分析后，为方便综合评价物流绩效对钢铁物流企业的作用，对各业务进行功能指标模块化组合，包括基础设施和配套功能、生产运营能力、成本水平、物流信息化程度、管理水平、企业责任六大类指标模块，初步形成一个完整的绩效管理系统框架。

第三部分：指标、权重设定。为每个功能模块中一级指标的标准和权重进行客观、全面的选取和设定，也包括对每个模块中的二级、三级考核指标系统的设立。

第四部分：实施监控、分析。对每个功能模块中的各层级指标系统进行实时监控，定期完成数据收集、分析。

第五部分：反馈机制和改善措施。提供相应的反馈信息和改善方案，提高各业务的绩效，提升企业的整体效益和市场竞争力，形成一个可持续循环的良性系统。

二、钢铁物流行业业务构成分析

钢铁物流行业的绩效管理可分为两大类，其中第二类是有关生产运营类的绩效管理，生产运营管理包括生产、包装、装卸、运输、保管、加工、配送等业务，而每项业务都会涉及诸多成本的问题。

而生产运营作业中的成本又可划分为两类：固定成本和可变成本，其中固定成本包括厂房、设备等一次性投资和相应的折旧，同时也包括行政人事的固定开销；可变成本是与生产作业量（钢铁物流量）处理成正比的生产性操作消耗。在一般情况下，固定成本是钢铁物流行业基础性的、不可改变的经常性支出，而钢铁物流行业却可以通过绩效管理对生产性操作的流程进行分解、优化，提高生产作业效率，以实现降低可变成本的目标。

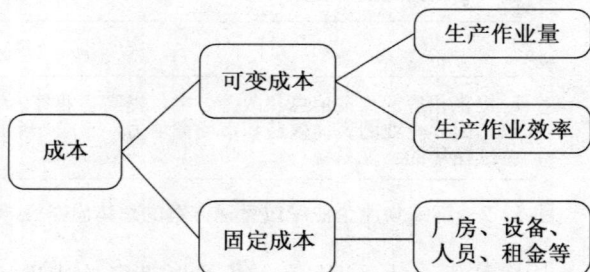

图 5-3　成本构成分析示意图

　　然而中国绝大多数的钢铁物流企业对生产操作的管理往往只停留在采取工作经验或企业管理偏好的控制上,并没有很好地从科学的绩效管理的角度出发来解决造成现存的低效率、高成本的真正问题,因此,如何构建一个科学、完善的绩效管理系统,对钢铁物流行业提升其市场竞争力极为重要。

　　在分析成本时,我们看到,固定成本主要是由厂房和设备折旧、人员工资、租金等构成,在一定时期和一定业务量范围内是固定不变的,管理的办法通常通过定期更新、维护等手段。但可变成本却不是这样。

　　首先可变成本是由个别活动单价与个别活动总量的乘积构成的,它是随着个别活动单价和个别活动总量的变化而变化的。

$$可变成本＝个别活动单价×个别活动总量$$

以下从上述两个方面对可变成本进行分析:

　　(一) 个别活动单价

　　传统物流部门对物流成本的降低多表现在单价上,主要通过提高生产效率来实现。而传统的物流生产作业的效率又是建立在历史经验之上的,很难有一套科学合理规范的系统来指导生产。在此,笔者认为,可以通过以下五点来制定符合企业自身生产能力的绩效管理系统。

　　(1) 分析企业自身物流业务中的每项流程,做出系统的数据库,然后针对每项业务找出在物流行业中处于领先或标杆的企业相对应的业务流程。

　　(2) 对标杆物流企业中相应业务的作业指标进行分析,同时参照自身业务的指标进行对比。

　　(3) 对两者进行研究和分析,找出自身的差距,并通过改善物流设备、改进工艺流程、培训员工等方法来提高自身生产作业能力。

　　(4) 在各业务流程都有一定改善后,建立一套符合自身物流业务的标准化生产系统,并定期进行绩效考核。

　　(5) 在绩效考核中如发现问题和不足,及时改善;如发现指标不合理,可以重新评估制定,形成良性循环。

　　(二) 个别活动总量

　　传统钢铁物流行业对活动总量的处理比较简单,大多时候是来者不拒,不太考虑随之带来的成本问题。其实,个别活动总量在钢铁物流企业中可分为两类:

　　一类是可为企业带来增值的活动,同时能给顾客提供更好的服务,这类业务在钢铁物流企业中占的比重很大,包括一般常规性的运输、储存、装卸等作业,同时也有非常规性的业务如加工配送、电子商务、期货金融等。企业应加大对这类业务的投入生产,使它们能给企业带来更多利润和价值,同时企业也要对这类核心业务的地位进一步巩固。

另一类是不可为企业带来增值的活动,既不给企业带来利润的可观增加,又耗费了企业大量的资源,更有可能会给企业带来不必要的负担,这类业务普遍存在钢铁物流企业中,而且所占的比重不小。一般的钢铁物流企业经营核心业务的同时,还经营了其他非相关的业务,比如在现有的仓库中存放大量的水泥、煤炭等货物以收取租金,此类业务所导致的资源配置不合理和浪费资源现象不易被管理人员所重视,也不容易从业务中剔除。

所以,要尽力排除不能增加企业经营利润的个别活动。这也是区别物流服务是否过度的一个视角。一些物流活动(包括送货、包装,订货频度等)存废的衡量标准应是该活动的增加能否带来总利润的增加,若能增加,就要保留;否则就宜废除。这就是整体最优化的思想。

当然,物流部门难以管理物流个别活动总量,企业要从整体最优化的角度,由活动源头部门进行控制。

因此,对这类非增值业务的评估和存废成为钢铁物流企业的关键,下面笔者引入两个判断物流服务是否过度的工具——单个商品物流费用与物流比例。

首先,单个商品物流费用可以从企业所耗费的总物流费用除以总处理个数得出,而物流比例一般是指物流成本除以毛利润,用公式表示如下:

单个商品物流费用=总物流费用/总处理个数;物流比例=物流成本/毛利润

由此画出分析物流服务是否过度的二维图:

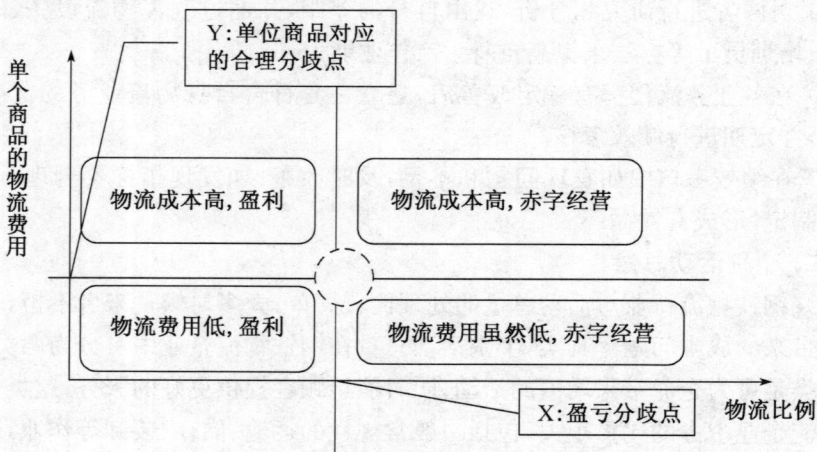

图 5-4　分析判断物流服务是否过度的二维图

其中横坐标表示物流比例,纵坐标表示单个商品的物流费用。S(X,Y)点为四个区间的交点,比如右上角的区域表示"物流费用高,赤字经营",该企业应采取的措施是改革物流服务对象;右下角的区域表示"物流费用低,赤字经营",这类企业应采取的措施是实行价格交涉,提高毛利率或改变商品构成。而左上角和左下角的区域表示"盈利",这时不能判断企业的商品构成和物流费用是否合理。

在完成分析和评估钢铁物流企业的业务构成后,接下来的工作就应该是开始建立和完善科学合理的物流绩效管理系统,形成科学合理的考核指标,进行实时动态追踪,指导生产,有效降低物流成本,提高企业的服务水平。

三、钢铁物流行业的功能指标模块化组合

提高物流服务质量和降低物流成本,同时提升企业的整体效益和市场竞争力,是钢铁物流企业绩效管理的根本出发点和最终目的。

那么,在针对如何选取和设计钢铁物流企业的考核指标时,应具有系统科学的观点,为企业进行全面的综合考虑,主要考虑以下几个因素:企业物流的合理化、物流服务质量水平、物流效率、物流成本、物流效益、顾客服务和满意度以及企业风险等因素。同时如上文所述,物流服务质量和物流成本之间存在"二律背反"的关系,要注意它们之间的平衡。

概括而言,企业中物流服务系统常用的特征指标如下:

(1)物流生产率。指一定时期内各类生产设备实际完成的产出与实际消耗的投入之比,比如人均年仓储物品周转量、车船每吨年货运量等;

(2)设备利用率。指一定时期内企业提供各类服务所需的要素投入与实际的要素投入之比,比如仓储设备利用率、车船运力利用率、港口码头设备利用率等;

(3)物流服务的效果。指的是企业提供的各类服务实际的产出与期望的产出之比,比如月度和季度计划完成情况、年度计划与预测值的关系;

(4)物流成本。指的是通过比较产出与成本的价值量来衡量物流服务的实际生产效率,也可以通过实际成本与成本定额之比来衡量物流系统的整体运营能力,比如单位产品的运输成本、单位产品的库存持有成本、单位产品的管理成本、运输成本占总成本的比重等;

(5)库存。库存数量的大小、品种的结构和货物量的周转速度是企业物流系统在一定时期内投入产出效率高低的重要标志,比如库存精确性、库存货物缺损率、库存结构合理性、库存周转天数等;

（6）信息化程度。物流企业涉及的不仅是传统的实体物流,同时也包含了现代物流中的电子信息化的信息流和资金流,比如硬件设备的配备水平、软件应用的先进程度、信息共享率、信息利用价值率、实时信息传输准确率、电子商务的结账转账等。

在设计钢铁物流企业的绩效管理系统时,选取的绩效指标应满足以下几项基本原则:

第一,能够反映顾客对企业提供的服务或产品的要求。钢铁物流企业服务的对象一般为上游钢铁生产商和下游钢铁经销商或终端消费商,在选取绩效指标时就应有针对性地围绕顾客的实际需求进行设计。

第二,能够切实反映物流企业在一定时期内自身的特点。由于各物流企业发展的阶段不尽相同,经营的业务范围也会有一定的出入,因此,需根据钢铁物流企业具体的情况进行选取。

第三,简单实用且有很强的可操作性。鉴于钢铁物流企业管理者的工作更多是偏向实务性的,选取的绩效指标应该易于理解和操作,并且非常实用,尽量少些理论。

第四,选取的评估指标具有一定的代表性和全面性。绩效指标应该能从以下几大方面进行综合考虑,包括生产运营、基础设施和配套设备、成本水平、管理水平和物流信息化等,同时指标能与同行业中的其他企业进行横向比较。

第五,与企业的发展目标和战略规划方向保持一致。绩效指标的选取不是静止的短期行为,它与企业的成长密切相关,是动态的实时反映,因此,管理者在实际工作时,还应该不断更新和完善原有的绩效管理指标,提供持续的改进。

同时,在绩效指标选取的原则上,企业管理人员应注意以下几个方面的平衡:企业内部管理评价指标和企业外部市场评价指标之间的平衡;企业行为活动评价指标与企业成果评价指标之间的平衡;企业直接经济效益评价指标与企业间接社会效益评价指标之间的平衡。

对于钢铁物流企业的物流服务水平,笔者结合相关调研企业(惠龙港国际钢铁物流公司①)的业务结构和功能划分、企业的经营情况以及客户的满意度和成本因素等综合考虑，划分为以下六大类：

（一）基础设施及配套指标

（1）运输绩效衡量指标：包括港口码头设备能力、港口吞吐量、船舶种类、船舶运能、库场设备能力、铁路运能、汽车种类、汽车运能、库场路面交通；

（2）库存绩效衡量指标：库存面积、库存流通能力。

（二）生产运营性指标

1. 订货功能

效率绩效衡量指标包括：订单的便利性、订单处理准确率、订单完整性、订单延迟率；客户服务绩效衡量指标包括：订单处理时间、顾客满意度、顾客保持率。

2. 收货和发货功能

收货和发货绩效衡量指标包括：收/发货时间、收/发货准确率、准时装运率。

3. 运输功能

运输功能效率指标包括：车船利用率、场内运输时间、场外在途时间、运输损坏率、准时运输率、送货可靠性、特殊运输处理、运输事故频率；

经济绩效指标：运输经济性；

客户服务绩效指标：顾客满意度、货物的质量保证、货物的可跟踪性、送货出错率、客户投诉与索赔率。

4. 库存功能

库存功能效率绩效指标：库存结构合理性、仓容利用率、库存精确性、库存货物缺损率、存货可获性、仓库设备利用率；

库存财务绩效指标：库存周转天数、库存周转率、保管费用。

---

①　惠龙港国际钢铁物流公司是由镇江中油京惠石油化工有限公司和镇江惠龙长江港务有限公司投资兴建的，现已是上海期货交易所批准的目前中国最大钢材期货交割库，并具有以下五大基本功能：1. 具有长江中上游钢厂粗钢出口、国外特钢进口的退税、保税功能；2. 具有中外钢企在华东地区的钢材分销功能；3. 具有长江中上游钢厂原料进口、成材转运的集散功能；4. 具有国内钢材远期合约和网上钢材现货电子交易的交收功能；5. 具有国内外钢铁期货的交割功能。

惠龙港国际通过不断完善的优质服务，吸纳、集聚天下客商，努力搭建各种服务平台，帮助客商降低融资成本、运输成本、加工成本、经营成本，开展各个环节的物流增值服务。惠龙港国际依托自身港口码头、铁路货站的接卸联运优势，向装卸作业的规模要效益；惠龙港国际依托进驻企业创造千亿元钢铁物流市场的概念，结合装卸运输收益，通过上市向资本市场运作要效益。

可见，惠龙港国际钢铁物流公司是一家非常典型的港口型钢铁物流企业，主营业务为传统的仓储、配送、保税、简单钢材加工，并积极向现代的钢铁物流发展方向转变，力图成为集电子商务、物流金融、物资期货交易、钢材深加工为一体的领先的钢铁物流企业。

5. 调度功能

调度功能绩效指标包括:设备的响应性、人员的响应性、装运的延迟率。

6. 流通加工功能

流通加工功能绩效指标包括:技术先进性、流通加工程度、产品的完成度、对上游钢厂和下游经销商货物的集散效应。

(三) 成本水平指标

单位产品的运输成本、单位产品的库存持有成本、单位产品的管理成本、运输成本占企业总成本的比重、每个客户服务平均成本、订单反应成本、订单处理成本、装卸搬运成本、设备折旧成本。

(四) 物流信息化水平指标

系统方面的性能指标:系统操作的灵活性与方便性,系统响应时间与信息处理速度满足管理业务需求的程度,对输入数据的检查和纠错功能,输出信息的正确性与精确度,系统运行的稳定性,单位时间内的故障次数,故障时间在工作时间中的比例,系统故障诊断、排除、恢复的难易程度,系统安全保密措施的完整性、规范性与有效性,系统文档资料的规范、完备与正确程度。

经济指标:系统运行维护预算。

(五) 管理水平指标

运输配送计划完成率、库存结构分配的合理化、设备利用率、业务流程标准化、人员安排规范化、员工流动率、生产事故次数、逆向物流率。

(六) 企业责任指标

由于我国钢铁物流企业处在初级发展阶段,在此对其建立的企业责任主要是围绕环境保护方面的内容,从长期发展来看,可以逐渐过渡到企业经济责任方面(包括投资者满意度、纳税情况、员工薪酬福利、慈善捐赠情况等)。

环境保护方面的指标包括:噪音污染达标区覆盖率、扬尘和尾气等大气污染控制区覆盖率、场区全年空气污染指数<100 的天数。

至此,针对钢铁物流企业的绩效管理方案的考评体系框架已初步形成,用图表示如下:

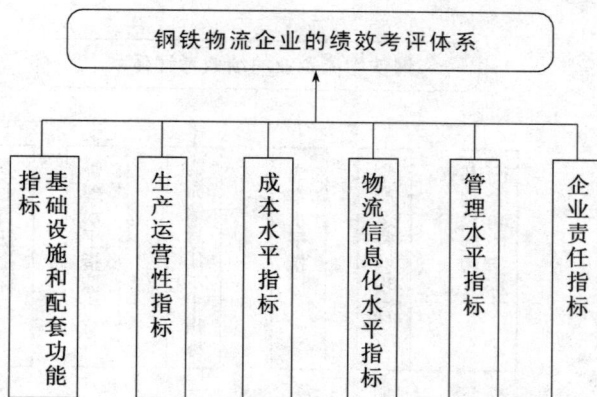

图 5-5 钢铁物流企业的绩效考评体系的概括图

第三节 绩效指标体系的构建与管理

一、评价指标的权重分配

由以上的分析可知,功能模块的评价指标可以分为六个大类,合计 81 个指标。

按层级式归类,第一层指标定为一级指标,第二层级指标定为二级指标,第三层级指标定为三级指标。因此,钢铁物流企业绩效管理指标体系的层级结构可见下表所示:

针对钢铁物流企业的绩效管理考评体系的一级指标进行权重分配。具体权重分配情况如表 5-1 所示。

表 5-1 一级指标的权重分配

一级指标	指标权重	指标权重参考[①]
基础设施和配套功能指标	X_1	20%
生产运营性指标	X_2	40%
成本水平指标	X_3	15%
物流信息化水平指标	X_4	10%
管理水平指标	X_5	10%
企业责任指标	X_6	5%

一级指标权重的关系: $\sum X_i = 1$,其中 $i = 1,2,3,4,5,6;0 < X_i < 1$

---

① 各层级的"指标权重参考"是根据惠龙港国际钢铁物流公司的实际数据调研得出,该企业所制定的权重是由此行业物流专家综合打分而得出。

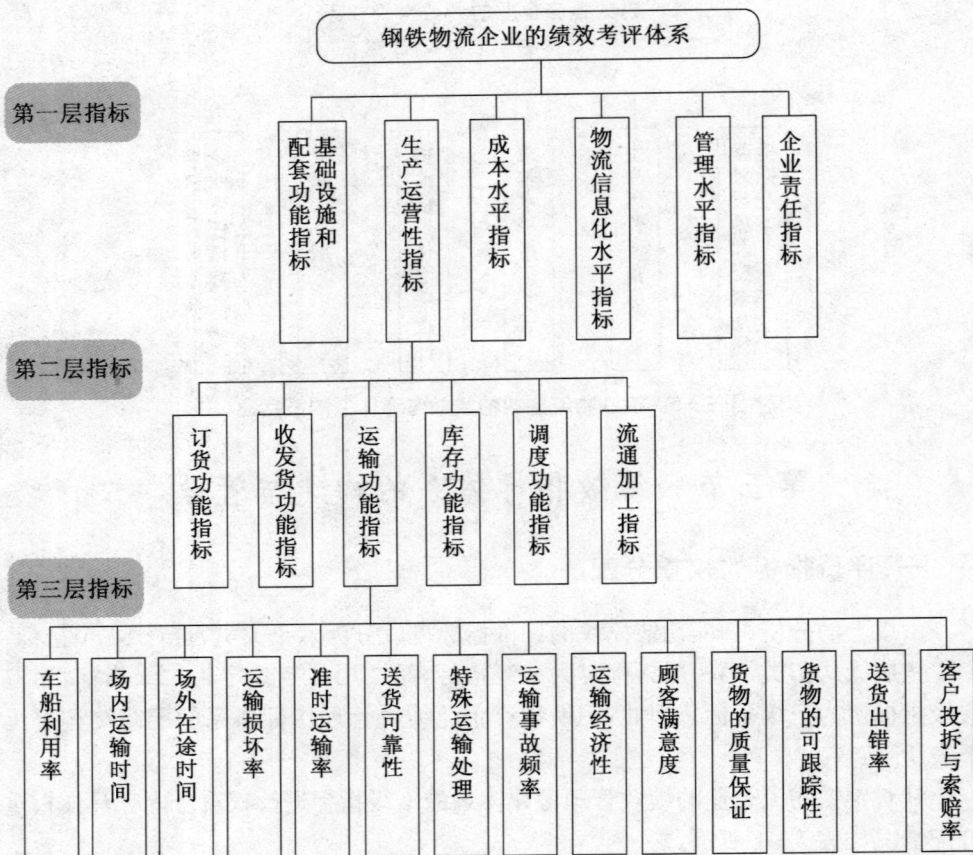

图5-6　钢铁物流企业绩效管理指标体系的层级结构

（一）基础设施和配套功能指标的权重分配

具体权重分配情况如表5-2所示。

表5-2　基础设施和配套功能指标的权重分配

基础设施和配套功能	二级指标	指标权重	指标权重参考
	港口码头设备能力	X_1^1	10%
	港口吞吐量	X_1^2	10%
	船舶种类	X_1^3	5%

二级指标	指标权重	指标权重参考
船舶运能	$X_1{}^4$	10%
库场设备能力	$X_1{}^5$	10%
铁路运能	$X_1{}^6$	5%
汽车种类	$X_1{}^7$	10%
汽车运能	$X_1{}^8$	10%
库场路面交通	$X_1{}^9$	10%
库存面积	$X_1{}^{10}$	10%
库场流通能力	$X_1{}^{11}$	10%

（基础设施和配套功能的列左侧标注：**基础设施和配套功能**）

基础设施和配套功能的二级指标关系：$\sum X_1{}^j = 1$，其中 $j = 1,2,3,\cdots,11$；$0 < X_1{}^j < 1$

（二）生产运营性指标的权重分配

具体权重分配情况如表 5-3 所示。

表 5-3 生产运营性指标的权重分配

二级指标	指标权重	指标权重参考
订货功能	$X_2{}^1$	15%
收发货功能	$X_2{}^2$	10%
运输功能	$X_2{}^3$	25%
库存功能	$X_2{}^4$	25%
调度功能	$X_2{}^5$	15%
流通加工功能	$X_2{}^6$	10%

（生产运营性指标的列左侧标注：**生产运营性指标**）

生产运营性的二级指标关系：$\sum X_2{}^m = 1$，其中 $m = 1,2,3,\cdots,6$；$0 < X_1{}^m < 1$

同时，在生产运营性的二级指标中有相应的三级指标权重的分配，具体为以下各表所示：

1. 针对订单功能指标的权重分配

表 5-4　订单功能指标的权重分配

		三级指标	指标权重	指标权重参考
订货功能指标	效率指标	订单的便利性	Y_1^1	15%
		订单的完整性	Y_1^2	15%
		订单处理的准确率	Y_1^3	15%
		订单延迟率	Y_1^4	10%
	客户服务指标	订单处理时间	Y_1^5	15%
		顾客满意度	Y_1^6	20%
		顾客保持率	Y_1^7	10%

订单功能的三级指标关系：$\sum Y_1^n = 1$，其中 $n = 1,2,3,\cdots,7; 0 < Y_1^n < 1$

2. 针对收发货功能指标的权重分配

表 5-5　收发货功能指标的权重分配

	三级指标	指标权重	指标权重参考
收发货功能	收/发货时间	Y_2^1	25%
	收/发货准确率	Y_2^2	40%
	准时装运率	Y_2^3	35%

收发货功能的三级指标关系：$\sum Y_2^t = 1$，其中 $t = 1,2,3; 0 < Y_2^t < 1$

3. 针对运输功能指标的权重分配

表 5-6　运输功能指标的权重分配

		三级指标	指标权重	指标权重参考
运输功能指标	运输功能效率	车船利用率	Y_3^1	10%
		场内运输时间	Y_3^2	5%
		场外在途时间	Y_3^3	5%
		运输损坏率	Y_3^4	10%
		准时运输率	Y_3^5	10%
		送货可靠性	Y_3^6	5%
		特殊运输处理	Y_3^7	5%
		运输事故频率	Y_3^8	5%

		三级指标	指标权重	指标权重参考
运输功能指标	经济指标	运输经济性	$Y_3{}^9$	10%
	客户服务指标	顾客满意度	$Y_3{}^{10}$	10%
		货物的质量保证	$Y_3{}^{11}$	10%
		货物的可跟踪性	$Y_3{}^{12}$	5%
		送货出错率	$Y_3{}^{13}$	5%
		客户投诉与索赔率	$Y_3{}^{14}$	5%

运输功能的三级指标关系：$\sum Y_3{}^s = 1$，其中 $s = 1,2,3,\cdots,14;0 < Y_3{}^s < 1$

4. 针对库存功能指标的权重分配

表 5－7　库存功能指标的权重分配

		三级指标	指标权重	指标权重参考
库存功能指标	效率指标	库存结构合理性	$Y_4{}^1$	15%
		仓容利用率	$Y_4{}^2$	10%
		库存精确性	$Y_4{}^3$	10%
		库存货物缺损率	$Y_4{}^4$	10%
		存货可获性	$Y_4{}^5$	10%
		仓库设备利用率	$Y_4{}^6$	10%
	财务指标	库存周转率	$Y_4{}^7$	15%
		库存周转天数	$Y_4{}^8$	15%
		保管费用	$Y_4{}^9$	5%

库存功能的三级指标关系：$\sum Y_4{}^u = 1$，其中 $u = 1,2,3,\cdots,9;0 < Y_4{}^u < 1$

5. 针对调度功能指标的权重分配

表 5－8　调度功能指标的权重分配

	三级指标	指标权重	指标权重参考
调度功能	设备的响应性	$Y_5{}^1$	40%
	人员的响应性	$Y_5{}^2$	40%
	装运的延迟率	$Y_5{}^3$	20%

调度功能的三级指标关系：$\sum Y_5{}^v = 1$，其中 $v = 1,2,3; 0 < Y_5{}^v < 1$

6. 针对流通加工功能指标的权重分配

表 5 – 9　流通加工功能指标的权重分配

流通加工功能	三级指标	指标权重	指标权重参考
	技术先进性	$Y_6{}^1$	20%
	流通加工程度	$Y_6{}^2$	35%
	产品的完成度	$Y_6{}^3$	35%
	对上下游钢铁企业货物的集散效应	$Y_6{}^4$	10%

流通加工功能的三级指标关系：$\sum Y_6{}^w = 1$，其中 $w = 1,2,3,4; 0 < Y_6{}^w < 1$

（三）成本水平指标的权重分配

具体权重分配情况如下表所示。

表 5 – 10　成本水平指标的权重分配

成本水平指标	二级指标	指标权重	指标权重参考
	单位产品的运输成本	$X_3{}^1$	15%
	单位产品的库存持有成本	$X_3{}^2$	15%
	单位产品的管理成本	$X_3{}^3$	15%
	运输成本占总成本的比重	$X_3{}^4$	10%
	每个客户服务成本	$X_3{}^5$	15%
	订单反应成本	$X_3{}^6$	5%
	装卸搬运成本	$X_3{}^7$	15%
	设备折旧成本	$X_3{}^8$	10%

成本水平的二级指标关系：$\sum X_3{}^c = 1$，其中 $c = 1,2,3,\cdots,8; 0 < X_3{}^c < 1$

（四）物流信息化水平指标的权重分配

具体权重分配情况如下表所示。

表 5‒11　物流信息化水平指标的权重分配

	二级指标	指标权重	指标权重参考
物流信息化水平指标	系统操作的灵活性与方便性	$X_4{}^1$	10%
	系统响应性与满足需求的程度	$X_4{}^2$	10%
	对输入数据的检查和纠错功能	$X_4{}^3$	10%
	输出信息的正确性与精确度	$X_4{}^4$	10%
	系统运行的稳定性	$X_4{}^5$	10%
	单位时间内的故障次数	$X_4{}^6$	10%
	故障时间在工作时间中的比例	$X_4{}^7$	10%
	系统故障诊断、排除、恢复的难易程度	$X_4{}^8$	10%
	系统安全保密措施的完整性、规范性与有效性	$X_4{}^9$	10%
	系统文档资料的规范、完备与正确程度	$X_4{}^{10}$	5%
	系统运行维护预算	$X_4{}^{11}$	5%

物流信息化水平的二级指标关系：$\sum X_4{}^d = 1$，其中 $d = 1,2,3,\cdots,11; 0 < X_4{}^d < 1$

（五）管理水平指标的权重分配

具体权重分配情况如下表所示。

表 5‒12　管理水平指标的权重分配

	二级指标	指标权重	指标权重参考
管理水平指标	运输配送计划完成率	$X_5{}^1$	15%
	设备利用率	$X_5{}^2$	15%
	库存分配合理化	$X_5{}^3$	15%
	业务流程标准化	$X_5{}^4$	15%
	人员安排规范化	$X_5{}^5$	15%
	员工流动率	$X_5{}^6$	10%
	生产事故次数	$X_5{}^7$	10%
	逆向物流率	$X_5{}^8$	5%

管理水平的二级指标关系：$\sum X_5{}^e = 1$，其中 $e = 1,2,3,\cdots,8; 0 < X_5{}^e < 1$

（六）企业责任指标的权重分配

具体权重分配情况如下表所示。

表 5 - 13　企业责任指标的权重分配

		二级指标	指标权重	指标权重参考
企业责任指标	环境保护方面的指标	噪音污染达标区覆盖率	X_6^1	35％
		扬尘和尾气等大气污染控制区覆盖率	X_6^2	35％
		场区全年空气污染指数＜100 的天数	X_6^3	30％

企业责任的二级指标关系：$\sum X_6^f = 1$,其中 $f = 1,2,3;0 < X_6^f < 1$

二、绩效管理系统评价指标的定义及计算

绩效指标的计算方法,将采用定性和定量的方式来评价。

1. 定性指标计算方法

针对定性评价指标,主要指设备能力、运营管理和作业合理化、生产流通加工程度等不太适合用具体数值作为衡量标准的指标,可以通过将其划分为优秀（80～100 分）、良好（70～79 分）、合格（60～69 分）、未达标（0～59 分）四个得分区域,企业可以在相应的区域内选择符合实际情况的适当分值。

2. 定量指标计算方法

针对定量评价指标,主要指钢铁物流企业中可以量化的生产运营作业效果和效率的指标,可根据各类业务指标的具体比率,同比折为该项指标的具体得分,并以百分制进行打分。

1）基础设施和配套功能指标的说明

这部分的指标主要用来衡量企业基础设施的水平和能力,可以采用定性的方法来评价。

以"港口码头设备能力"指标为例,则有表 5 - 14 所示。

表 5 - 14　港口码头设备能力指标衡量表

港口码头设备能力的现状描述	定性衡量	评分区间(百分制)
码头设备完善,能出色地完成相应的生产作业	优异	80～100 分
码头设备完好,能较好地完成相应的生产作业	良好	70～79 分
码头设备一般,能基本地完成相应的生产作业	合格	60～69 分
码头设备陈旧,不能顺利完成相应的生产作业	未达标	0～59 分

2) 生产运营性指标的定义和说明

根据钢铁物流企业的生产运营性指标的功能,划分为六块:包括订货功能、收发货功能、运输功能、库存功能、调度功能、流通加工功能。

① 订货功能

在此,选取订单功能中重要的指标"订单处理准确率"、"订单处理时间"、"顾客保持率"作为说明。

订单处理的准确率:它反映传输信息的可信程度,订单操作处理错误会造成无效订单并导致重复操作成本。

订单处理的准确率=(准确处理订单的数目/总订单的数目)×100%

表 5 - 15　订单处理的准确率指标衡量表

订单处理的准确率说明	定性衡量
订单准确率 90%～100%	优异
订单准确率 80%～89%	良好
订单准确率 70%～79%	合格
订单准确率 70% 以下	未达标

订单处理时间:它是衡量反映操作速度的重要指标,反映存货/提货的过程状况。

表 5 - 16　订单处理的准确率指标衡量表

订单处理时间	定性衡量
订单处理时间为 3 小时内	优异
订单处理时间为 3～6 小时	良好
订单处理时间为 6～12 小时内	合格
订单处理时间为 12 小时以上	未达标

顾客保持率：它是评价物流企业提供的综合服务水平高低的指标，客观地对企业生产运营能力进行衡量，为企业进行自身改革提供了参考。

表 5 - 17　顾客保持率的指标衡量表

顾客保持率的描述	定性衡量	评分区间（百分制）
顾客保持率在 95％以上	优异	80～100 分
顾客保持率在 90％～95％	良好	70～79 分
顾客保持率在 80％～90％	合格	60～69 分
顾客保持率在 80％以下	未达标	0～59 分

② 收发货功能

钢铁物流企业作为专业钢铁物流服务提供商，不仅负责上游钢铁生产商的存货，而且也担当着下游钢铁经销商的提货。

收/发货时间：它是衡量收/发货速度的指标，直接反映物流企业在服务客户时的能力和效率。

表 5 - 18　收/发货时间指标衡量表

收/发货时间	定性衡量
收/发货时间为 3 小时内	优异
收/发货时间为 3～6 小时	良好
收/发货时间为 6～12 小时内	合格
收/发货时间为 12 小时以上	未达标

收/发货准确率＝（每月收货或发货的正确数目/每月收货或发货总数目）×100％

准时装运率＝（每月在规定的收发货时间内实际完成的收发货数目/每月收发货总数目）×100％

③ 运输功能

车船利用率＝（评价期内运营车船投产总天数/评价期内车船总天数）×100％，该指标反映了车船是否有效利用，同时也反映一定时期内企业业务量的多少。

场内运输时间：指在钢铁物流企业内部库场进行短途运输的时间，它是衡量场内物流速度的指标。可以按照优秀、良好、合格、未达标评价。

场外在途时间：指钢铁货物从发货离场到配送至顾客接收的时间。由于顾客所在地的运输距离各不相同，可以根据企业的历史经验值进行评估。

运输损坏率＝（当月因运输所致货物损坏的价值/当月运输货物的总价值）

×100％。

准时运输率＝（每月准时运输至顾客的货物数量/每月运输货物的总量）×100％

运输事故频率（次/万千米）＝（评价期内事故数/评价期内总里程）×100％

运输经济性：指运输不同货物的价格差异程度，是衡量运输总成本的重要性指标。由于各个顾客的运输地点不同，企业可以根据历史经验值来进行评估。

送货出错率＝（一定时期内运输送错的数量/一定时期内总的运输量）×100％。

客户投诉与索赔率＝评价期内客户投诉与索赔数量/评价期内处理客户的总量。该指标客观地反映了钢铁物流企业提供运输服务的质量好坏，也是企业进行自身改善的外部压力。

表5－19　送货出错率指标衡量表

送货出错率的描述	定性衡量
1％以内	优异
1％～3％	良好
3％～5％	合格
5％以上	未达标

④ 库存功能

库存结构合理性：指库存中存放各类钢材的数量结构比例和单位面积存放钢材的成本关系。由于每个钢铁物流企业负责的钢材类型各有不同，可以按照企业的历史经验值进行评估，分优秀、良好、合格、未达标四个等级。

仓容利用率＝（库存货物实际容积/仓库可容容积）×100％

库存货物缺损率＝（年缺损货物的数量/年库存总量）×100％

表5－20　库存货物缺损率指标衡量表

库存货物缺损率的描述	定性衡量
3％以内	优异
3％～6％	良好
6％～10％	合格
10％以上	未达标

库存周转天数:是客观衡量货物流动速度和企业库存成本的指标。由于钢铁物流企业服务的客户各不相同,所存放货物的库存天数也必定不同,企业可以依照服务不同客户所需要的经验时间进行评估,分为优秀、良好、合格、未达标四个等级。

表 5 - 21   库存周转天数指标衡量表

针对 A 客户的库存周转天数的描述	定性衡量
10 天内	优异
10~15 天	良好
15~30 天	合格
30 天以上	未达标

⑤ 调度功能

设备响应性:指钢铁物流企业在承接顾客货物时,各类设备在通过调度中心向相应的设备操作人员发出指挥与要求后的启动和操作协调的能力。企业可以根据各类设备所负责货物的反应灵活程度进行评估,分为优秀、良好、合格、未达标四个等级。

表 5 - 22   设备响应性指标衡量表

设备针对某类货物的响应性描述	定性衡量
设备反应迅速灵活,操作非常轻松	优异
设备反应正常,操作顺利	良好
设备反应迟钝,操作吃力	合格
设备不听使唤,操作困难重重	未达标

人员的响应性:指钢铁物流企业在承接顾客货物时,各类人员在调度中心发出相应的指挥后的组织协调能力和主动合作能力。企业可以根据人员在处理各类货物和操作各类设备的历史经验值进行评估。

装运的延迟率＝(装卸和搬运中所延误的次数/总的装卸和搬运次数)×100%

⑥ 流通加工功能

技术先进性:指钢铁物流企业在为顾客进行流通加工时所使用的设备是否能快速、便捷地完成生产操作作业程度的指标,企业可以依照优秀、良好、合格、未达标四个等级进行评估。

流通加工程度：指钢铁物流企业为顾客进行流通加工后所达到的产品程度。企业可以依照优秀、良好、合格、未达标四个等级进行评估。

产品的完成度：指所负责完成的产品在一定时期内完成的具体情况。企业可以依照优秀、良好、合格、未达标四个等级进行评估。

对上下游钢铁企业货物的集散效应：指钢铁物流企业对上游钢铁生产商存货的便利性和对下游钢铁经销商提货的便利性的影响。企业可以依照优秀、良好、合格、未达标四个等级进行评估。

3）成本水平指标的说明

钢铁物流企业成本的构成按照发达国家企业的划分①，可以概括为库存成本、运输成本、管理成本。

针对国内钢铁物流企业的特殊性，笔者希望能加入更细分的成本指标作为考核对象，包括单位产品的运输成本、单位产品的库存持有成本、单位产品的管理成本、运输成本占总成本的比重、每个客户订单反应成本、顾客服务成本、装卸搬运成本、设备折旧成本。企业可以根据财务上的需要并借鉴先进物流企业的标准来依次为每个指标设立控制点，也可以按照优秀、良好、合格、未及格四个等级进行评估。

4）物流信息化水平指标的说明

每个钢铁物流企业在物流信息化投资强度和使用范围上虽有一定的不同，但一定离不开以下这两大类指标：信息系统的性能指标和信息系统的经济指标。

信息系统的性能指标包括系统操作的灵活性与方便性，系统响应时间与信息处理速度满足管理业务需求的程度，对输入数据的检查和纠错功能，输出信息的正确性与精确度，系统运行的稳定性，单位时间内的故障次数，故障时间在工作时间中的比例，系统故障诊断、排除、恢复的难易程度，系统安全保密措施的完整性、规范性与有效性，系统文档资料的规范、完备与正确程度。其中，单位时间内的故障次数＝（考核该部门中信息系统出故障的总次数/以当月作为考核周期的天数）×100%；输出信息的正确性和精确度：指的是信息能否正确和精准地进行信息传递的程度，直接反映钢铁物流企业的信息化水平的高低。

---

①　宏观上，美国物流成本包括三个部分，且各自有其测算的办法。第一部分库存费用是指花费在保存货物的费用，除了包括仓储、残损、人力费用及保险和税收费用外，还包括库存占压资金的利息。第二部分运输成本包括公路运输、其他运输方式与货主费用。第三部分物流管理费用，是按照美国的历史情况由专家确定一个固定比例，乘以库存费用和运输费用的总和得出的。美国的物流管理费用在物流总成本中比例大体在 10% 左右。在美国，物流企业的库存费用、运输费用、管理费用的关系大致为 3：6：1。

表 5－23　输出信息的正确性和精确度指标衡量表

输出信息的正确性与精确度描述	定性衡量
99%以上	优异
95%～99%	良好
90%～95%	合格
90%	未达标

企业可以结合自身发展的状况和战略规划的需要，对以上指标设置符合本企业的标准，对于每个指标也可以用优秀、良好、合格、未达标四个等级来进行合理评估。

5）管理水平指标的说明

运输配送计划完成率＝（评价期内实际完成的运输配送次数/评价期内应完成的运输配送次数）×100%

设备利用率＝[全部设备实际工作时数/设备可工作的总能力（小时）]×100%

表 5－24　设备利用率指标的衡量表

设备利用率的描述	定性衡量
90%以上	优异
70%～90%	良好
60%～70%	合格
60%以下	未达标

库存分配合理化可以根据每个钢铁物流企业所经营的特定业务范畴进行合理的评估和考核。

业务流程标准化[①]：指企业中各类生产操作作业是否按照管理人员预先所设立的标准进行运作，同时也指这类业务流程在多大程度上是科学合理的，是否排除了不必要的操作和动作。

逆向物流率＝（评价期内逆向物流次数/运输配送总次数）×100%

---

① 业务流程标准化，源于日本企业生产管理的创新与精髓，指在生产管理中如何让每种业务流程按照科学合理的规范进行操作，形成一套标准作业流程（Standard Operation Procedure）体系，保证企业的每项活动简单、明确、规范，形成脱离人格化的制度管理保障体系。

6）企业责任指标的说明

钢铁物流企业不仅应在企业经营业务上进行管理和考核，同时随着企业的规模扩大和利润的增加，也应该将部分精力投入到社会责任（现价段主要是围绕环境保护）方面。

环境保护方面的指标包括：噪音污染达标区覆盖率、扬尘和尾气等大气污染控制区覆盖率、场区全年空气污染指数＜100 的天数。

扬尘和尾气等大气污染控制区覆盖率＝（场区内大气污染控制区的面积/场区内的总面积）×100％

表 5‑25　大气污染控制区覆盖率指标的衡量表

扬尘和尾气等大气污染控制区覆盖率描述	定性衡量
80％以上	优异
70％～80％	良好
60％～70％	合格
60％以下	未达标

钢铁物流企业可以根据自身发展的现状和地方环境保护局的协助对这类指标进行综合评估，考核结果可以按照优秀、良好、合格、未达标四个等级进行划分；同时，在考核后，参照环境保护局提供的改善方案与建议，为现场工作环境和周边居民的生活状况营造良好的环境。

综上，根据钢铁物流企业的绩效管理评价体系的构成可知，每一个层级的综合评估值应为此层级的各指标评估值乘以各指标的权重后加总得出。

因此，可用线性加权综合法[①]来具体计算各层级的综合评估值。

用公式表示为：$Z = \sum P_i \cdot K_i$

式中，Z 为该层级的综合评估值，P_i 为此层级的某一指标，K_i 为 p 评价指标 P_i

---

① 线性加权综合法，又称加权算术平均（WAA）算子，是指应用线性模型 $y = \sum w_j \times x_j$ 来进行综合评价。其中，y 为系统（或被评价对象）的综合评价值，w_j 是与评价指标 x_j 相应的权重系数，且 $0 \leqslant w_j \leqslant 1$，$j = 1, 2, \cdots, m;（\sum w_j = 1）$。线性加权综合法具有以下特性：(1) 线性加权综合法适用于各评价指标间相互独立的场合，此时各评价指标对综合评价水平的贡献彼此是没有什么影响的。(2) 线性加权综合法可使各评价指标间得以线性地补偿。即某些指标值的下降，可以由另一些指标值的上升来补偿，任一指标值的增加都会导致综合评价值的上升。(3) 线性加权综合法中权重系数的作用比在其他"合成"法中更明显些，且突出了指标值或指标权重较大者的作用。(4) 线性加权综合法容易计算，便于推广普及。

相应的权重系数$(0 < K_i < 1, i = 1, 2, \cdots, m;$且$\sum K_i = 1)$。

三、绩效管理中的控制与反馈机制

钢铁物流企业绩效管理系统的建立完成后，下一步要做的就是如何将已评估的绩效进行控制和反馈，让绩效管理真正融入到企业的日常管理当中，为企业提高效益提供可持续的动力和源泉。

因此，钢铁物流企业绩效管理的控制与反馈活动可按照以下五个步骤来进行实施：

（1）选取和设立每项业务服务中各指标的绩效管理标准，可以是定性的或者定量的，如前文指标体系所示。

（2）在一定评价期内评估每项业务服务中各指标的实际绩效表现。

（3）客观分析产生实际绩效和标准绩效之间差异的原因，可以参考业内企业的业务绩效标准，同时也要结合自身企业的实际情况。也许是在开始设立绩效标准时不准确，设定过高期望，可以适当调整；但当发现问题是出在自身生产管理方式的不恰当时，务必组织各个部门的中高层管理人员和专家对其进行有益的研究和分析，找出根本原因。

（4）在完成对产生绩效差异的原因分析和研究后，综合各方面情况采取科学合理的措施进行调整和改善，让今后的实际绩效表现得到有效提升。

（5）进入下一个评价期内，形成可持续循环的管理过程。

钢铁物流企业提供的服务是有形的物流服务，因此如何研究和分析客户对服务的需求至关重要。同时，每个企业所处的发展阶段也各不相同。那么，企业在建立一套科学合理的绩效管理系统时，不仅要关注如何提高物流服务质量以吸引更多的、更有价值的客户，而且也要考虑如何降低物流服务成本，进一步提升本企业的市场竞争力和整体经济效益，最终实现企业长期的可持续性发展。

本章介绍了钢铁物流企业提供的各类服务，论述了引入绩效管理的必要性和战略意义，提出了绩效管理的核心是提高物流服务质量和降低物流成本并提升企业的整体经济效益，进一步构建了钢铁物流企业的绩效管理系统：首先，明确了绩效管理的要务，指出了影响绩效管理的主要因素；其次，以成本管理作为独特的视角对钢铁物流企业进行业务结构分析，提出了如何判断和取舍能否给企业带来增值效益的物流服务活动的理论方法；再次，在完成企业业务结构分析后进行了系统的功能模块化组合，为每个功能模块客观、全面地选取和设定了众多反映生产运营能力的绩效指标；最后，结合实际钢铁物流企业的各类数据，对上述的各功能指标进行了设计和权重的分配工作，同时采取了定性分析和定量分析相结合的评估方法，并详细解释每一个模块中的指标意义和衡量方法。此外，提出了绩效管理系统中控制和反馈机制的一些建议。最终形成一套科学合理的绩效管理考核系统，以实现有效改善和提高钢铁物流企业的生产作业效率、提升物流服务质量、降低物流成本的目的。

同时，在本章研究过程中做出了以下三个方面的成果：

一、提出了钢铁物流企业要增强赢利能力、突破现有瓶颈的关键在于企业内部的绩效管理。钢铁物流企业绩效管理的目的就是提高物流服务质量、降低物流成本，同时有效提升企业的整体性经济效益。针对钢铁物流企业普遍经营效益差、盈利能力不强、竞争意识薄弱等诸多问题进行一一剖析，探索问题的源头，找出钢铁物流企业要增强赢利能力、突破现有瓶颈的关键在于企业内部的绩效管理。

二、提出了如何判断和取舍能给企业带来增值效益和非增值效益的物流服务活动的理论方法。针对钢铁物流企业的生产服务领域，分析研究企业固定成本和可变成本之间的关系，并引入单个商品物流费用和物流比例两个创新工具对企业的业务进行分析对比，为企业降低成本、提高物流服务质量提供科学的理论指导。

三、提出了基于物流企业业务构成的分类和模块化组合的绩效管理考核指标体系的构建。在完成企业业务构成分析后，进行了系统的功能模块化组合，并为每个功能模块选取和设定了众多科学合理的指标和权重，构建出一个完整的围绕生产运营管理的绩效管理评价系统。同时，构建出的绩效管理方案可操作性和可移植性非常强，并在相应的钢铁物流企业中得到了很好的实际证明，有益于同行业其他企业进行学习和借鉴。

在总结本章研究的同时，笔者也对今后钢铁物流行业的绩效管理研究进行了展望和设想：

钢铁物流行业中的绩效管理问题是一个崭新的研究领域，而研究的重点始终应该是如何提高物流服务质量、降低企业成本，同时在最大化满足顾客需求的情况下，让企业能在整体性上获得盈利和长期的发展。学术界的研究者可以尝试从整体供应链绩效角度出发，将上游钢铁生产商和中游钢铁物流企业以及下游钢铁经销商三者进行整合研究，就绩效管理系统的构建与运作进行更加优化的方案研究和探讨，让绩效管理成为一种标准化、制度化的供应链整体系统，进一步满足钢铁产业链内上中下游的各自需求，并为不同企业带来最大化的效益，同时也让实务工作者易于操作和实践。

第六章 钢铁物流信息化建设

第一节 钢铁物流信息化概述

"十一五"时期是我国钢铁行业发展速度最快、节能减排成效显著的五年，有效地满足了经济社会发展需要，但结构性矛盾依然突出。与国外发达国家相比，我国钢铁行业的综合实力较弱，尤其表现在钢铁物流信息化方面。信息已经成为钢铁物流发展的焦点，随着物流业在中国的快速发展，钢铁物流信息化必然是钢铁行业发展的趋势。

现代化的信息技术不但使传统物流运作的各个环节自动化、可视化，还能使整个钢铁物流业务向系统化和一体化方向发展。因此，钢铁行业必须加快钢铁物流的信息化发展，使物流真正成为钢铁行业的"第三利润源"，为钢铁行业创造更多的经济效益和社会效益。

一、钢铁物流信息化的概念

钢铁物流的信息化就是钢铁从钢铁供应链的上游向下游流动过程的信息化，就是钢铁物流的仓储、运输、流通加工、配送、包装、装卸搬运等基本功能要素的信息化。

钢铁物流信息化的内容是钢铁物流过程及其所包含的基本功能要素；钢铁物流信息化的手段是 EDI 技术、条形码技术、GPS/GIS 技术和 RFID 技术在内的物流信息技术；钢铁物流信息化的目的是为了实现对钢铁供应链的高效管理，提高整个钢铁行业的效率；钢铁物流信息化的主旨是实现钢铁物流作业的自动化和资源的共享。

物流信息化建设的发展是以现代物流技术来支撑的。要实现物流畅通、高效和低成本的运行，不仅要实现商流、资金流、信息流与物流的有效衔接，而且要科学合理地使用现代先进的物流信息技术。现代物流技术是实现物流信息化的基础。

物流信息化一般表现为物流信息收集的自动化和数据化、物流信息的商品化、信息处理的电子化、物流信息传递的标准化和时代化以及信息储存的电子化等。钢铁行业的信息化运作主要是依靠现代信息技术,利用集成化、网络化的管理信息系统来支持钢铁物流体系中各种信息的收集、整合、传递和处理。

信息技术是一种工具,信息化是一种手段,钢铁物流信息化是一个动态的、延续的过程,是提高钢铁供应链效率的有效措施之一,是钢铁行业适应新形势发展的需要。它不仅包含物流各功能要素的信息化,而且要将它们看成一个统一的有机体,通过信息技术实现各环节的有效协调和无缝连接。

二、钢铁物流信息化的现状

由于我国信息产业发展比较晚,受财力、物力和人力等诸多条件的限制,许多企业的物流活动还没有实现信息化的管理,EDI 系统、条形码技术、GPS/GIS 及 RFID 等 3G 技术在钢铁行业的实际应用也比较少[①]。我国钢铁物流的信息化水平还比较低,网络技术的整体应用水平也不高,尚未建立综合的公共物流信息平台,钢铁物流信息缺乏及时性和准确性,钢铁物流、信息流、资金流之间的协调性和一致性较差,整个钢铁物流系统的运行效率较低,不能很好地适应市场的竞争需要。钢铁供应链信息化的问题主要有以下几个方面:

(一) 信息化程度低,现代营销和经营水平不高

目前不少从事钢材贸易的经营企业,大多还处于电话联系、手工操作、人工装卸等较低层次的运作阶段。在现代物流系统中,物流信息并不局限于单个企业的内部,需要在相关企业进行广泛的交换。在相关交易者之间进行网络连接,零售企业向批发企业或厂商发出的货物信息会同时发往物流企业,从而实现即时交货。但现在绝大多数的钢材贸易商是依靠纸媒体的信息传递,这显然无法实现钢材的现代物流。

(二) 信息共享与集成较差

虽然目前许多大型的钢铁制造企业都已经开始尝试运用先进的管理信息系统和条形码技术来管理钢铁的生产及出入库信息,但主要以钢铁制造企业的需求为核心忽略了供应链上其他企业的要求,无法将信息的共享延伸到整个钢铁供应链。而在钢铁供应链中,物流信息的传递和交换并不仅仅在钢铁制造企业内,有些信息贯穿于整个钢铁供应链,需要在钢铁供应链的不同环节之间进行不断地传递和交换,即从钢铁制造企业到钢铁物流企业再到末端用户的物流信息都需要进行管理

---

① 郑国防. 对钢铁企业物流发展趋势的分析[J]. 产业与科技论坛,2009,8(8):163-164.

和控制。所以，钢铁行业的信息化发展滞后使钢铁供应链上的企业无法实现信息共享，无法对钢铁物流环节进行实时监控、实现可视化的管理；也没有与社会物流合作的兼容接口，无法合理地利用社会上的闲散资源，使得物流信息的传递、统计、分析较为困难，资源浪费严重，配置十分不合理。

（三）标准化建设滞后

一方面，钢铁行业对钢铁规格、材质的描述、钢铁贸易的单据没有一个统一的标准，不同的钢铁企业对钢种的定义和种类的划分都不尽相同；在交易过程中，对于合同、提单等单据的控制也有很大的不同。

另一方面，钢铁物流数据的采集技术不统一，钢铁物流的基础数据采集比较困难，数据的传递和处理具有一定的滞后性，而数据的共享就更加的困难，信息的准确性也有待提高[①]。目前，一些大型钢铁企业各自为政，在企业内部都有自己的条形码编码体系用于基础数据的采集，但是与其他企业的互不兼容；而且这些企业的编码体系都是按照钢铁制造企业的需要设计的，并不能满足钢铁供应链上其他企业的需求。所以，已有的编码体系也只能在钢铁制造企业各自的系统内使用，钢铁行业的标准化体系还有待完善。

因此，钢铁企业的内部物流和社会外部物流之间还不能实现即时的信息传递，钢铁供应链的各个环节无法进行有效的衔接，也就无法完全发挥铁路、水运和公路各自的优势并进行钢铁供应链系统性的优化。

第二节　钢铁物流信息化的发展方向

一、钢铁物流标准体系的完善

钢铁供应链具有跨地区和跨行业的运作特点，信息标准化发展的高低不仅仅关系到钢铁供应链上各环节之间的高效链接和信息化的应用，也在一定程度上影响着钢铁供应链的成本和效率[②]。如果没有钢铁物流基础数据采集的标准化，信息的处理将会经过很多环节，需要在不同的格式之间不断地转化，基础数据采集的效率就始终没有办法提高上去，钢铁供应链上的企业之间也就无法快速地传递和共享信息，这样不仅成本高，还降低了供应链的效率，也制约了钢铁供应链信息化

---

① 韩树文，金晓娜，赵小鹏. 论物流基础数据采集的标准化[J]. 现代商业，2010：192－194.
② 胡俊. 疏通钢铁供应链物流的血脉[J]. 市场周刊（理论研究）. 2006（10）：37.

的发展。

二、公共钢铁物流信息平台的建设

钢铁企业前向和后向关联产业数量较多,关联度较高,从供应链的角度分析,钢铁企业既是各种冶金原燃料企业的用户,又是各类钢材用户的供应商。钢铁物流面临着周期长、成本高、流程复杂以及物流节点多等问题。所以,钢铁物流运行的真实情况难以掌握,政府相关部门的宏观调控难以发挥应有的作用,很难实现政策层面的有效支持、引导和规范,这是我国钢铁物流行业长期以来在低层次徘徊不前的重要原因之一。

因此,需要建立公共物流信息平台,通过对钢铁物流运行过程中基础数据实时的掌握、统计、分析,通过电子物流交易市场的规范、引导和监督,促进钢铁物流信息平台的发展。

第三节　钢铁物流信息技术

物流信息技术是应用于物流作业环节中的各种现代信息技术的总称,是物流现代化的重要技术基础,物流信息技术的快速发展推动了物流行业的不断进步。

在钢铁供应链管理方面,物流信息技术的发展也改变了钢铁企业应用供应链管理获得竞争优势的方式,钢铁企业可以通过物流信息技术的应用来支持它的经营战略并改善它的经营业务;钢铁物流企业可以通过多样化的增值服务,提高钢铁物流的服务水平,提高钢铁供应链的效率。

一、电子数据交换(EDI)技术

EDI技术是一种在公司之间传输订单、发票等作业文件的电子化手段。它通过计算机通信网络将贸易、运输、保险、银行和海关等行业信息,用一种国际公认的标准格式,实现各有关部门或公司与企业之间的数据交换与处理,并完成以贸易为中心的全部过程。EDI的特点有:单证格式化、报文标准化、处理自动化、软件结构化、运作规范化等。

构成EDI系统的三个要素是:EDI软件和硬件、通信网络、数据标准化。一个部门或企业要实现EDI,首先必须有一套计算机数据处理系统;其次,为使本企业内部数据比较容易地转换为EDI标准格式,须采用EDI标准;另外,通信环境的优劣也是关系到EDI成败的重要因素之一。EDI标准是整个EDI系统最关键的部分,由于 EDI 是以实现商定的报文格式形式进行数据传输和信息交换,一次制定统一的 EDI 标准至关重要。EDI 标准主要分为以下几个方面:基础标准、代码标准、报文标准、单证标准、管理标准、应用标准、通信标准、安全保密标准等。

二、条码技术(Bar Code)

(一)一维条码

条码技术是现代物流系统中最重要的技术内容之一,是物流领域中一种常用的自动识别技术。它适应了物流规模化和高速化的要求,通过快速采集信息,解决了数据录入和数据采集的"瓶颈"问题,为人们提供了一种对物品进行快速标识和描述的方法,大幅度提高了物流作业效率[1]。

条形码是一种经济实用的自动识别技术。首先,条形码标签制作方便,对设备和材料没有什么特殊的要求;其次,设备的使用不需要经过特别的培训,容易上手;最后,与其他数据采集设备相比,较为便宜。所以,在钢铁物流操作中,可以把需要的所有信息集中到条形码中,利用条形码技术和数据库将数据汇总处理并保存在数据库中,以便随时查询,大大地提高了数据采集的效率,用标准化的编码系统还可以规范物流操作的流程,简化操作,使供应链的衔接更为紧密和便捷,从而提高整个供应链的效率。

条形码主要有一维条形码和二维条形码两种,常用的主要有 EAN 码、UPC 码、128 码、CODABAR 码和交错式 25 码等,有些物流配送中心,为了方便物流作业及储位管理,也经常使用自行定义的物流条码。主要条码的用途见表6-1。

表 6-1　主要条码的用途

EAN、UPC	长度固定,所有信息全部用数字表达,主要应用于商品标识
39 码、128 码	长度可变,表达的信息既可以是数字也可以是字母,可以应用于工业生产领域
CODABAR 码	主要应用在图书馆、医疗机构和包裹跟踪等的管理

有效的客户反应系统 ECR(Efficient Consumer Response)、快速响应系统 QR(Quick Response)、自动补货系统 AR(Automatic Replenishment)都离不开条码技术的应用,POS 系统和 EDI 系统也都需要条形码技术的支持。因此,条形码技

---

① 邵宏文.电子商务物流模式的创新研究[D]:[硕士学位论文].江苏南京:东南大学,2003.

术是现代物流管理的基础,是提高供应链现代化管理和企业竞争能力的重要物流技术之一。

(二) 二维条码

二维条码是用某种特定的几何图形按一定规律在平面(二维方向上)分布的黑白相间的图形记录数据符号信息的;在代码编制上巧妙地利用构成计算机内部逻辑基础的"0"、"1"比特流的概念,使用若干个与二进制相对应的几何形体来表示文字数值信息,通过图象输入设备或光电扫描设备自动识读以实现信息自动处理,它具有条码技术的一些共性。二维条码的研究在技术路线上从两个方面展开:一是在一维码的基础上向二维码方向扩展;二是利用图象识别原理,采用新的几何形体和结构设计出二维码制。

二维条码分为堆叠式/行排式二维条码和矩阵式二维条码。堆叠式/行排式二维条码形态上是由多行短截的一维条码堆叠而成;矩阵式二维条码以矩阵的形式组成,在矩阵相应元素位置上用"点"表示二进制"1",用"空"表示二进制"0",由"点"和"空"的排列组成代码。

二维条码具有储存量大、保密性高、追踪性高、抗损性强、备援性大、成本便宜等特性,这些特性特别适用于表单、安全保密、追踪、证照、存货盘点、资料备援等方面。

虽然一维和二维条形码的原理都是用符号来携带资料,达成资料的自动辨识。但是从应用的观点来看,一维条形码偏重于"标识"商品,而二维条形码则偏重于"描述"商品。因此相较于一维条形码,二维条形码不仅是包含关键值,而且可将商品的基本资料编入二维条形码中,达到资料库随着产品走的效益,进一步提供许多一维条形码无法达成的应用。例如,一维条码必须搭配电脑资料库才能读取产品的详细资讯,若为新产品则必须再重新登录,对产品特性为多样少量的行业构成应用上的困扰。此外,一维条形码稍有磨损即会影响条码阅读效果,故较不适用于工厂型行业。除了这些资料重复登录与条码磨损等问题外,二维条形码还可有效解决许多一维条码所面临的问题,让企业充分享受资料自动输入、无键输入的好处,对企业与整体产业带来相当的利益,也拓宽了条形码的应用领域。

但是,在钢铁物流的应用中,二维条码的使用成本较高,虽然能够描述更多的信息,但是在钢铁物流过程中并不需要包含那么多的信息,有些信息在传递过程中属于冗余信息。所以,目前在钢铁供应链中还是比较倾向于使用一维条码。

三、全球定位系统技术（GPS）

全球定位系统（Global Positioning System，GPS），是利用卫星在全球范围内进行实时定位和导航的系统，具有全方位实时三维导航与定位的强大功能[①]。GPS可以提供车辆定位、运输路线优化和运输过程监控等多种功能，但这些功能的实现都离不开GPS终端、网络传输以及监控平台这三个要素，并且缺一不可。

GPS具有高精度、自动化、高效率、操作便捷以及应用广泛等显著特点。其基本工作原理是：GPS接收机的天线接收卫星发出导航信号；然后经过接收机的解调和处理，提取出卫星星历、距离及其变化率、时钟校正和大气校正参量等参数，并计算出GPS载体所处的精确的经度坐标和纬度坐标；再将经度坐标和纬度坐标传到控制中心，控制程序会将坐标转化为平面直角坐标，并在具有相同坐标系的电子地图上显示出当前所处的位置，连续的接收和显示就可以真实地显示载体运动的动态轨迹[②]。

在物流领域中，GPS可以应用于运输工具的调度、定位和实时监控，尤其适用于长距离的运输，可以对其进行实时的调度和监控甚至救援，保证了运输的安全性和可靠性。将GPS与运输工具相绑定，就可以通过GPS实现远程监控，随时获得运输工具的位置信息，实现对运输工具的可视化管理：如果运输工具偏离最优路线，可以及时地给予提醒，使其回到正确的行进路线；如果运输工具在途中发生事故，可以通过运输工具与事故地点的距离、运输工具的状态以及周边的路况，给予运输工具正确的指引，并迅速地安排事故处理事项。

因此，GPS在物流中的运用，可以大大地提高物流的效率，并在物流行业中得到越来越多的关注和应用。

四、地理信息技术（GIS）

地理信息系统（Geographical Information System，GIS），是在计算机硬、软件系统支持下，对现实世界（资源与环境）各类空间数据及描述这些空间数据特性

---

① 郭坚，杨丹.基于供应链的钢铁企业物流管理研究[J].重庆邮电大学学报（社会科学版），2008，20（4）：105-108.

② 高翔.GPS技术在海关转关物流监控中的应用[J].物流科技，2007（5）：122.

的属性进行采集、储存、管理、运算、分析、显示和描述的技术系统[1]。

GIS是集学科为一体的新兴的边缘学科，在近年来发展迅速，并广泛地被各行各业所运用。因此，GIS也可以在物流行业中使用，利用其强大的地理数据功能可以提高物流分析技术，运用GIS分析软件可以解决物流行业的配送路线的选择问题、物流网络的规划问题和物流设施的选址问题等，如图6-1所示。

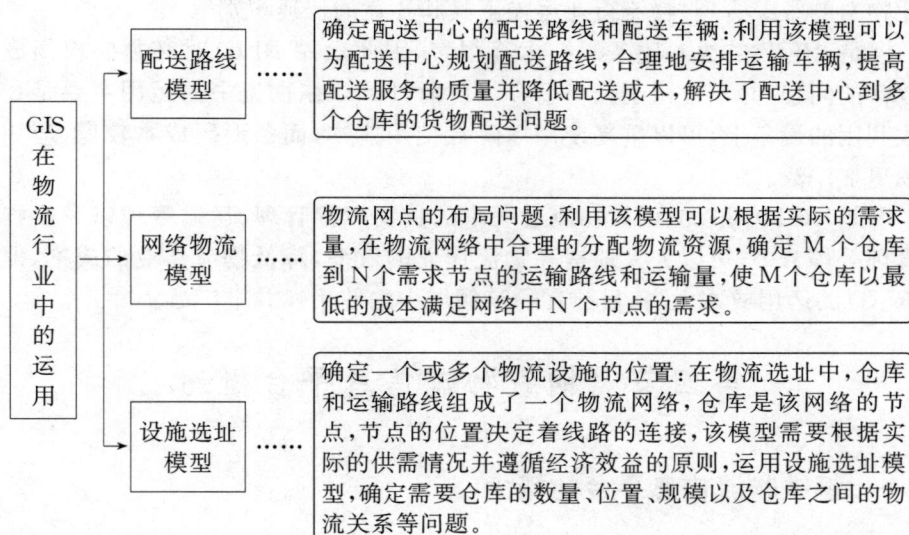

GIS在物流行业中的运用	配送路线模型 ……	确定配送中心的配送路线和配送车辆：利用该模型可以为配送中心规划配送路线，合理地安排运输车辆，提高配送服务的质量并降低配送成本，解决了配送中心到多个仓库的货物配送问题。
	网络物流模型 ……	物流网点的布局问题：利用该模型可以根据实际的需求量，在物流网络中合理的分配物流资源，确定 M 个仓库到 N 个需求节点的运输路线和运输量，使 M 个仓库以最低的成本满足网络中 N 个节点的需求。
	设施选址模型 ……	确定一个或多个物流设施的位置：在物流选址中，仓库和运输路线组成了一个物流网络，仓库是该网络的节点，节点的位置决定着线路的连接，该模型需要根据实际的供需情况并遵循经济效益的原则，运用设施选址模型，确定需要仓库的数量、位置、规模以及仓库之间的物流关系等问题。

图 6-1　GIS 在物流行业中的运用

把 GIS 技术融入到物流业务过程中，可以利用 GIS 电子地图处理物流过程中的运输、仓储、装卸等环节，并对其中涉及的问题如运输路线的选择、仓库位置的选择、合理装卸策略、运输车辆的调度等进行有效的管理和决策分析，有助于企业有效地利用现有资源，降低消耗，最大限度地利用人力、物力资源，提高效率。

五、射频技术(RFID)

射频技术 RFID(Radio Frequency Identification)，是一种非接触的自动识别技术，其基本原理其实就是电磁理论，完整的 RFID 系统由阅读器、电子标签以

---

① 张吉善，尤惠，胡晓棠. 基于 GIS、GPS 的钢铁企业物流模型研究[J]. 冶金经济与管理，2007(3)：46-48.

及应用软件三个部分组成。

RFID的技术应用范围比较广泛,主要有物流和供应链领域、生产制造领域、高速公路的自动收费和身份识别等。这是因为RFID是一种智能的自动识别技术,具有可读写的能力、能够携带的数据量大以及不容易被伪造等很多优点,主要适用于非接触性的数据采集与交换和需要频繁交换数据内容的场合,如生产企业物料的跟踪管理、物流行业运输工具和托盘的快速识别等[①]。

但是,RFID的成本比条码技术高很多,因此运用RFID时必须要权衡成本和效率的问题,并不适用于任何场合。目前,RFID在物流中的运用主要是在可回收利用的设备上,可以重复使用以降低使用成本,而条形码成本较低,应用的范围更加广泛。

因此,RFID可以应用在物流过程中的货物库存管理、运输管理以及货物分拣管理等环节中,可以大大地提高物流作业的效率,降低物流作业的成本,但由于RFID的运用成本太高,目前在物流领域中的使用还并不广泛。

第四节 钢铁物流信息平台概述

一、钢铁物流信息平台的概念

物流信息平台是以钢铁供应链信息化为核心,通过物流信息的传递、处理和共享,提高物流信息的实效性和准确性,为信息平台上的企业带来专业服务的信息平台,实现多样化的物流增值服务。

物流信息平台能够促进钢铁供应链上的企业形成战略联盟,实现供应链上各个环节之间的无缝连接;方便政府部门和行业协会规范行业制度,制定统一规范的行业标准;以信息化带动物流的发展。

钢铁物流信息平台是现代物流企业收集和整合资源的重要手段,是为其他企业提供专业化物流服务的重要场所。企业通过钢铁物流信息平台可以快速地掌握供应链上不同环节的供求信息和物流信息,实现对不同物流环节的远程控制和实时监控。由于3G技术在物流行业的应用中不断成熟,物流信息化的发展脚步不断加快,建立公共物流信息平台已经成为钢铁物流行业的发展趋势之一。

---

① 周启蕾.物流学概论[M].北京:清华大学出版社,2005:193-196.

二、钢铁物流信息平台的形态

钢铁行业的信息平台模式主要存在两种。一种是由钢铁企业自身主导建设的企业电子商务网站，这类平台主要帮助钢铁企业拓展资源和提升销售，也能够起到优化钢铁供应链的作用。另一种就是近几年发展迅猛的第三方电子商务平台，其平台本身并不从事钢铁行业，仅仅是作为钢铁行业的一个增值服务平台出现。这种第三方电子商务平台可以分成三种类型：一是以资讯为主的第一代电子商务网站，例如"我的钢铁"；第二种以在线交易为核心的互动型第二代电子商务网站，网站主要以钢铁现货网上交易为中心，通过免费资讯、资源推广等产品服务于钢铁产业链中各环节、企业及行业从业人员，如"中国钢铁现货网"、"东方钢铁在线"、"金银岛"和"中联钢"等；第三种以电子交易为核心的交易型网站，如"钢之源"和"欧浦钢网"等。

因此，目前钢铁行业的信息平台主要是以钢铁的现货交易、电子交易和提供资讯服务为主的，还没有一个公共的钢铁物流信息平台，来提高钢铁物流的效率，促进钢铁行业的发展。

根据物流信息平台的发展，主要有两种形态，如表 6-2 所示[①]：

表 6-2 物流信息平台的形态

信息平台	特点
封闭式信息平台	封闭式信息平台具有特定的服务对象，模式相对稳定，主要是为封闭式的体统提供信息服务。因此，系统与系统之间不存在激烈的市场竞争。这种模式的信息平台主要有：海关使用的电子口岸系统、企业内部使用的物流管理系统、物流园区使用的综合物流控制系统等。
公共物流信息平台	公共物流信息平台开放性高，属于门户类的信息平台，在服务内容上更多样化，信息传递和交换的范围更广泛。这种模式的主要代表有：中国物通网、锦程物流王和南昌物流信息平台等。

在公共物流信息平台的建设规划中，又可以根据投资主体的不同、运营机制的差异性以及作业方式的区别分为："政府模式"、"企业模式"和"协同模式"三种模式。

"政府模式"是由政府主导投资并构建的公共信息平台，"企业模式"则是由企业独立经营的。这两种模式各有优势，但也存在着一些弊端。首先，与"政府

---

① 吴清一.物流管理(第二版)中级[M].北京：中国物资出版社，2005：200.

模式"相比,"企业模式"比较灵活,与市场连接紧密,不会造成与市场的脱节,而这正是"政府模式"的一大弊端,因为政府如果在信息平台的建设过程中过多地干预,就会造成信息平台缺乏与市场的联系性;其次,"政府模式"需要政府的长期投资,而"企业模式"的投资方式则较为多样性;最后,"企业模式"在信息平台的规划过程中缺乏整体规划和协调,有时因为企业的盲目性投机性会难以实现预期的规划目标,而"政府模式"则是由政府主导规划,目标明确,方向性强,且规划统一。

"协同模式"取长补短,结合了"政府模式"和"企业模式"的优势,避开两者的不足,由政府和企业共同投资规划,既具有灵活性,又能够目标明确规划统一。

根据我国的经济发展情况和钢铁行业的特点,单纯地由政府或企业作为投资主体进行投资经营都不太现实,很难达到预期的规模和目标,也不能保证平台的顺利推广和应用。所以,钢铁物流信息平台可以采用"协同模式",取长补短,避免前两种模式的弱点,运用在实际规划建设中比较容易成功。在实际建设中,"协同模式"又可分为"自上而下"和"自下而上"两种协同模式①:

1. "自上而下"的协同模式

"自上而下"的协同模式是在初期由政府注资启动项目,进行整体的规划和协调,并利用宏观调控的职能,联合行业协会制订物流信息平台的相关政策、准入机制和会员管理方案等,然后选择合适的企业同样以股份制的形式注入资金。

在信息平台的规划后期,政府逐渐退出,使入股企业慢慢成为公共信息平台的运作主体;在物流信息平台市场化运作后,企业可以在政府和行业协会的监管下按照规定制订信息平台相关服务费用的标准,防止经营企业由于利益的驱动,使公共信息平台失去公平性,保证信息平台的可持续发展。物流企业则可以通过物流信息平台提供专业和高效的物流信息服务,加强与供应链上其他企业的合作,实现供应链的"无缝连接"。

2. "自下而上"的协同模式

该模式与"自上而下"的模式正好相反,先由市场自发形成并逐步整合资源,再由行业协会和政府引导,完善信息平台的各项功能,满足客户个性化的信息需求,提高物流系统的效率,实现信息共享。这种模式更具有市场操作性,比较符合我国物流行业的发展现状,并可以根据企业经营状况和财务状况,分阶段逐步规划实

---

① 何鑫.汽车零部件产业集群与物流公共信息平台建设研究[D],[硕士学位论文].湖北武汉:武汉科技大学,2010.

施,循序渐进地完成信息平台的发展规划。这种模式大致又可以分为三个阶段,如下图6-2所示。

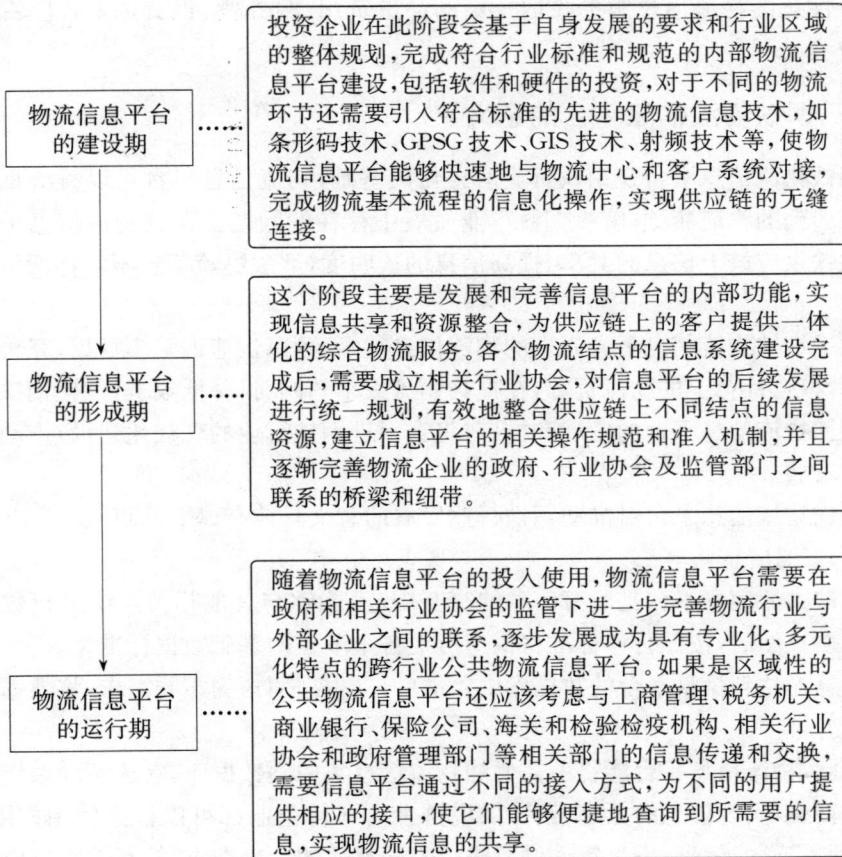

```
┌──────────────┐      ┌─────────────────────────────────────┐
│              │      │ 投资企业在此阶段会基于自身发展的要求和行业区域 │
│ 物流信息平台  │......│ 的整体规划,完成符合行业标准和规范的内部物流信 │
│ 的建设期      │      │ 息平台建设,包括软件和硬件的投资,对于不同的物流 │
│              │      │ 环节还需要引入符合标准的先进的物流信息技术,如 │
└──────┬───────┘      │ 条形码技术、GPSG技术、GIS技术、射频技术等,使物 │
       │              │ 流信息平台能够快速地与物流中心和客户系统对接, │
       │              │ 完成物流基本流程的信息化操作,实现供应链的无缝 │
       │              │ 连接。                                   │
       │              └─────────────────────────────────────┘
       ↓
┌──────────────┐      ┌─────────────────────────────────────┐
│              │      │ 这个阶段主要是发展和完善信息平台的内部功能,实 │
│ 物流信息平台  │......│ 现信息共享和资源整合,为供应链上的客户提供一体 │
│ 的形成期      │      │ 化的综合物流服务。各个物流结点的信息系统建设完 │
│              │      │ 成后,需要成立相关行业协会,对信息平台的后续发展 │
└──────┬───────┘      │ 进行统一规划,有效地整合供应链上不同结点的信息 │
       │              │ 资源,建立信息平台的相关操作规范和准入机制,并且 │
       │              │ 逐渐完善物流企业的政府、行业协会及监管部门之间 │
       │              │ 联系的桥梁和纽带。                        │
       │              └─────────────────────────────────────┘
       ↓
┌──────────────┐      ┌─────────────────────────────────────┐
│              │      │ 随着物流信息平台的投入使用,物流信息平台需要在 │
│ 物流信息平台  │      │ 政府和相关行业协会的监管下进一步完善物流行业与 │
│ 的运行期      │......│ 外部企业之间的联系,逐步发展成为具有专业化、多元 │
│              │      │ 化特点的跨行业公共物流信息平台。如果是区域性的 │
└──────────────┘      │ 公共物流信息平台还应该考虑与工商管理、税务机关、 │
                      │ 商业银行、保险公司、海关和检验检疫机构、相关行业 │
                      │ 协会和政府管理部门等相关部门的信息传递和交换, │
                      │ 需要信息平台通过不同的接入方式,为不同的用户提 │
                      │ 供相应的接口,使它们能够便捷地查询到所需要的信 │
                      │ 息,实现物流信息的共享。                   │
                      └─────────────────────────────────────┘
```

图6-2　"自下而上"的协同模式

根据物流信息平台的形态分析,钢铁物流信息平台是钢铁行业的公共物流信息平台,是以钢铁物流行业的信息共享和物流高效化为目的,凭借先进的信息技术和物流技术,为整个钢铁行业提供支持和服务的物流信息平台。

钢铁物流信息平台的建设可以采用"政府推动,市场操作"的自下而上的协同模式:"政府推动"即由政府及相关行业协会等主管部门推动和引导信息平台的建设,规范业务流程、建立相关标准和政策法规以及制定信息平台的服务价格;"市场操作"即钢铁供应链上的企业作为运营主体,对平台的经营模式进行规划,根据政府和行业协会制定的准入机制发展会员,对加入物流信息平台的会员企业进行评估和综合管理,以会员制的方式进行市场运作,通过为客户提供专业化和个性化的物流信息服务收取一定的会员费用、服务费、租赁费以及广告费等获取盈利[①]。

三、钢铁物流信息平台的意义

钢铁物流信息平台是钢铁行业信息化的基础,物流信息平台可以解决钢铁行业目前遇到的物流瓶颈,解决钢铁行业发展中存在的问题。钢铁物流信息平台将实现钢铁供应链上信息的共享,提高信息的透明度,解决物流信息不对称所引起的问题。

利用钢铁物流信息平台先进的物流信息技术,可以快速地采集数据,完善物流数据库,整合社会上的物流资源,在提高物流效率的同时,降低成本,优化钢铁供应链。钢铁物流信息平台的发展和推广,将会促进钢铁行业的现代化建设,推动电子商务的发展。

钢铁物流信息平台对推动钢铁行业发展的意义具体有以下几点[②]:

1. 实现信息共享

钢铁物流信息平台是所有信息的交互中心,能够与其他相关系统进行数据传递和交换。然后,按照行业标准将供应链上各个节点的基础数据标准化,把所有的物流信息汇总到信息平台的数据库中。最后,再根据用户的不同需求,将数据反馈给用户。

因此,物流信息平台能将所需要的物流信息集中到数据库,完成不同系统之间的信息转换,实现信息的共享,钢铁供应链上的任何企业都可以根据使用权限,快速获取所需要的信息,满足钢铁供应链上不同客户的信息需求,提高钢铁供应链的信息透明度。

2. 资源的合理规划

钢铁物流信息平台可以促进钢铁物流企业与钢铁供应链上的其他企业形成战略联盟,将物流资源整合起来,获得规模效益,从而使物流企业及时地通过物流信息平台发现物流需求,有效地利用物流资源,以最低的成本快速响应企业的需求,

---

① 魏娟. 道路货物运输中间性组织模式与效益研究[D],[硕士学位论文]. 北京:北京交通大学,2011.

② 宋红梅. 钢铁物流园区信息平台规划及设计研究[D],[硕士学位论文]. 湖北武汉:武汉理工大学物流学院,2009.

提供专业化、个性化的物流服务。

　　钢铁物流信息平台便于社会物流资源的整合,可以提高社会上大量闲置物流资源的利用率,合理分配物流资源,减少资源的浪费,例如提高仓库的利用率、车辆的配载率、减少空车的返程等现象,从而降低钢铁物流成本,节省大量资源,符合绿色物流的需要。

　　3. 优化钢铁供应链

　　通过钢铁物流信息平台可以提高物流信息的传递效率和正确率,减少物流信息的滞后性,从而提高钢铁供应链上各个环节的衔接效率,真正地做到"无缝连接",实现钢铁供应链的优化。

　　首先,钢铁物流信息平台可以使物流企业运用先进的物流信息技术快速地响应市场的需求,为客户提供更多的增值服务;其次,钢铁制造企业可以通过物流信息平台实现对钢铁的实时监控,及时地获得准确的物流信息,为生产运营活动的决策提供依据;最后,钢铁供应链的末端用户也可以实时地了解钢材的仓储信息、加工配送信息和运输信息。

　　因此,钢铁物流信息平台解决了供应链上下游信息不对称、企业之间无法实现信息共享、企业与客户间信息交流不畅等问题,优化了钢铁供应链,提高了钢铁物流的效率和服务水平。

　　4. 促进钢铁行业电子商务的发展

　　随着电子商务的发展,钢铁物流已经成为制约其发展的重要因素之一。钢铁物流信息平台能够解决电子商务中信息流不畅通的问题,通过钢铁物流信息平台,可以使信息流和物流更协调,从而为电子商务提供专业高效的物流服务,促进钢铁行业电子商务的快速发展[①]。

第五节　钢铁物流信息平台的需求分析和功能模块

　　钢铁物流信息平台,是指钢铁行业利用网络、通讯技术和物流信息技术,将钢铁供应链上的所有参与者包括钢铁生产企业、钢铁物流服务提供企业、钢铁需求企业、行业协会及政府相关部门等有机地联系起来协同运作的一个信息支撑体系。它同时联系着钢铁供应链上不同物流信息系统的各个层次和各个方面,是钢铁物流活动的神经中枢,对钢铁供应链起着监控与辅助管理的作用,能有效地提高钢铁

---

① 高俊,杨家其. 试论物流信息平台的构建[J]. 物流科技,2004(1),35 - 37.

供应链的效率,改善钢铁行业的物流现状[①]。

　　与其他信息平台相似,钢铁物流信息平台可以通过规定的标准数据规范和通信协议,实现各信息系统的无缝对接,因此,使用企业可以在信息平台上广泛地搜集所需要的物流数据,进行加工和处理,支持公司的管理决策,并获得专业化的物流服务。钢铁物流信息平台作为钢铁行业的公共信息平台,将为钢铁供应链上下游的企业提供服务,处于钢铁供应链上不同位置的企业对物流信息的需求也各不相同,他们将根据各自的需要筛选出所需的信息。

　　钢铁供应链上不同的企业对于钢铁物流信息平台的信息需求具有以下特点,如图6-3所示[②]:

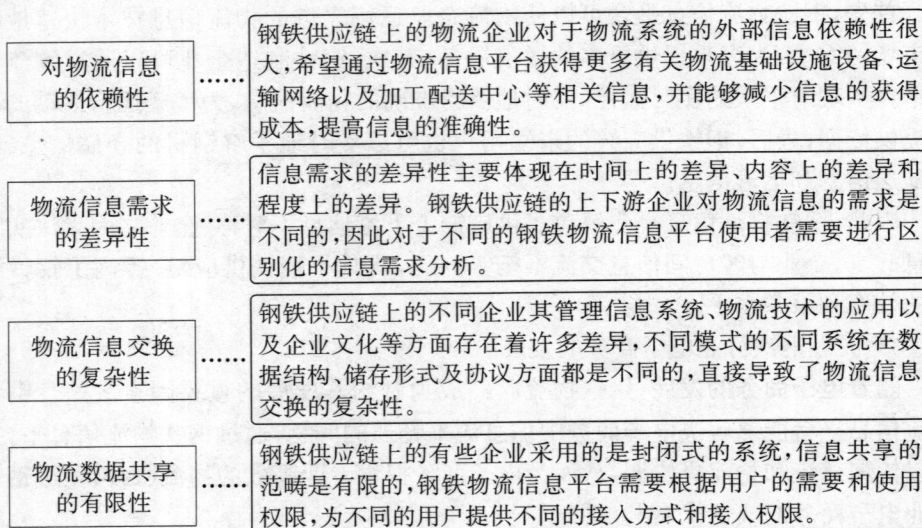

对物流信息的依赖性	………	钢铁供应链上的物流企业对于物流系统的外部信息依赖性很大,希望通过物流信息平台获得更多有关物流基础设施设备、运输网络以及加工配送中心等相关信息,并能够减少信息的获得成本,提高信息的准确性。
物流信息需求的差异性	………	信息需求的差异性主要体现在时间上的差异、内容上的差异和程度上的差异。钢铁供应链的上下游企业对物流信息的需求是不同的,因此对于不同的钢铁物流信息平台使用者需要进行区别化的信息需求分析。
物流信息交换的复杂性	………	钢铁供应链上的不同企业其管理信息系统、物流技术的应用以及企业文化等方面存在着许多差异,不同模式的不同系统在数据结构、储存形式及协议方面都是不同的,直接导致了物流信息交换的复杂性。
物流数据共享的有限性	………	钢铁供应链上的有些企业采用的是封闭式的系统,信息共享的范畴是有限的,钢铁物流信息平台需要根据用户的需要和使用权限,为不同的用户提供不同的接入方式和接入权限。

图6-3　钢铁物流信息平台的信息需求特点

　　因此,在设计钢铁物流信息平台前,需要了解各类用户对物流信息的不同需求。根据钢铁供应链上企业的业务种类,主要可以分为钢铁物流服务提供企业(主要为钢铁物流企业)和钢铁物流服务的需求企业(主要为钢铁供应链上游的钢铁制造企业和下游的钢铁使用企业)。

---

① 李力.物流信息平台构建与应用研究[J].管理科学与工程,2007(6).
② 颜晓霜.上海城市物流信息体系规划研究[D],[硕士学位论文].上海:上海交通大学,2005.

一、钢铁物流服务提供商的信息需求分析

物流服务提供商主要是指钢铁物流企业（钢铁运输企业、钢铁仓储企业、钢铁加工配送企业等）、信息平台运营商、公共服务机构及相关政府管理部门。

对于钢铁物流企业来说，钢铁物流信息平台是其提高效率、降低物流成本、优化资源配置的关键。一方面，钢铁物流企业可以通过钢铁物流信息平台了解物流需求，及时与钢铁供应链的上游企业和下游企业沟通，快速地响应市场需求，为客户提供综合、专业、个性化的服务。另一方面，物流企业可以通过钢铁物流信息平台整合社会物流资源，了解物流资源的动向和利用率，实现资源的优化配置，并获得规模效益，从而提高钢铁供应链的效率，降低钢铁供应链的物流成本。

对于与钢铁行业及物流管理相关的行业协会和各政府职能部门来说，钢铁物流信息平台是钢铁行业物流信息的汇集中心，可以在平台上获得大量的有用数据。钢铁物流信息平台上的这些数据，在一定程度上可以及时反映出许多内容，行业协会及政府相关职能部门可以通过对这些数据的分析，及时了解行业目前的发展状况、存在的问题以及未来的发展趋势，对钢铁行业的未来发展作出正确的指导[①]。

物流服务提供商是钢铁物流信息平台的主要使用者，对于未来信息的依赖程度较高，既要了解客户的物流信息需求，及时地发布相关物流信息，又要深度挖掘数据，为客户提供个性化的增值服务，他们对信息的需求主要在以下三个方面（如图6-4所示），其中，物流业务运作相关的信息是钢铁物流服务提供商的最为关注的信息。

二、钢铁物流服务对象的信息需求分析

钢铁物流服务需求企业主要是钢铁制造企业和钢铁供应链的末端用钢企业。对于这些企业来说，能够通过钢铁物流信息平台进行网上洽谈和交易，能够以较低的成本在信息平台上快速地获得各种类型的物流信息，为企业的经营管理作出合理的决策。

钢铁物流信息平台将各类物流信息进行整合和汇总，企业只需要申请成为钢铁物流信息平台的会员，获取查询和发布相关物流信息的权限，就能够在登陆钢铁物流信息平台后，发布物流需求信息，如运输工具的需求情况、仓储需求、钢铁的深

---

① 魏娟. 道路货物运输中间性组织模式与效益研究[D]，[硕士学位论文]. 北京：北京交通大学，2011.

公共物流基础设施资源	整合社会资源，实现物流资源跨区域运用。	➤ 运输网络(覆盖范围、路况等) ➤ 仓储网点(地址、布局等) ➤ 钢铁加工配送中心(加工能力、配送范围等) ➤ 钢铁物流园区(园区规模、经营范围)
	避免了资源的闲置和浪费，降低了物流成本。	

物流业务运作相关的信息

快速响应客户的需求，提供专业化的服务。

对信息深度挖掘，提供创造性的物流服务。

➤仓储类业务信息
了解钢材周转速度、仓储服务水平、钢材需求预测、库存分析(包括安全库存、订货周期、订货批量等)、占用资金、钢材的库存积压等。

➤运输类信息
了解运力资源、运输工具的跟踪管理、在途钢铁的管理、配载管理、空返配载、运输服务水平、运输事故分析等。

➤增值服务类信息
加工配送：了解深加工的要求、加工方式、配送规模、配送方式、配送路线等。
物流金融：评级信息、物流金融相关政策等。

其他物流咨询服务信息

了解钢铁市场的动向，及时做出战略调整。

把握政策法规，钢铁物流信息平台的操作。

➤ 物流战略合作伙伴的资质信息
➤ 钢铁行业的发展前景(原材料成本等的变动)
➤ 物流市场调查研究与预测(GDP、CPI等经济指标对物流行业的影响)
➤ 物流相关政策(行业标准及法律法规)

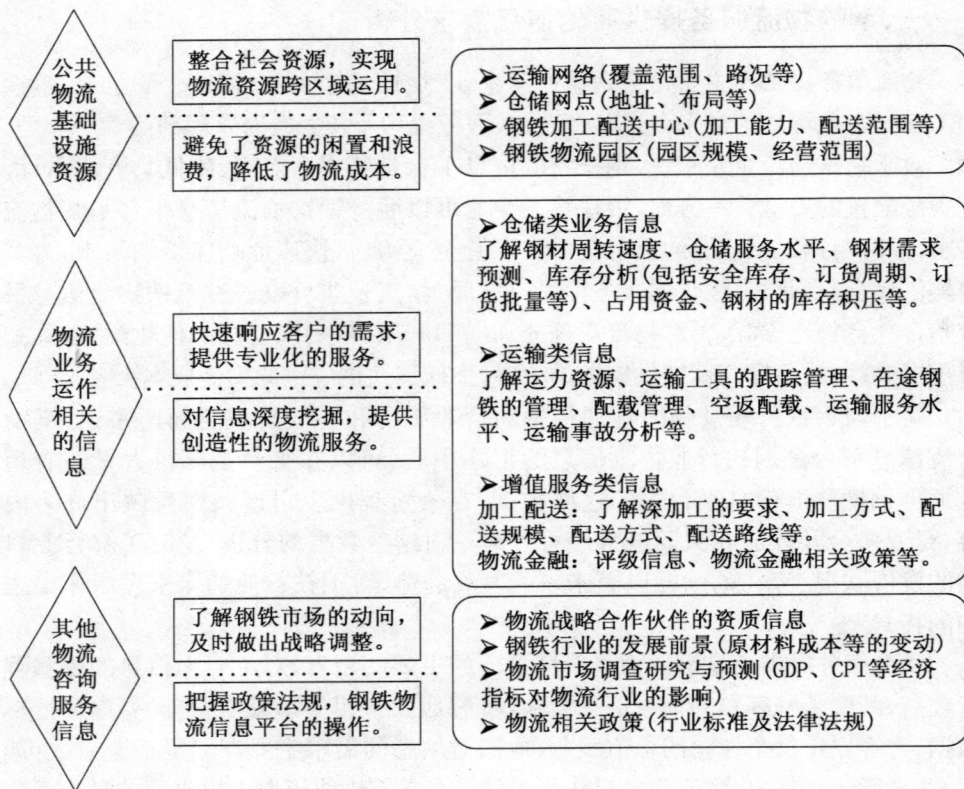

图 6-4 钢铁物流服务提供商的信息需求

加工需求等；或者搜寻所需的物流信息，如钢铁的库存情况、在途钢铁运输情况以及钢铁的流通加工信息等。企业可以快速地根据自身需要选择合适的钢铁物流企业，获得专业化的基础物流服务；还可以选择各种各样的物流增值服务项目，获得创造性的物流增值服务。

钢铁物流信息平台与钢铁供应链上的各个企业的信息系统和其他相关服务部门如海关系统、银行系统、工商系统以及税务系统等的信息系统相联接，可以为企业提供综合性的服务，并且支持在线交易和网上结算，方便企业的交易，真正地实现商流、物流、资金流和信息流的统一。

因此，对于钢铁物流的需求企业来说，钢铁物流信息平台是一个综合性的、专业化的物流信息平台，能够为他们提供专业、高效、多样的一体化物流服务。钢铁物流信息平台通过优质的服务和准确及时的物流信息,能够吸引更多的企业使用钢铁物流信息平台,在钢铁行业内更好地推广平台的使用。

钢铁物流服务需求企业根据钢材的业务流程,对于钢材的运输、仓储等的信息需求和程度与物流企业是有所不同的,他们主要关注钢铁的库存信息(数量、安全等)、钢铁的在途运输信息(及时、安全达到等)以及钢铁的加工信息(成本、形式等)等,他们主要通过信息平台发布钢铁物流的需求信息和监控钢铁的物流信息。具体来说有以下几个方面:

1. 仓储信息

仓储信息主要包括钢铁仓储状态和仓储类型,仓储价格,仓位信息,钢铁的库存数量、具体规格,钢铁的出入库信息,堆场情况以及与仓储相关的法律法规及政策等。

2. 运输信息

运输信息主要包括运输工具的选择信息(可用运输工具的信息、运输价格等),运输工具的配载信息(运输工具的起运时间和到达时间、运输工具上装载的钢材信息等),钢材运输的在途信息(位置信息、路线信息和路况信息等),运输单证的处理信息,运输行业的市场信息及行业统计信息(运输行业的发展现状及趋势、相关统计数据等)以及运输相关的法律法规及政策等。

3. 物流增值服务信息

增值服务信息主要包括流通加工信息(加工方式、边角余料信息、加工配送费用、配送情况等),物流金融信息(担保信息、仓单质押信息、信用评级信息、物流金融相关政策等)。

钢铁供应链上涉及的企业众多,不同的企业对于信息的要求和内容也各不一样,对不同的用户分别进行信息需求分析,可以更好地了解供应链上各个企业的物流信息需求,消除供应链上的信息不对称现象,实现真正的信息共享。

为了更好地对钢铁物流信息平台进行规划,划分功能模块,根据对供应链上不同企业的信息需求分析,将不同的需求信息进行归类整理,钢铁信息平台信息需求如表6-3所示[①]:

---

① 赵林度.电子商务物流管理[M].北京:科学出版社,2006:85-96.

表 6-3　钢铁物流信息平台的信息分析

信息类别	信息内容
仓储信息	仓储价格
	仓储要求(仓储方式、装卸要求)
	仓库的基本信息(地址、面积、类型、配套的设施设备)
	进出库作业信息(预报、具体时间)
	钢材的在库实时监控信息
运输信息	运输价格
	运输要求(时间、配套的实施设备)
	运输工具基本信息(运输工具的选择、运输网络)
	运输工具调配信息(运输工具的配载情况、运输路线安排)
	钢材的在途实时监控信息(地理位置)
	运输单证的处理信息
流通加工信息	加工和配送价格
	加工信息
	配送信息(配送规模、配送方式、配送路线)
钢材信息	钢材的基本信息(规格、材质)
	钢材的库存情况(仓位、重量、数量、出入库时间)
	钢材的运输情况(运输工具、运输路线等)
	钢材的质量检查
	钢铁供应链金融信息
公共基础设施信息	公路、铁路、水运和远洋运输网络信息
	仓储网点、货运场站、运输装卸设施和设备等信息
行业信息	钢铁行业的发展前景及统计数据
	物流市场调查研究与预测
	行业标准
其他服务信息	交通路况状况
	天气预报
	相关法律法规

三、钢铁物流信息平台的功能模块

通过对钢铁供应链的信息需求分析,可以更好地了解不同企业的不同需求,为钢铁物流信息平台的信息流和物流分析奠定基础。

因此,为便于向用户提供综合、专业、高效的物流服务,可以将钢铁物流信息平台划分为四大功能模块,各功能模块的划分如图6-5所示。

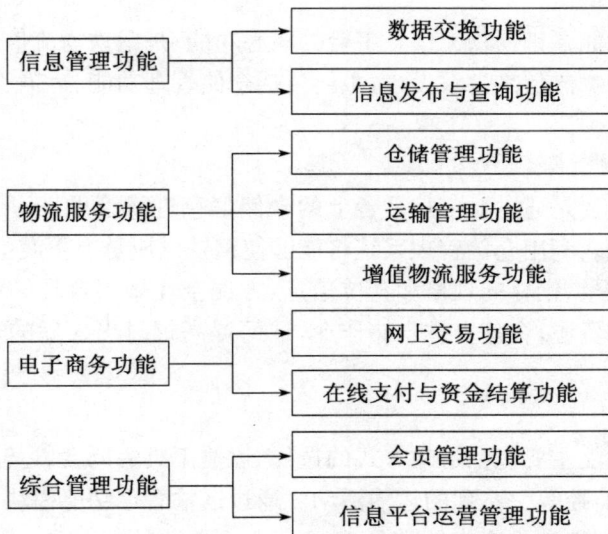

```
信息管理功能 ┬─ 数据交换功能
            └─ 信息发布与查询功能

物流服务功能 ┬─ 仓储管理功能
            ├─ 运输管理功能
            └─ 增值物流服务功能

电子商务功能 ┬─ 网上交易功能
            └─ 在线支付与资金结算功能

综合管理功能 ┬─ 会员管理功能
            └─ 信息平台运营管理功能
```

图6-5　钢铁物流信息平台功能描述图

因此,钢铁物流信息平台各功能的主要内容有:

1. 信息管理功能

信息管理功能是钢铁物流信息平台的基础功能,是信息共享的技术支撑,主要包括数据交换功能和信息发布与查询功能。

1)数据的采集和交换

数据交换的功能主要是指完成基础数据以及业务单证的采集、翻译和转换,包括供应链上各企业之间业务往来的信息传递、电子报关和报检、申领业务许可证、在线结算、出口退税等,完成不同系统之间的信息中转。

2)信息发布与查询

钢铁供应链上下游的企业通过互联网登陆钢铁物流信息平台,可以根据权限发布或共享信息平台上的物流信息。供应链上下游的企业可以发布钢铁贸易信息或货源信息以及物流服务信息,如钢铁的价格、钢铁的仓储或运输需求、运输价格、钢铁的流通加工信息、钢材的运输和仓储信息;查询行业的相关统计数据以及相关法律法规等。

钢铁物流企业还可以在信息平台上查询钢铁出入库的预报信息,提前做好钢材的出入库准备,安排运输车辆和路线;钢铁制造企业和用钢企业则可以随时查询钢材的库存信息和在途信息,并根据库存信息作出合理的经营决策。

2. 物流管理功能

物流管理功能是钢铁物流信息平台的核心功能,是钢铁物流信息平台的主体,根据钢铁行业的物流信息需求设计,主要包括仓储管理功能、运输管理功能和物流增值功能。

1) 仓储管理

仓储功能主要是通过对信息平台上的仓储信息进行管理,满足钢铁仓储作业流程的信息需求。利用仓储管理系统将能够使钢铁供应链上下游的企业清楚地了解钢铁的库存数量、钢材的规格和仓位信息,方便企业做出合理的经营决策;仓储企业也可以利用资源,合理安排仓储作业,从而提高钢材出入库的速度,减少钢铁出入库的差错率。

2) 运输管理

运输管理功能主要包括运输方式的选择、运输工具的调度、运输工具的合理配载、运输过程的监控等一系列的运输活动。通过运输管理功能模块,将钢铁运输的物流信息,整合到钢铁物流信息平台上,可以方便企业的查询和远程控制。

运输管理还包括一系列的系统优化,如运输路线的规划和配载优化等,钢铁物流企业可以将资源整合起来进行合理的分配和利用,形成规模效益后降低运输成本,优化钢铁运输的流程,提高钢铁运输的效率;钢铁制造企业及钢铁的末端用户也可以通过运输管理模块,对钢铁的运输进行全程的监控,及时根据运输情况对企业的经营管理作出决策。

3) 物流增值服务

物流增值功能主要包括流通加工、实时监控以及物流金融等子功能模块。

流通加工是对钢材产品进行深加工,根据客户对钢铁规格和类型的不同需要,对钢铁进行重新加工,使其符合企业的需要。将加工方式相同的钢铁进行集中加工,可以减少重复劳动率,使钢铁加工企业能够集中资源,优化资源配置,既减少了加工时间又节省了物流成本,提高了钢铁物流企业的效率。钢铁企业将加工配送服务外包,可以集中资源于企业的核心业务,还可以获得物流企业提供的专业化增值服务。

实时监控是将物流技术与钢铁物流信息平台相结合,利用先进的物流技术实现物流服务的可视化操作,实现对物流的远程控制和实时监控。

物流金融服务主要是指通过信息平台同银行、担保机构等第三方金融服务机构相对接,以信息平台为核心,整合物流系统,为用户提供可靠的质押融资和担保融资业务。

3. 电子商务功能

电子商务功能是钢铁物流信息平台关键功能之一,电子商务功能丰富了钢铁物流信息平台的内涵,更加方便用户的使用,使钢铁行业的业务流程更加顺畅和便捷。钢铁物流信息平台的电子商务功能主要包括网上交易功能以及在线的支付和资金结算功能。

1) 网上交易

网上交易功能可以使企业能够快速把握商机,完成交易。企业可以通过信息平台获得所需的商务信息和物流信息,并与对方进行在线洽谈,还可以在达成交易后选择网络支付。

企业也可以在信息平台上发布信息和广告,进行商业推广,吸引更多的客户,进行在线的磋商谈判,并通过互联网完成交易。

2) 在线支付与结算

在线支付与资金结算功能能够支持物流费用的在线支付、电子商务的网上交易结算、会员企业的资金结算等,还可以根据物流金融服务的需要,提供在线融资、物流金融结算等增值服务。

4. 综合管理功能

综合管理功能支撑着整个钢铁物流信息平台的发展和运营,主要是进行会员管理,并维护整个信息平台的正常运作,保证数据的安全性和平台的正常运行。因此,综合管理功能主要包括信息平台的会员管理功能和信息平台的运营管理功能。

1) 会员管理

该功能主要是对会员进行分类管理,审核会员的资质,并规定会员的访问权限和浏览信息的权限,根据会员的不同需要向他们提供服务,能够实现会员的注册管理、资质管理、交易管理和统计、广告服务以及行业信息发布等。

2) 信息平台运营管理

信息平台的运营管理功能主要包括平台的日常维护、数据管理以及平台的安全管理等。运营管理功能主要是实现信息平台的行政功能,维护信息平台的日常运营,保证用户的信息安全、数据安全和交易安全,对信息平台进行全方位的管理,努力为用户提供一个专业、安全和高效的交易环境。

第六节　钢铁物流信息平台的总体架构

钢铁物流信息平台主要为钢铁供应链上的企业提供专业服务,需要根据不同用户的要求提供各类信息,以准确及时的信息改善供应链上下游企业的沟通问题,在整体上推进钢铁行业物流现代化的发展,提高各个企业的市场竞争能力;同时,信息资源的整合也将降低钢铁物流的服务成本,使物流服务多样化。

一、钢铁物流信息平台的设计原则

钢铁物流信息平台的设计原则与其他信息平台的设计原则相似,结合钢铁行业的特点和发展过程中遇到的问题,需重点考虑以下几个原则:

1. 综合性和标准性

钢铁物流信息的综合性主要表现在其传递层级较多,涉及的范围较广。从其供应链上游的钢铁制造企业,以及负责承运的钢铁物流企业,直到钢铁用户,甚至包括相关的金融机构以及各政府部门,都需要最及时有效的钢铁物流信息,因此该信息的传递范围是跨地区、跨行业的。另外,由于各行业企业或组织相互之间的运作模式有所不同,其信息资源的需求类型也大不相同,并且信息的格式和其传递方式也存在着很大的差异。因此,在钢铁物流信息平台的整体规划中,必须要综合考虑所服务的各类用户对物流信息的实际需求及其相互之间的关系,从而保证该物流信息平台能够为用户提供综合全面的物流信息。

与此同时,钢铁物流信息平台的整体规划必须符合其行业标准,需要依据国家对该行业计算机软件和硬件在构建过程中的具体要求和标准规范对该物流信息平台进行规划实施,并且将基础信息的采集标准化,以确保用户之间信息流动的规范性和一致性。

2. 开放性和扩展性

钢铁物流信息平台作为连接协调钢铁制造企业、钢铁仓储企业、钢铁运输企业及钢铁加工配送等企业之间的一架桥梁,必须是一个开放的系统,因为它必须与其他相关的信息平台以及信息系统相连接,进行持续不断的数据交换,以保证数据传递的时效性和准确性。

钢铁物流信息平台的扩展性是指该平台在能够兼容原有物流信息系统的同

时,对未来的信息需求发展方向的适应程度。该平台的扩展性主要体现在时间和空间两个层面上:

① 钢铁物流信息平台在时间层面上的扩展性,是指其在保持原有功能和特点的基础上,能够随着钢铁物流业务的不断发展扩大和信息技术的不断进步而对自身进行调整和变化以适应新的市场和新的需求形势;

② 钢铁物流信息平台在空间层面上的扩展性,是指其既能够满足当前各地域的规模扩展,充分利用现有的信息资源,使钢铁供应链上的企业能够实现“无缝连接”,又能为将来的发展留有足够的空间。

随着当前全球信息技术的迅猛发展,钢铁物流信息平台在对现有技术进行分析、规划、构建的同时,必须预先估计未来信息技术的发展方向及其对该信息平台的影响,以及该平台的应对方案应充分考虑到未来信息技术的更新、平台功能的扩充以及系统升级等问题。

3. 安全性和可靠性

钢铁物流信息平台在规划和构建时必须要考虑到安全性,主要包括用户企业或个人基本信息的安全性、平台上交叉流动的物流信息的安全性以及平台上用户之间交易的安全性等。安全性是用户能够放心信任地使用该信息平台的基本要素,也是保证信息系统正常运行的重要手段。

可靠性是基于物流信息平台安全性基础上的另一特性,可靠性分为技术上的和运行上的可靠性两种。技术上的可靠性体现在钢铁物流信息平台能够稳定地运行,能够保证平台上的基础数据库和物流系统中的信息获取是有效、快速、稳定的;另外,钢铁物流信息平台为了更好地服务于用户,必须能够保证在信息传输的过程中不会发生信息被盗窃或泄漏等问题,因此信息平台运行中的可靠性也是该信息平台正常有效运作的重要条件之一。

4. 易操作性

为了用户企业或个人在钢铁物流信息平台上能够更快捷、方便地操作,该物流信息平台必须保证其易操作性。钢铁物流信息平台应当尽量简化平台界面,以便用户能够快速熟悉该平台和系统操作;在用户遇到问题的时候,能够通过在线帮助及时给与解答。

以上这些原则应始终贯穿于钢铁物流信息平台的规划和建设中,在设计信息平台系统模块的时候必须始终贯彻这些原则,并结合钢铁物流的特点进行规划和设计,使钢铁物流信息平台能够满足钢铁供应链的需要,为钢铁行业的信息化奠定基础。

二、钢铁物流信息平台的系统模块设计

为了实现钢铁供应链的信息共享,推进钢铁物流行业的标准化建设,提高钢铁行业的信息化水平,有效地对钢铁供应链的物流活动进行管理和控制,本书针对钢铁物流主要的业务特点及长远发展进行规划设计,以满足钢铁物流信息平台的主要功能需求,将钢铁物流信息平台划分为多个分系统,如图 6-6 所示。

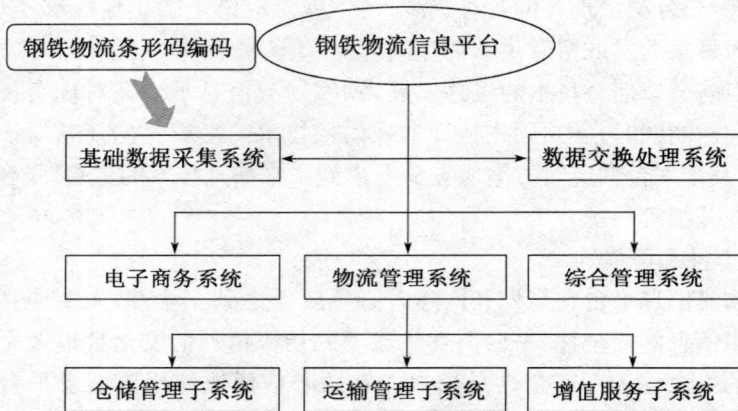

图 6-6　钢铁物流信息平台

(一)基础数据采集系统

现代物流信息的处理更加强调物流信息采集的及时性以及信息加工的准确性,因此需要在钢铁物流行业内建立国家层面的物流基础数据采集标准体系,规范和引导国内钢铁供应链的发展,从源头实现钢铁物流基础数据的一致性,使信息平台能够在行业内得到推广,提高钢铁物流信息化的水平。

钢铁物流信息的标准化是建立钢铁物流信息平台的基础,因为钢铁物流信息类型繁多、来源复杂,钢铁物流活动包括运输、仓储、配送以及流通加工等多个环节,每个环节都会产生种类繁多的物流信息,各种物流信息的处理地点和扩散范围各不相同;而且不仅本系统内部各个环节有各类信息,由于物流系统还要与其他系统如生产系统和销售系统等密切联系,需要不断地与外界进行数据交换,使得钢铁物流信息的采集、统计和分析的难度加大。

因此,建立钢铁物流信息平台需要在信息采集方面实现基础数据采集的标准化,以消除不同企业之间的信息沟通障碍,使钢铁物流信息平台像纽带一样把钢铁供应链上的各个企业以及未来业务的各个环节连接成一个整体。

在数据采集技术中,条形码是一种经济实用的自动识别技术,利用条形码技术可以快捷地采集信息,解决数据采集和处理的"瓶颈"问题,为企业提供一种对钢铁进行快速标识和描述的方法,可以以较低的成本大幅度地提高钢铁物流作业的效率。

目前,条形码技术在国内外的物流管理中应用比较广泛,国内的大型钢厂也开始利用条形码技术进行钢铁的物流管理,但是条形码的编码标准不统一,描述的物流信息只适用于钢铁企业内部或与之相关的物流企业,无法在行业内得到推广。

因此,在钢铁行业中需要建立一套适合钢铁供应链的条形码编码标准,便于钢铁制造企业、钢铁物流企业以及钢铁供应链上的末端用户进行沟通和协调,也便于各个环节数据的采集和处理。

在钢铁物流的实际操作中,可以使用 Code128 码,将钢铁物流过程中所需的信息包含进去。Code128 码于 1981 年推出,是一种长度可变、连续性的字母数字条码,与其他一维条码比较起来,相对较为复杂,支持的字元也相对较多,又有不同的编码方式可供交互运用,因此其应用弹性也较大,可以根据钢铁行业的需要进行定义,能够准确地描述出钢铁物流信息,使采集到的物流信息满足钢铁供应链的需要。

目前,钢铁的分类标准多种多样,不同的钢铁制造企业和物流企业对于钢铁的分类也是千差万别,所以标准难以定义。但是,建立钢铁行业公共的物流信息平台必须将基础数据标准化,根据钢铁物流作业的需要将钢铁重新进行分类,使标准的物流信息能够在钢铁行业内通用。钢铁物流中所涉及的钢材信息主要有钢铁制造企业的名称、钢铁的材质、钢铁的规格(长、宽、厚度、直径等)以及其他相关信息等。

1. 钢铁制造企业

钢铁制造企业信息就是钢铁的生产商,钢铁物流信息平台的数据库中将统计出全国各个大小钢厂的信息,对数据库中钢铁企业名录里的企业依次进行编号。由于目前我国钢铁制造企业比较多,因此钢铁制造企业信息占四个编码,前四位编码表示的是钢铁制造企业的信息即该钢铁的制造商。

2. 钢铁的材质

根据国标上对钢铁材质的定义不同类型、不同规格的钢铁材质各不相同,钢铁的材质是描述钢铁的最重要信息之一。因此,需要将所有钢铁的材质根据国标进行归类,集中到数据库中然后依次编码,使每个编码对应一个材质信息。钢铁的材质信息占四个编码,即钢铁制造企业后四位编码表示的是钢铁的材质信息。

3. 钢铁的品名

钢铁的品名需要进行统一,目前钢铁制造企业和物流企业对于有些钢铁的品名定义不统一,即同一种钢铁可能有几个不同的名称。这是需要政府和钢铁行业的相关协会推进改革的,信息平台则将统一后的名称保存到数据库中并及时更新,然后依次排序,给每个钢铁品名一个编号,钢铁的品名信息占三个编码。

4. 类别

目前,不同的钢铁制造企业对于钢铁的分类不相同,为了标准化体系的建设,必须将不同的分类标准进行统一。因此,可以根据钢铁物流的需要按照入库所需的规格信息分为六大类:平板类、卷板类、管材类、线材类、棒材类和型材类。管材类和型材类的定义与目前钢铁制造商的定义大致相同;平板和卷板虽然都是板材类,但是涉及的规格却不相同,定尺的平板包括长、宽、厚三个参数,而卷板只涉及厚度和宽度,所以在条形码编码的时候将其分开定义;类似的,可以将线材类划分为线材和棒材,因为棒材类比线材类多了长度这个参数。这样,根据物流的需要对钢铁的分类进行重新定义,可以使得条形码表述的信息更加丰富和清晰。

5. 规格信息

根据分类,不同种类的钢铁涉及的规格参数是不同的,不同的分类对应不同的规格参数,每个参数都用三位编码表示。每个类型的钢铁规格参数都是有限制的,所以从上限到下限依次排序,分配一个独立的编号。型材类比较特殊,涉及的规格参数比较复杂,不同的型材类型会有不同的规格,但是每个规格也是一次排序,占三个编码。

6. 规格说明

规格说明主要是相关的一些特殊情况的说明,在钢铁行业有些钢材是定尺的,有些是不定尺的,可能要进一步的加工,有些规格数据在生产时是不精确测量的,没有数据。为了便于提供个性化的服务,例如加工过程中的数据统计,在基础数据中也加入了该信息。

所以,钢铁条形码编码体系主要包含:钢铁制造企业、材质牌号、钢铁类别、钢铁规格、规格说明(具体见表6-4)。

表 6-4　钢铁物流条形码编码体系

钢铁制造企业	4 位编码	钢铁的材质	4 位编码	钢铁的品名	3 位编码
类别	平板类	1	将不同的钢铁根据物流的需要,按照入库所需的规格信息进行分类,暂时分为六大类。		
	卷板类	2			
	管材类	3			
	线材类	4			
	棒材类	5			
	型材类	6			
规格	类别	关键字段			
平板类	平板厚	3 位编码	平板宽	3 位编码	平板长	3 位编码
卷板类	卷板厚	3 位编码	卷板宽	3 位编码		
管材类	管直径	3 位编码	管壁厚	3 位编码	管长	3 位编码
线材类	线直径	3 位编码			
棒材类	棒直径	3 位编码	棒长	3 位编码		
型材类	规格	3 位编码	型材相关参数	3 位编码	型材长	3 位编码
规格说明	定尺(1)/不定尺(0)				

(二) 数据交换处理系统

数据交换是通过钢铁物流信息平台,实现钢铁供应链上下游各企业之间的低成本的数据交换。目前,EDI 是许多企业广泛采用的数据处理技术,但是由于 EDI 技术的结构复杂且成本较高,已经开始逐渐被 XML(Extensible Markup Language,扩展性标识语言)所替代。与 EDI 技术相比,XML 主要有以下三大优点[①]:

(1) XML 可以实现更有意义的搜索,数据可被 XML 唯一地标识。XML 可以很容易地以标准的方式进行检索,且不需要知道每个数据库是如何构建的。

(2) XML 是一款开发灵活的 Web 应用软件,数据一旦建立,XML 可以被发送到其他的应用软件、对象或者中间层服务器作进一步地处理。

(3) XML 可以实现不同来源的数据集成。XML 能够非常容易地使来源不同的结构化数据结合在一起,方便软件代理商在中间层的服务器上对从后端数据库

① 王孝坤. 物流公共信息平台需求分析及其系统定位研究[J]. 交通与计算机,2007(2).

和其他来源的数据进行集成。这样,不同来源的数据就可以被发送到客户或其他服务器作进一步的集中处理和传递。

数据交换处理系统的功能主要包括如图6-7所示:

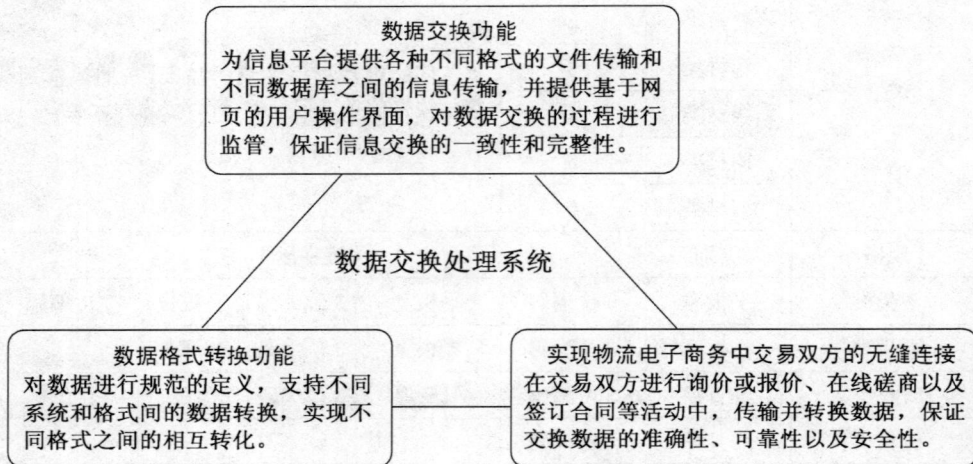

数据交换功能
为信息平台提供各种不同格式的文件传输和不同数据库之间的信息传输,并提供基于网页的用户操作界面,对数据交换的过程进行监管,保证信息交换的一致性和完整性。

数据交换处理系统

数据格式转换功能
对数据进行规范的定义,支持不同系统和格式间的数据转换,实现不同格式之间的相互转化。

实现物流电子商务中交易双方的无缝连接在交易双方进行询价或报价、在线磋商以及签订合同等活动中,传输并转换数据,保证交换数据的准确性、可靠性以及安全性。

图6-7 数据交换处理系统的功能

(三)物流管理系统

物流管理系统是钢铁物流信息平台的核心系统,主要是为钢铁供应链上的各类企业提供物流服务,实现钢铁供应链上仓储、运输、加工配送资源的有效整合,提高钢铁物流的效率,降低物流成本,对钢铁供应链的各个环节进行实时监控,实现产品从出厂到客户接收的全过程控制和信息透明与共享。

通过物流管理系统,钢铁物流企业能够为钢铁供应链上下游企业提供创造性的物流服务,供应链上的其他企业也能够运用信息平台提供的物流信息作出高效的决策,从而实现上游钢厂、钢铁物流企业和下游客户的无障碍交流与协作,降低钢铁供应链的成本,提高钢铁供应链的效率,从而实现钢铁供应链上下游企业的共赢。

物流管理系统主要包括仓储管理子系统、运输管理子系统和增值服务子系统。

1. 仓储管理子系统

钢铁的类型很多,主要有板材、型材、线材、钢卷等,规格也是千差万别,根据这些规格特点,他们的储存方式也是有所不同的。例如,板材和型材不容易受外界环境的影响,可以堆放在仓库外的库场上;而有些钢铁产品必须小心地保存在仓库内部,以防外界环境对其质量产生影响。所以,在仓储管理的时候,必须根据钢铁的保管要求,选择合理的仓储方式,可以堆放在露天库场的就不要存入仓库,既可以降低仓储成本又节约了仓储空间,不可以露天放置的必须储存在仓库内,对存储空间做出合理的布局。

钢材的仓储作业过程主要包括入库预报、钢材的验收入库、仓储作业、拣货、出库预报和出库作业等业务流程。物流信息平台采集信息的主要技术为条形码技术,对出入库、移库和库存管理等信息,通过条码扫描实施现场实时录入,这些信息一方面用于物流企业的内部操作,另一方面便于与其他企业分享信息,用于钢铁制造或交易的管理。仓储管理主要包括以下功能:

1) 钢铁的入库管理

入库管理主要包括信息预报、信息核对、入库作业。

首先,钢铁制造企业在货物发送以前将 ASN(Advanced Shipping Notice)预先发货清单和估计的到货时间,通过钢铁物流信息平台发送给物流企业,物流企业能够在信息平台上收到钢铁制造企业发送的 ASN,并根据要求提前安排好人员和机械设备,做好钢铁的入库准备。

然后,当货物到达物流企业以后,库场操作人员用手持终端(PDA)扫描贴在钢铁上的条形码,获得入库钢铁的相关信息,并通过无线网络将入库的钢铁信息传送到数据库中。

最后,如果扫描信息与入库通知单上的信息相符,就安排仓储作业,完成钢铁的入库操作(如图 6-8);如果有些钢铁上的条码磨损了或是 PDA 读不出条码,可以根据 ASN 和库通知单与钢铁核对后重新给钢铁贴上条码,然后再用 PDA 扫描

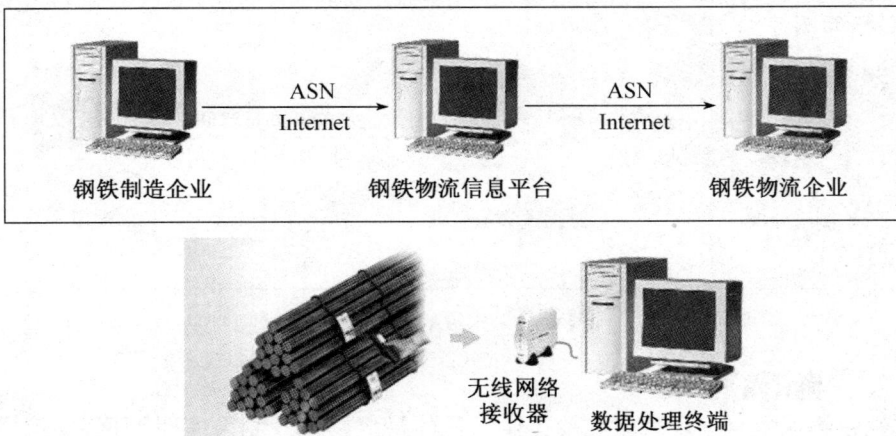

图 6-8　钢铁的入库管理

条码,将数据传到数据库中,完成钢铁的入库操作。

2) 库存管理

利用钢铁物流信息平台,可以使钢铁制造企业和钢铁供应链末端的用钢企业实时地掌控库存信息。每次出入库作业后,数据库的信息将会在信息平台上同步更新,信息平台会将钢铁的库存信息及时地反馈给钢铁制造企业和钢铁供应链的末端用户,让他们及时了解库存钢铁的仓储类信息,如准确的入库时间、货位信息、库场信息、钢铁的规格和数量等。

物流企业将相关的信息汇总到数据库中,钢铁制造企业还可以通过分析这些汇总信息合理地安排生产计划,有效地控制库存,加快库存周转,既减少了生产企业库存的资金占用,又保证了钢铁物流企业库存能够进行高效流转和仓位的有效利用。

3) 钢铁的出库管理

出库管理主要包括信息预报、信息核对、出库作业。

首先,钢铁制造企业在发货前通过钢铁物流信息平台将 ASN 和预计的发货时间传送到信息平台上并通知钢铁物流企业;钢铁物流企业接到系统的通知后,就可以登陆信息平台了解预报信息,并立即根据 ASN 提前安排好钢铁出库的作业人员和机械设备,做好钢铁的出库准备工作。

发货前,操作人员只需要核对提货单,在钢铁出库时用 PDA 扫描钢铁上条形码,当扫描的信息与提货单上的信息完全一致时,就可以进行发货作业了。发货后,物流企业将发货通知和到货时间发到信息平台上,通知末端用户做好钢材的入库准备(如图 6-9)。

图 6-9　钢铁的出库管理

2. 运输管理子系统

钢铁物流信息平台可以实现运输工具的最优路线规划及实时调度、物流资源的优化配置、在途钢材的实时监控,并且使相关企业能够在信息平台上查到收发货的地点、收发货的时间、钢铁的规格和数量、钢铁的在途状况等有关钢铁运输的信息,使运输信息更加透明,便于物流企业同客户进行沟通,从而在保证客户满意度的物流水平下降低钢材的运输成本。运输管理子系统的主要功能如图 6－10。

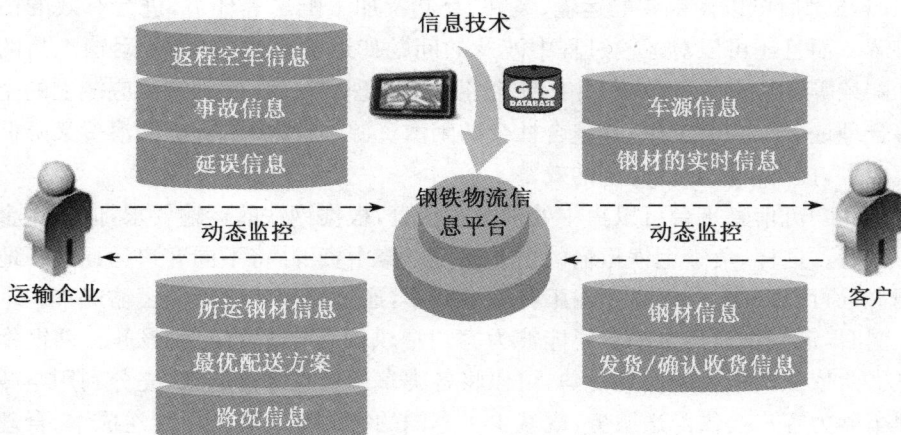

图 6－10　运输管理子系统

1)利用信息技术,实现运输工具的动态监控

钢铁物流信息平台支持 GPS 和 GIS 技术,可以负责运输工具的调度和监控任务,实时地为钢材运输提供详尽的空间信息和可视化的操作环境,对在途运输工具实时监控跟踪,以便进行合理高效的车辆调度和管理。

将钢材上的条形码与运输工具上的 GPS 绑定,就可以将在途钢铁的状态和位置数据通过扫描后存放在物流信息平台的数据库中。然后,通过 GPS 和计算机网络可以收集实时的运输工具及所运钢铁的动态信息,实现对运输工具的追踪管理和远程监控,合理地进行运输工具的调度管理,提高钢铁物流的运输效率。

同时,把 GPS 获取的数据信息导入到 GIS 中,就可以确定钢铁所处的位置信息,包括坐标信息、速度和方向、运输时间等;图像可以根据需要放大或缩小以及精确定位;可以将其设定为随着目标移动,使需要重点监控的目标运输工具始终保持在监控屏幕上;还可实现多窗口、多运输工具、多屏幕同时跟踪,接收控制中心发送的位置数据,发送控制调度信息;监控目标查询、地图和报表的打印输出等功能。

钢铁物流信息平台的用户可通过信息平台获得钢铁的实时信息,随时了解在途钢铁的动态信息,掌握其确切位置,较准确地预测出货物到达的时间;如果货物在途中发生意外情况,也可以根据当时的实际情况做出及时合理的安排,从而提高物流服务的水平。

2）利用信息优势，制定最合适的配送方案

钢铁物流信息平台可以充分利用物流信息技术的优势合理安排运输，例如采用 GIS 技术后可以使钢铁的运输、装卸、仓储及加工配送等环节，进行有效的衔接和协调。而且还可以对运输过程中涉及的问题如运输路线的规划、运输工具的调度和配载等进行有效的分析，并指导企业做出合理的决策，使钢铁供应链上的企业能够合理地分配物流资源，并整合社会的闲散资源，既减少了资源的浪费又降低了物流成本，提高了钢铁供应链的效率。

钢铁物流信息平台可以集中处理配送信息，根据钢铁的运输要求，向运输企业发布信息。这样，负责钢铁运输的企业就可以集中资源，将不同客户运往同一地点的钢材进行统一配送，提高运输工具的满载率，通过规模效应降低运输成本。

同时，钢铁物流信息平台还能够为客户提供回程空车的配载服务。钢铁物流信息平台依托其强大的信息优势，可以将各类车源信息综合起来，充分利用空载的回程车辆为客户提供配送服务，既减少了车辆的空载率又降低了配送成本，合理配置钢铁物流企业的资源，提高资源的利用率，既创造了经济效益又创造了社会效益。

3）利用信息技术，分析钢铁运输中的事故原因

钢铁运输的运量大、运距长，因此在运输作业过程中不可避免地会发生一些事故，如到达时间推迟、钢铁数量与实际不符等。运用 GIS 技术可以把过去发生过的配送事故统计与位置信息相结合，在地图上标注出来，以便查找和归纳事故的原因，更方便对配送事故原因进行辅助分析，是物流企业风险管理的重要一环。对事故数据的深度挖掘，可以查明多发事故的原因，找出钢铁运输过程中的瓶颈，从而改善薄弱环节，对货主企业负责，并减少钢铁物流企业的经营损失，实现钢铁供应链的无缝连接，提高钢铁物流的运输效率。

随着 GIS/GPS 等信息技术在钢铁行业内的应用和发展，将彻底改变钢铁行业传统的物流管理模式，提高钢铁供应链的效率，使企业能够对钢铁物流活动进行远程操控，实现了钢铁供应链管理的可视化和高效化，为钢铁行业信息化的快速发展奠定了基础，在钢铁物流中的运用也将越来越成熟。

3. 增值服务子系统

现代物流的发展强调的是一体化的综合物流服务，物流增值服务越来越多，物流企业不但能够根据客户的需要提供专业化的物流服务，还能为客户提供个性化和创造性的服务，不断地进行物流服务的创新。

1）流通加工服务

钢铁物流企业可以利用自身的专业优势为多个钢铁制造企业提供流通加工服务，将多个企业的钢铁加工业务集中在一起，并整合加工能力，为最终用户提供简单加工和深度加工。这样，既可以提供专业化的物流服务，又可以充分发挥规模效益，从而降低钢铁物流成本，提高钢铁供应链的效率。

在加工前通过扫描钢铁上的条形码，可以准确地了解钢材信息，并根据该钢材的加工要求进行加工，减少加工的错误率。加工完成后重新贴上新的条形码，获得钢材加工后的准确信息。这样就可以对不同企业不同类别的钢铁进行细致地把握，在提高效率的同时，对信息进行深度挖掘以提供物流增值服务。每个钢铁加工后，重新生成新的条形码，更新钢材的加工信息，方便统计出与该类钢铁加工有关的信息，为以后提高钢铁的加工服务提供数据支持，如图 6-11 所示。

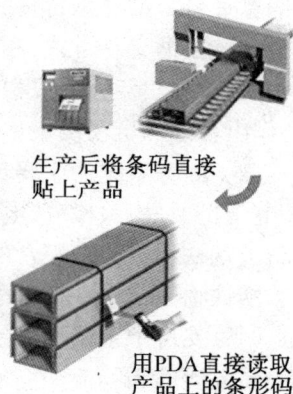

生产后将条码直接贴上产品

用PDA直接读取产品上的条形码

图 6-11　流通加工服务

2）可靠的质押融资服务

通过信息平台同银行、担保机构等第三方金融服务机构相对接，以信息平台为核心，整合物流系统，可以为用户提供可靠的质押融资和担保融资业务。仓储管理子系统与电子商务的质押融资交易系统相结合，钢材的买卖双方完成网上的电子交易后，将钢材存放在协议监管的仓库内，买卖双方可以通过仓储管理子系统提供的信息准确地了解质押钢铁的相关信息，并可以利用仓储系统实现实时监管功能，为用户提供可靠的质押授信监管服务。

3）钢铁的问题追溯服务

钢铁上的条形码信息与 GPS/GIS 相结合，既可以实现钢铁的实时追踪和追溯，又可以随时掌握钢铁的动态信息，也可以使用户及时追溯到问题钢铁的源头。钢铁的使用企业一旦发现所用的钢铁有质量问题，可以根据钢铁上贴的条形码找到问题的出处，尤其是大型工程所使用的钢铁发现质量问题时，马上可以通过钢铁上的条码，沿着供应链逐级调查，找出问题产生的原因，为追究责任和保证产品质量提供了依据。

（四）电子商务系统

电子商务系统为客户提供基于 Internet 方式的网上交易、货物状态查询等全面的服务。该系统可以实现在线交易，开展网上报价和在线磋商等。电子商务系统是钢铁物流信息平台最终实现"商流、物流、资金流、信息流"紧密结合的重要保障和手段。

目前,钢材电子交易方式主要有现货挂牌交易、质押融资交易及网络竞价交易。卖方商务会员可以在信息平台上查询实时钢材的存货信息(存放地点、库存数量、钢材的详细规格等)和质押量,根据准确库存信息挂牌交易,买方商务会员可以在信息平台上搜寻钢材资源,与卖方在线进行磋商。买卖双方在线完成交易后,信息平台将根据交易方式,利用物流系统发货或进行质押管理,并及时将信息反馈给买卖双方,买卖双方可以根据各自的权限查询所需的信息,然后根据钢铁市场的情况,作出合理的贸易决策。

电子商务系统的主要功能有钢铁交易、网上物流服务、在线金融服务、电子税务、电子报税、检验检疫、电子报关以及申请许可证等,保证了网上交易的高效性,提高了钢铁物流信息平台的综合效率。

钢铁物流信息平台电子商务系统还包括了网络支付子系统和结算管理子系统。网络支付子系统为钢铁供应链上下游的企业提供了一个公共的支付平台,将电子商务活动和物流功能的结算管理整合在一起,实现了基于 Internet 的支付、资金清算和查询统计等功能。钢铁物流信息平台采用的是会员制的模式,因此交易双方只要是信息平台的用户就可以利用先进的支付系统,实现快速结算,并且有效地监管钢铁的网上交易行为,实现资金流和物流的统一。

结算管理子系统能够支持企业的在线结算,包括多种模式的电子商务费用和各项物流费用(仓储费用、运输费用及流通加工费用等),根据规范的合同文本、货币标准、收费标准自动产生结算凭证,为钢铁供应链上的企业(钢铁制造企业、钢铁物流企业及供应链上的末端用户)提供便捷可靠的结算方案[①]。

(五)综合管理系统

综合管理系统主要包括信息平台运营子系统和会员管理子系统,是钢铁物流信息平台顺利运行的重要保证。

1. 运营管理子系统

运营管理子系统主要是保证平台的正常运行和数据的安全性,它主要包括平台的运行安全管理、数据管理和行政管理等功能。

① 信息平台的运行安全管理主要是指通过数据加密技术和数字签名技术来保证数据传输的安全。

---

① 沈智梅.基于电子商务的钢铁流通模式研究[D]:[硕士论文].北京:北京工商大学,2006.

② 数据管理功能是指通过数据备份、数据恢复和导出历史数据等手段对系统应用中产生的各类数据进行妥善的处理和保存。

③ 行政管理功能主要是降低信息平台的办公成本并提高办公的效率,通过对信息平台会员的管理、合同的管理、日常事务的管理以及其他信息平台的行政管理,为钢铁物流信息平台的行政管理提供综合、专业和高效的办公环境。

2. 会员管理子系统

会员管理子系统主要是提供会员的注册服务,对不同类型的用户进行资质评估,确保信息平台上所有的会员都是真实可靠有信誉的。该子系统可以为注册会员提供个性化的服务,根据不同的会员需求提供和发布相关的信息,包括会员的信息发布、交易信息、钢材出入库的预报信息、钢材的状态信息、实施监控信息、库存信息等。信息平台还可以根据会员需要,为注册会员提供广告服务,便于企业的推广和发展。

钢铁物流信息平台作为行业内的公共信息平台,可以采用会员制的管理方式进行运作。根据钢铁供应链上的不同企业,可以将会员划分为商务会员和物流会员,信息平台将根据不同用户对信息的需求,向不同类型的会员提供不同的信息服务。商务会员主要是物流服务需求企业,如钢铁制造企业和钢铁供应链上的末端用户;物流会员主要是物流服务提供的企业,如钢铁物流企业包括仓储类的、运输类的、流通加工类的以及第三方物流公司等。

三、钢铁信息平台的运行安全

由于钢铁的交易复杂,涉及的环节较多,而且钢铁交易涉及的资金量比较大,因此网络支付体系的安全性和信息平台的可靠性非常的重要。公共物流信息平台安全问题的关键是防止信息平台受到攻击和保证信息平台的信息不被窃取等方面,并且信息平台应该尽量避免和降低系统和数据库被攻击的可能性,即使在被攻击之后也能快速及时地恢复①。因此,信息平台需要提供可靠的技术手段提高系统和数据库的预防和监测能力,同时需要做好数据的备份工作。

信息平台的安全技术大体可分为两个基本方面:

1. 环境安全

环境安全指的是计算机系统以及相关数据的安全性。环境安全的目标是为计算机系统、数据以及网络交易等活动提供安全的保护措施,保证网上交易的稳定

---

① 赵英姝.黑龙江省共用物流信息平台规划[D],[硕士论文].哈尔滨:哈尔滨理工大学,2007.

性、可靠性和安全性。

2. 访问安全和交易过程安全

访问安全和交易过程安全的目标是实现系统的保密性,交易的可鉴别性、不可伪造性和不可抵赖性。

本章站在钢铁供应链的角度上,围绕钢铁物流信息化建设,对国内钢铁物流行业的现状和发展趋势进行了全面的调查和研究,介绍了钢铁物流信息化的发展、钢铁物流信息技术以及钢铁物流信息平台的建设。

本章结合钢铁行业自身的特点,围绕钢铁物流信息平台的建设,站在钢铁供应链的角度上,分析了钢铁行业物流发展过程中存在的问题。然后,在搜集了大量的资料和数据的基础上,分析了钢铁物流信息平台的信息需求和功能。最后,针对钢铁物流信息化的发展,提出了钢铁物流基础信息采集的标准化,在条形码编码体系的基础上,结合信息平台的设计原则,提出了钢铁物流信息平台的总体设计方案。

公共钢铁物流信息平台能够满足整个钢铁供应链上的信息需求,实现对钢铁制造企业、钢铁物流企业及末端用户的物流信息的有效控制,有效地利用信息技术,整合社会资源,提高我国钢铁物流的水平。希望章节的探索研究能对钢铁物流信息化的发展起到一定的积极作用,为钢铁物流信息平台的建设提供理论指导和借鉴。

第七章 钢铁物流行业的人力资源管理

第一节 人力资源管理的相关内容

一、人力资源管理的概念

一个企业或组织为了从事经营活动或实现组织目标,必须拥有人力、物力、财力和信息等要素。而人力资源在其中扮演着越来越重要的角色,成为企业核心竞争力的一部分,为企业创造价值,是稀缺的、不可模仿和不可替代的资源,既包括有特殊才能的专业人才,也包括普通劳动者;既包括脑力劳动者,也包括体力劳动者。在日益激烈的竞争中,谁拥有高素质的人力资源,谁就能占有竞争的主动权。人力资源管理(Human Resource Management,HRM)是指为了实现既定目标,采取计划、组织、指挥、监督、激励、协调、控制等措施和手段,充分开发和利用企业中的人力资源而进行的一系列活动的总称[①]。主要包括:人力资源的预测与规划,工作分析与设计,人员的甄选录用、合理配置和使用,对人员的培训与开发、工作绩效评价与薪酬管理以及培养雇员的献身精神等。

二、人力资源管理的发展历程

"人力资源"一词是由当代著名的管理学家彼得·德鲁克(Peter Druck)于1954年在《管理的实践》一书中提出的。德鲁克认为,人力资源拥有当前其他资源所没有的素质,即:"协调能力、融合能力、判断力和想象力"。自此,人事管理开始向人力资源管理转变。为了更好地认识和理解人力资源管理,有必要回顾一下人力资源管理的发展历程。

---

① 张红波. 邹安全. 物流企业人力资源管理. 中国物资出版社,2006:3.

（一）人事管理阶段

1. 泰勒的科学管理理论

19 世纪末 20 世纪初出现的欧洲工业革命,使得家庭作坊式的生产被大机器生产方式所取代,劳动专业化水平和劳动生产率的提高,对生产过程的管理尤其是员工的管理提出了更高的要求,人事管理作为一种管理活动正式进入企业的管理活动范畴。这一时期最具代表性的是被誉为"科学管理之父"的泰勒提出的科学管理理论,在美国被广泛采用。泰勒认为,一切管理都应当尽可能用科学的方法加以研究和解决,主张实行各方面的标准化,不凭经验办事。

科学管理理论首次提出了科学的工作分析方法并以金钱为主要的激励方式,对人事管理产生了重要的影响,是现代人事管理理论和实践上的一次革命。但科学管理理论将人看成是机器的附属品,是提高劳动生产效率的工具,没有看到人的主观能动性和社会心理因素对于生产的作用,使员工对工作产生了不满,从而影响了激励效果。

2. 霍桑实验与人际关系理论

科学管理理论将人视为技术因素,使员工对企业缺乏忠诚,工作缺乏主动性和积极性。20 世纪 30 年代,哈佛商学院的梅奥等人通过对芝加哥西部电器公司所属的霍桑工厂员工进行观察,发现员工的感情、情绪和态度受工作环境的强烈影响,包括群体环境、领导风格和管理者的支持等,这些情感对员工的生产力产生了重要的影响。霍桑实验的研究结果使人事管理从科学管理转向了对人际关系的研究,工业社会学、人际关系学、工业关系学和行为科学等新兴学科随之应运而生。

人际关系管理方法的运用,缓和了员工与管理人员之间的紧张关系,改善了员工的工作环境,但在实践中对于提高员工产出和增加员工满意度方面效果甚微,毕竟愉悦的心情并不一定能保证高水平的产出。

3. 组织行为学理论

人际关系理论的建立基于对员工的行为进行简单分析,认为组织中员工的行为方式即是人际关系,强调组织要满足员工的需要。而对行为科学的进一步研究发现,员工的行为是多种多样、复杂多变的,并不是人际关系理论的简单化。组织行为学理论有一个著名的公式:绩效＝F(能力×激励),组织为了达到理想的绩效必须建立健全组织的激励和约束机制。20 世纪 50 年代出现了具有代表性的 3 种激励理论,分别是马斯洛的需要层次理论、麦克里格的 X 理论和 Y 理论认及赫兹伯格的双因素理论,这三种理论都在不同程度上影响了人事管理的发展。

虽然这些激励理论并没有实证上的支持,但对于行为科学理论的进一步发展以及人力资源管理的形成都有着重要的影响,并广泛应用于现代人力资源管理理论和实践当中。

(二) 人力资源管理阶段

1. 人力资源管理的形成

1954 年,德鲁克提出了"人力资源"一词,并指出了人事管理中的 3 个基本错误观念:认为员工不想工作的假设;忽视对员工及其工作的管理,把人事管理作为专业人员的工作而不是经理的工作;把人事管理活动看成是"救火队的工作",是"消除麻烦的工作",而不是积极的和建设性的活动。随后,怀特·巴克在 1958 年发表了《人力资源功能》,认为人力资源与会计、生产、金融、营销等对组织的成功一样至关重要,缺一不可,必须对它们进行全面的管理。德鲁克和巴克的理论使得人事管理理论发展到了一个新的阶段——人力资源管理。

2. 人力资源管理的发展:战略人力资源管理理论

20 世纪 60 年代以来,人力资源管理逐渐被学者和管理人员所注意和重视。随着竞争的日益加剧,战略管理理论的发展从关注企业绩效的环境决定因素转为强调企业内部资源、战略与企业绩效的关系,传统的竞争优势来源(如技术)已不再是稀缺的、不可替代和不可模仿的,企业必须寻找新的竞争优势来源,而人力资源的价值创造过程具有路径依赖和因果关系模糊的特征,其细微之处竞争对手难以模仿。这一研究不仅提升了人力资源在企业中的地位,而且直接导致了战略人力资源管理的兴起。

战略人力资源管理,顾名思义是从组织战略的高度来探讨人力资源与组织的关系,将人力资源管理的各项活动与组织竞争战略相结合,提升企业人力资源管理的地位,协助组织获取竞争优势,达成组织目标。战略人力资源管理是 20 世纪 90 年代人力资源管理理论最重要的发展。

第二节 钢铁物流行业人力资源管理的概述

一、钢铁物流行业人力资源构成

钢铁物流企业涉及的工作繁杂,包括了库存、运输、配送、包装、流通加工、信息处理、报关、结算及货运代理等,其所需的人才以复合型为主,除了通晓相关的物流知识,还需要了解钢铁的相关知识,如钢铁的品种、钢铁的剪切加工、钢铁的规格标准等。与一般企业类似,钢铁物流企业的人力资源也由基层员工、中高层管理者构成,但不同的是,钢铁物流企业的工作特性决定了其是以基础操作型员工为主,中高层管理者作为一个核心管理团队的形式存在。如何处理好管理者与基层员工的关系是钢铁物流企业人力资源管理的重要内容,作为第三方服务型物流企业,基层员工操作的熟练度和态度决定了企业物流运作的效益和效率。对于目前而言,钢铁物流企业的人力资源管理构架主要可以划分为三个层次:

(1)企业的高层管理团队,主要包括董事长、总经理以及总监(安全与技术总监、行政总监、营运总监、财务总监等),而这个层面的人员数较少,大约只占企业总人数的10%;

(2)企业的中层管理团队,主要包括各部门经理(安全与发展部、综合管理部、财务部、营运部、市场营销部等),这个层面的员工占企业总人数的30%左右;

(3)企业的基层业务员工,主要包括后勤员、机械设备操作员、人事专员、市场开发员、定单处理员、仓库管理员、理货员、IT技术员、会计出纳、行政管理员等。这个层面的员工数量在钢铁物流企业人力资源结构中占绝大部分,超过了50%。

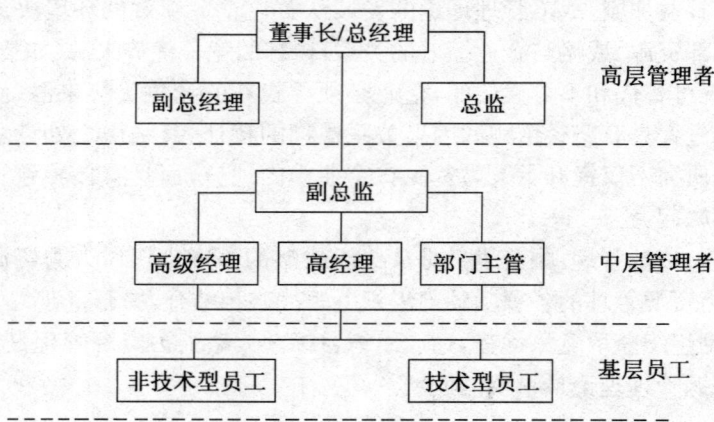

图 7-1　钢铁物流企业人力资源构成

二、钢铁物流行业人力资源的特性

对于钢铁物流企业而言,竞争优势不仅包括技术性的竞争优势,还包括非技术性的竞争优势,即管理运营模式。由于技术性的东西是可以被模仿和超越的,并不能必然成为企业的核心竞争力。而人力资源作为决定企业运营所有因素中唯一能动的因素,对于企业,包括钢铁物流企业而言,人力资源管理实践能够成为企业核心竞争力的来源。相对于传统的企业而言,钢铁物流企业的人力资源有其独特的特点：

（1）人力资源构成复杂。不仅包括一般企业都拥有的财务人员、人力资源管理人员、市场营销人员、信息管理人员、后勤人员等，还包括负责钢铁物流运作所需的大型机械操作与安全管理人员、库场管理人员以及调度、理货员等。

（2）对中高层管理人员的知识结构要求高。不仅要熟悉钢铁物流知识，还需了解运输仓储、市场营销、信息技术、财务管理以及企业管理知识。

（3）对于占员工大多数的现场操作人员而言，需要及时卸下通过各种运输手段运至港口的钢铁业所需的原材料以及半成品或成品，而且往往是现场作业，这使得钢铁物流企业的员工作业环境比较差。因此，钢铁物流企业员工一般情况下作业时间长、作业面广、作业环境差，工作比较辛苦。

（4）对人员需求的绝对量较大。钢铁物流企业属于劳动密集型企业，存在大量的现场操作工种，对人员的需求量比较大，而钢铁物流企业的人员流失问题也比较严重，供给往往不能满足大量的需求，使得钢铁物流企业在员工引入与管理上所耗费的成本占了企业营运成本的很大部分，甚至达到了50％以上。

三、钢铁物流行业人力资源管理的内涵

钢铁物流企业的人力资源管理，顾名思义是指对钢铁物流企业的人力资源进行有效开发和合理利用的一系列工作的综合。具体工作包括：

1. 工作分析

工作分析是人力资源管理的一项基础性和前提性工作，企业在进行其他人力资源管理活动前，必须进行工作分析，即岗位分析。它是对钢铁物流企业每一个岗位的任务、职责、责任和完成岗位工作所需的知识和技能的分析，具体是从6个方面搜集详细信息的：工作内容（What）、责任者（Who）、工作岗位（Where）、工作时间（When）、怎样操作（How）以及为何要做（Why）。根据工作分析所获得的资料，编制工作说明书和工作规范。

2. 人力资源规划

人力资源规划又称人力资源计划，是指为实现既定目标，钢铁物流企业根据组织内外环境变化，运用科学的方法，预测企业人力资源的供给和需求，并制定一系列的计划，如职务编制、人员配置计划、人员需求与供给计划、员工培训开发计划及投资预算等，使企业人力资源供给和需求对等，从而实现人力资源的合理配置。

3. 员工招聘

对于人才匮乏和流失率高的钢铁物流企业来说，招聘新员工是一项非常重要

的工作,能否拥有富有竞争力的人力资源往往是企业兴衰存亡的关键。招聘是钢铁物流企业根据空缺职位的要求,通过一系列渠道(招聘会、就业代理机构、申请人自荐等)发布招聘信息,经过各种程序和评价方法选拔出符合组织需要的具备一定能力和素质的人员。

4. 员工培训与开发

员工培训与开发是指企业为了使员工能够担负起目前和未来的工作,有计划、多层次、多渠道地对员工进行教育和训练的过程。它是钢铁物流企业人力资源管理活动的重要组成部分,对于员工来说,是自我增值和提高的过程;对于企业来说,是投资和回报的过程。员工培训着眼于帮助员工完成目前的工作,而员工开发是一种面向未来的人力资本活动,其目的是想通过培训,提高员工的知识技能水平,进而提高组织的绩效。

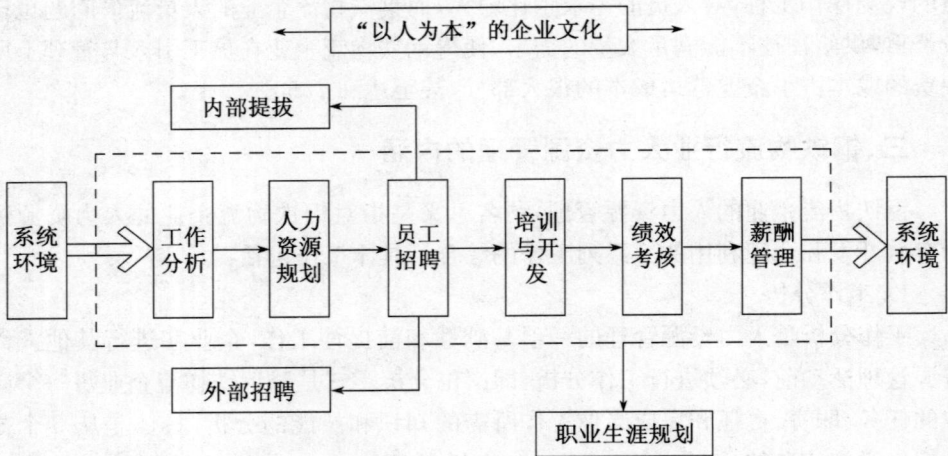

图 7-2　人力资源管理流程

5. 绩效考核与管理

绩效考核与管理是指钢铁物流企业根据事先设定的工作目标,对员工的工作业绩、工作效果进行全面系统的评价,使员工和管理者能够及时了解自己的工作绩效,充分调动员工和管理者的工作积极性和主动性,总结自身优点和不足,改善员工和组织的工作行为,为员工的奖惩、晋升与降职以及岗位的调整提供依据。

6. 薪酬管理

薪酬不仅是对员工所付出劳动的补偿,更是一种组织可以利用的激励手段,健全的薪酬制度已成为企业吸引、激励和留住人才的有力工具。对于钢铁物流企业而言,薪酬一般包括基本工资、绩效工资以及各种津贴与福利,钢铁物流企业的薪酬管理即是对员工所作出贡献的报酬管理。

7. 职业生涯规划

职业生涯规划是钢铁物流企业根据企业发展战略和不同岗位设定的需要,对员工未来职业发展方向的一个整体规划。职业生涯规划由自我评估、环境分析、确立目标、生涯策略以及生涯评估五个阶段组成,通过"我想往哪一路线发展? 我适合往哪一路线发展? 我可以往哪一路线发展?"的分析,确定员工的职业发展路径。

四、钢铁物流行业人力资源管理的特点

与一般的传统企业相比,钢铁物流企业的人力资源有其自身的特点,这在上文已经有详细的阐述,而基于这些特点,对钢铁物流企业的人力资源进行管理也有其明显的特殊性:

(1) 员工工作分散,人力资源管理难度大。对于一般的制造业,其岗位趋于集中,员工考勤、绩效考核、工作量统计等工作易于开展,而钢铁物流企业员工的工作地点随着物资的流动不停地变换,工作范围相对较大,导致对员工工作量统计的难度加大,影响对其绩效考核。

(2) 员工素质参差不齐,难以制定统一的绩效考核标准。钢铁物流企业员工大部分工作涉及现场的操作,而员工的整体素质不高,对绩效考核往往没有一个概念,钢铁物流企业往往从明确罚款的角度来对员工行为进行约束和考核,这只是治标不治本的方法,肯定不能满足企业长远发展的需要。

(3) 员工流动率偏高。钢铁物流企业员工作业时间长、作业环境差、工作薪酬低、工作压力大等,导致人员流动率一直偏高,基层的操作人员流动率尤高。这就加大了企业的招聘频率,也增加了企业的招聘成本。

(4) 高级物流专业人才的匮乏加大了企业招聘的难度。整个物流行业对专业人才的需求度很高,而人才的供给出现了缺口,各企业不惜成本抢夺人才,使企业招聘高级专业人才和技术类人才的难度增大。

五、钢铁物流行业人力资源管理存在的主要问题

在钢铁物流企业,工作不仅包括搬运、理货等简单操作,也包括制定物料规划方案以及进行物流软件开发等复杂脑力劳动,人才结构呈现多层次性,但不管是中高层次的专业管理人才,还是处于低层次的一线操作工人或司机,对于钢铁物流企业的运营和发展而言都具有其特有的意义,人力资源的独特性也决定了人力资源

管理工作的难度性高。随着中国的入世,物流市场对外国资本全面开放,物流人才变得更加炙手可热,不仅中国的物流企业需要大量的物流专业人才,外商也加入了这场人才争夺大战。在外部人才稀缺的情况下,企业应该将目光转向现有的员工,重视人力资源管理工作,但目前我国钢铁物流企业的人力资源管理现状却不容乐观,思想观念、管理水平远远落后于企业的发展速度是造成人力资源管理落后的一大原因。目前我国钢铁物流企业人力资源管理方面普遍存在的问题主要有:

1. 人力资源管理缺乏规范化、制度化的体系

拥有制度化、标准化的人力资源管理管理体系是钢铁物流企业开展其他工作的前提,如果没有一个包括招聘流程、培训与开发制度、绩效考核体系、薪酬管理制度与员工的职业生涯规划的规范化制度体系,就不能保证企业工作的正常进行和形成一个公平竞争的良好工作氛围。当前,由于我国钢铁物流企业发展水平所限,更多关注的是提高企业的物流量,而对人力资源管理工作并未引起重视,未充分认识到人力资源管理是企业现代化管理的核心工作之一,对人力资源的理解普遍停留在人事管理的阶段,人力资源管理工作缺乏制度化和规范化。近年来钢铁物流企业发展很快,人力资源管理的落后显然已经不能适应于企业的发展,应该根据企业的发展战略制定人力资源管理战略,使之制度化、规范化,有章可循。

2. 人才流动性大

钢铁物流企业涉及很多大型机械如龙门吊的操作,工作效率在很大程度上取决于司机的操作熟练度。钢材种类繁多(大类包括了型材、板材、管材等),要求员工在理货以及对钢材进行加工处理时需要掌握这些钢材的种类和相关知识。而对于整个物流行业来说,物流工人的待遇水平一直偏低,对于一些技术操作型人才,企业往往是花了很大气力进行培训,合格上岗后却由于待遇问题造成流失严重。钢铁物流企业对技术操作型人才的需求度大,但现实状况却是有时即使勉强招进了人,待遇也成为一个难过的坎,加上钢铁物流企业大部分是现场作业,作业时间长、环境差,都导致钢铁物流企业人才流失问题比较严重。

3. 员工整体素质偏低,缺乏培训

现阶段我国从事钢铁物流的人员大部分属于基础性、事务型的工人,年龄偏小,往往是刚从大中专院校毕业的学生,其本身可能并不是物流专业的,或者对物流的定义和发展历程根本不了解,普遍缺乏物流专业理论知识,整体素质偏低。改进的方式是企业通过集中的培训进行弥补,但由于钢铁物流企业的人员流动性比较大,企业往往不愿意花费时间和金钱去进行培训,钢铁物流企业尤其是中小型钢铁物流企业往往过于追求短期效益的迅速增长,认为人才培养的成本要远高于直

接招聘的成本,怕花钱培训后员工有了本事就另觅高枝,使培训成了"为他人作嫁衣裳"。另外,由于钢铁物流企业员工素质参差不齐,跨度比较大,对于一线操作工人,其劳动强度大,作业时间久,一天的高强度工作就使其疲惫不堪,根本没有时间、精力和兴趣参与培训。

4. 缺乏有效的激励机制

由于钢铁物流企业员工的工作内容和工作方式不同于一般的传统制造业,员工处于比较分散的工作岗位上,对于员工服务质量的考核、工作量的统计以及薪酬分配的难度都远大于那些员工处于集中管理的企业,因此钢铁物流企业往往难以制定一个合适的绩效考核制度,来有效地激励员工。低水平的工资,激励机制的缺乏,使得钢铁物流企业人才流失现象更加雪上加霜。

5. 晋升缺乏科学依据

我国一些钢铁物流企业在发展过程中是靠"一把手"打拼而来的,在企业中权威性很强,组织的管理处处体现了其个人的色彩,家长制作风严重。组织制度的不规范,组织运行过于依赖"一把手",导致企业中虽然有关于晋升的制度规定,但涉及人员提拔、晋升事项往往是"家长"的一句话胜过这些制度,依靠"家长"的喜好提拔人才已变得屡见不鲜,这种没有经过合理的绩效考核而决定一个人的职业命运的情况,对于那些有才和努力的人来说是不公平的,影响员工对企业的忠诚度,对企业的长远发展肯定有百害而无一利。

第三节　钢铁物流行业人力资源管理解决方案的探讨

物流业在中国的发展比西方稍晚,但发展势头强劲,形成了一批发展迅速、初具规模、员工众多、业务繁杂的企业,这些企业有的是从小作坊式的流通运输企业发展而来,有的是从大型国有企业的流通部门独立出来的,还有部分是顺应市场的需求而发展起来的第三方物流企业。随着企业业务的发展,传统企业管理显然已经越来越不适应企业发展的需要,企业更多地认识到,在对物的管理和对人的管理关系问题上,重视对人的管理是现代企业管理的核心。如何从人力资源的角度,使员工能够充分地为企业发挥个人的才能从而实现企业发展的目标,是众多物流企业,也是钢铁物流企业面临的重要问题。

虽然钢铁物流业经过了 20 多年的改革和发展,钢铁物流行业的市场巨大,但中国的钢铁物流业相对于西方来说还是处于起步阶段,物流专业人才根本无法满足市场上对现代物流的需求,特别是进入 WTO 以后,拥有几十年物流经验和丰富人力资源的跨国物流企业凭借薪水优势和发展前景来抢夺物流专业人才。在这场没有硝烟的人才争夺战中,当务之急是加快培养本土物流人才,这需要政府部门和企业的共同努力。

2001年,政府提出了启动中国物流人才教育工程的设想,目前已经有160多所大专院校开设了物流管理与物流工程专业[①]。作为传统人力资源的主要培育基地,各类教育和培训机构应充分利用自身的优势,根据市场的需要来培养物流人才。由于钢铁物流业人力资源的特殊性,不同层次院校培养的重点应有所不同:对于高等院校来说,其拥有雄厚的师资力量,可重点培养物流规划管理人才,懂得利用信息技术从事物流园区、配送系统、企业以及行业物流系统的规划设计;各类职业学院、中专、技校等由于拥有灵活的办学机制,可重点培养具体物流管理与操作人员,如库存管理、运输管理、货运代理以及配送等。但人才的培养一般需要一个较长的周期,单纯依靠政府的力量是不够的,企业如何留住员工,并把他们培养成为满足企业需要的人才是企业人力资源部门的主要工作。前文已经初步论述了人力资源管理工作所包含的内容,下面本文主要着眼于人力资源管理工作的四大模块——招聘体系、培训体系、薪酬体系和激励机制,并结合人力资源管理信息系统来详细探讨钢铁物流企业人力资管理的解决方案。

一、建立钢铁物流行业的招聘体系

彼得·德鲁克曾说过:"企业只有一项真正的资源——人"。招聘是人力资源管理的基础性工作,企业只有招聘到合适的员工,因事择人,才能保证企业的正常运转。物流专业人才的匮乏使钢铁物流企业引进人才有一定的难度,但并不意味着钢铁物流企业的人员引进没有标准,在对人才的引进过程中要特别注意进行相应的适应性匹配,因此,钢铁物流企业人力资源管理的首要工作就是制定一个合理的人才招聘体系。

(一) 钢铁物流企业招聘的原则

(1) 公开招聘。就是通过各种渠道公示招聘信息和招聘方法,信息透明化,防止以权谋私、假公济私。

(2) 全面考核。在招聘过程中,不仅要考察应聘人员的知识、技能,更要注重考察应聘人员的能力,不能顾此失彼。

(3) 公平竞争。公平公正就是确保招聘制度给予合格应征者平等的获选机

---

① 李燕萍,吴欢伟《培训与发展》,北京大学出版社,2007.

会,主持应聘人员应严格按照招聘的流程行事,不得以权谋私。

（4）双向选择。招聘是个双向选择的过程,公司选择合格的员工,应聘人员根据对公司的了解决定最后是否选择公司。在招聘过程中,主持应聘人员应向前来应聘人员介绍公司的历史、规章制度、产品、前景展望,给应聘人员心理预期,避免其在公司中只作短暂的停留。

（5）效率优先。用尽可能低的招聘成本聘用合适岗位的人员,在综合考虑各种招聘渠道后,保证招聘效率的同时,选择招聘成本最低的途径组合,录入"招聘计划工作表"中。

（6）能级相宜。指具有不同能力的人,应配置在组织中的不同岗位上,遵循"因事择人"。

（7）宁缺勿滥。招聘过程中若未寻到合适该岗位的人员,不可滥竽充数。

（二）钢铁物流企业招聘体系的设计

钢铁物流企业的招聘体系主要涉及五个方面的工作:

1. 岗位分析,制定人才需求表

岗位分析包括两方面:岗位描述和岗位规范。通过岗位描述,列出招聘岗位的任务要求、责任要求和职责要求。通过岗位规范,列出符合招聘岗位人员要求的知识、技能和能力。由于知识和技能可以通过后期的培训得以加强,因此在钢铁物流企业的招聘过程中应更加重视对应聘者能力的考察,知识和技能在招聘中占30%,能力应在招聘过程中占70%。

2. 工作描述,列出员工技能

在钢铁物流企业,大部分人都是做些基础性、相对简单的劳动,并不需要太高的学历,对这部分人的工作可以用具体的指标来衡量。因此,在招聘过程中应特别注意部门和个人技能测评表的制定,可以将员工技能划分为三个层次:① 基本技能,即员工进入本企业所需的知识和能力;② 部门技能,即员工进入各部门所需具备的能力;③ 职业技能,即员工胜任该部门具体岗位所需具备的基本技能。标准化各部门员工所需技能的目的是避免由于各主管应聘人员的主观判断使招聘工作出现不公平,钢铁物流企业的人才层次分明,需要招聘一定量的物流专业人才和实际操作型人员,而主持招聘工作的人员知识结构不一,并不能完全懂得钢铁物流所有工种人员所需的技能。事先将技能标准化,有利于避免人才引进工作的无效。

3. 选择招聘渠道

招聘可以通过内部选拔和外部招聘来进行,两种招聘方式各有优缺点,如通过内部选拔人才可以鼓舞士气,改善工作绩效,增加员工对组织的忠诚度并可以减少

```
                    ┌──────────┐
        ┌──────────→│  岗位描述 │←─────────┐
┌────────┐│          └──────────┘          ┌──────────┐
│ 岗位分析│┤                               │ 员工技能表│
└────────┘│          ┌──────────┐          └──────────┘
        └──────────→│  岗位规范 │←─────────┘
                    └──────────┘
```

岗位分析 → 岗位描述 / 岗位规范 ← 员工技能表

人才需求表

招聘 → 招聘的渠道 / 招聘方法 / 招聘资料

面试

是否通过 —否→ 淘汰

是↓

新员工试用

新员工鉴定

是否合格 —否→ 淘汰

是↓

签订聘用合同

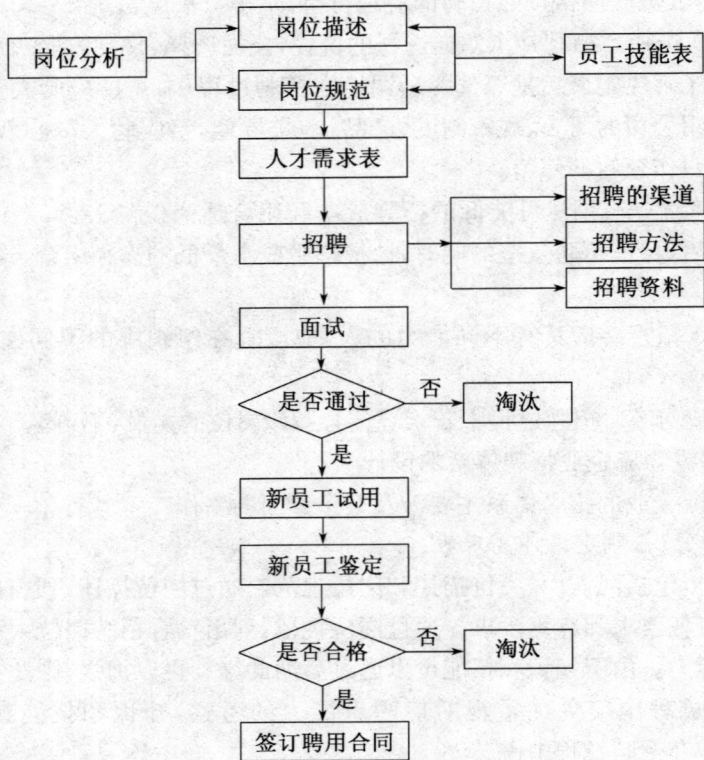

图 7 - 3　钢铁物流企业的招聘流程图

招聘成本,但内部招聘易产生裙带关系;而外部招聘能够给组织带来新的思想和活力,引入竞争产生"鲶鱼效应",但易挫伤内部员工的积极性。钢铁物流企业究竟选择哪种招聘方式,需要充分考虑到自身条件和人力资源战略。由于市场上中高级物流人才的匮乏,对于钢铁物流企业而言这部分人才应以内部培养为主,适当引入具有丰富物流经验的高级人才,而对于基层的作业人员则主要从外部招聘而来,招聘的渠道包括招聘广告、招聘会、校园招聘、就业代理机构、申请人自荐、网上招聘等。

4. 制定部门和个人技能测评表,进行面试

招聘工作人员在对应聘人员进行面试前,应持有相关的资料,包括通过工作描述制定出的员工技能表,招聘人员在对应聘者进行面试时,可以对应聘者所表现出来的技能和能力与部门技能测评表进行比对,这样就有一个很直观的关于该应聘

者是否适合公司岗位的体验。

5. 对人才试用期的效果评价，确定是否录用

对于钢铁物流企业的工作强度和环境的特殊性，招聘回来的人员并不一定都能适应，这就需要企业给予新员工一个工作的试用期和体验期，以观察该员工是否适应新的工作环境和融入公司的企业文化，对其试用期效果进行跟踪考察，是人力资源部门招聘工作的最后一道关，也可以让新员工对企业再次选择。

二、建立钢铁物流行业的培训体系

现代人力资源管理工作主要包括三项基本工作，即"3P"模型：选人（Pick）、育人（Professional）、用人（Placement）。通过招聘工作选拔出适合企业发展的员工，并不代表这部分员工就能够即刻上岗，企业可以对其不管不问了。国外许多著名的企业都特别重视对员工的培训，在美国，企业一般会拿出其销售收入的 1%～5%或工资总额的 8%～10%用于培训工作，如：IBM 的教育部拥有 7 000 名员工，每年用于培训的投资多达 20 亿美元，被认为是美国拥有顶尖培训功能的公司之一[①]。钢铁物流企业对从业人员的文化素质、实际操作能力和工作经验要求较高，而高校培养出的中高型物流专业人才往往过多注重于理论知识的培养，实践经验缺乏，毕业后并不能即刻发挥其应有的价值。另外，吸引外部优秀的物流人才（特别是国外高级人才）虽然对企业的发展很有帮助，但代价十分昂贵，并不是每个企业都能承担得了，特别是对于那些处于发展中的中小型钢铁物流企业。因此，现阶段我国钢铁物流企业的人才储备还是以内部培养为主，建立健全员工培训机制，从战略性的高度为企业培养和储备人才。

（一）钢铁物流企业的培训流程

1. 分析培训需求

评估需求是用来决定是否需要培训和需要哪种培训的过程，通常涉及组织分析、员工分析和任务分析。组织分析是指通过对组织的目标、资源、环境等因素的分析，以决定培训是否有利于企业的成功和成长；员工分析是指通过分析员工个体现有与应有状况的差距，来决定谁需要培训以及需要哪些培训；任务分析的目的在于了解与绩效有关工作的详细内容和完成工作所需具备的知识和技能。

2. 确定培训目标

培训目标是在需求调查的基础上确立的，目标要清楚，包括培训什么、培训达

---

① 李燕萍，吴欢伟. 培训与发展. 北京大学出版社，2007.

到什么程度、如何衡量等问题。对于企业而言,培训的目标不外乎三种:培养技能、传授知识和改变态度。

3. 设计培训方案

培训计划一般包括设计培训课程、储备材料、选择培训师或辅导员、选择培训方法和技术、安排培训日程、制定培训经费预算、选择培训评估指标、确定评估方案等。

4. 实施培训

这是培训流程的核心环节,需要企业高层管理者的高度重视和员工的配合。为了保证培训工作的顺利有效进行,培训可作为员工绩效考核的一部分。

5. 评估培训效果

评估培训效果的目的是为了向管理层反馈培训工作的实际成效,通过培训取得了哪些进步,还有哪些不足,这也是为了以后更好地改善员工培训工作。

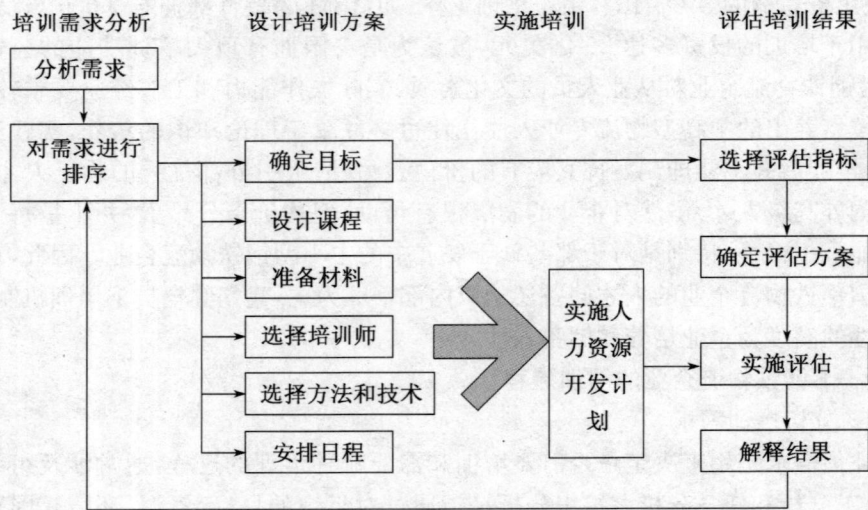

图 7-4 钢铁物流企业的培训流程

(二) 建立以学习型组织为目标的培训体系

1. 学习型组织的内涵①

对于学习型组织的研究,其中最著名的当属彼得·圣吉在 1990 年《第五项修

① 姜伟东,叶宏伟. 学习型组织:提升组织的学习力. 东南大学出版社,2003.

炼》中所提出的五项修炼技术,即实现自我超越、改善心智模式、建立共同愿景、开展团队学习和进行系统思考。彼得·圣吉认为,"学习型组织是一个不断创新、不断进步的组织,在这个组织中,人们不断地突破能力上限,培养全新、前瞻而开阔的思考方式,实现共同的抱负,并不断一起研究如何共同学习"。

沃特金斯和马席克(1993)在《塑造学习型组织》中概括了学习型组织的七个特点:

① 持续不断的学习:学习型组织强调只有不断地从自己的经验、他人的经验中学习,才能获得自身与组织的共同进步。

② 亲密合作的关系:学习型组织强调团队精神和组织成员的共同进步。

③ 彼此联系的网络:学习型组织中的成员之间是紧密联系的,以便信息的交流与获取。

④ 集体共享的观念:学习型组织中的信息是共享的,以实现成员的共同成长。

⑤ 创新发展的精神:学习型组织注重创新思维的开展,为组织增加活力。

⑥ 系统获取的方法:学习型组织善于利用信息来学习。

⑦ 建立能力的目的:学习型组织的最终目的还是为了提高员工解决问题的能力,促进组织的发展。

综上所述,可以将学习型组织定义为:"通过健全的机制,营造一种持续不断学习的氛围,充分发挥员工的创造性思维,使员工与组织共同进步,它是具备高度凝聚力和旺盛生命力的这样一种组织。"

2. 员工培训与建立学习型组织的关系

在知识经济时代,建立学习型组织是一个企业成功和发展的前提,也是一个企业不断获取创新灵感的源泉。随着企业知识型员工的比例不断增大,传统的通过加薪激励员工的效果在不断下降,员工可能更关注的是自身发展空间和组织提供的学习培训机会。对于钢铁物流企业,其员工素质普遍偏低,专业性钢铁物流人才又比较匮乏,因此,建立学习型组织的重要性更加突出。建立学习型组织,对于员工而言,可通过自我学习的方式不断提高自我的文化和技能水平;对于企业而言,加强对员工的培训与开发也是其人力资源管理工作中非常重要的一个方面,员工的培训是以建立学习型组织为目标的,钢铁物流企业的员工培训体系应该时刻围绕着学习型组织的建立,为组织营造终身学习的氛围。

3. 构建钢铁物流企业的员工培训体系

对于钢铁物流企业,工作的性质使员工的培训工作也有其特殊性,其培训开发工作,要注意分层次、分类进行。

① 对于中、高层管理者,主要是相关理论知识的充实。这些管理者在日常的工作中已经积累了丰富的现场操作经验,而真正缺乏的是管理能力。帮助管理者领悟到"如何科学地管理一个团队",是培训的主要目的。

② 对于基层作业人员,重点是作业程序的规范化学习。钢铁物流企业涉及大量的现场操作程序,传统的"师傅带徒弟"的工作方法,显然已不再适应钢铁物流快速发展的需要。通过对新引进人员作业程序的培训,使其尽快掌握工作方法和内容,这一方面有利于工作效率的提升;另一方面可以避免企业过于依赖经验型员工。根据"木桶理论",企业整体素质的高低取决于企业员工的整体水平,而钢铁物流企业的基层员工是整体素质最薄弱的,因此对于钢铁物流企业而言,加大对基层员工的人力资本投入是当务之急。

但对于钢铁物流企业培训的内容而言,不管是管理阶层还是基层作业人员,下面几项内容都是需要培训和学习的部分:

① 企业文化和制度培训

不管是新入职的员工还是现职员工,对于企业文化和制度的熟悉都非常有必要,有助于引导员工形成正确的做事方式,提高员工对组织的凝聚力。企业文化主要包括企业使命、目标、价值观、企业文化等的培训;企业制度主要包括人事制度、工作绩效评估、员工福利、休假、安全措施、规章制度等。

② 知识与能力培训

钢铁物流企业对高层管理者知识要求很高,主要是以加强他们的战略意识、竞争意识、长远意识为目的,因此,高层管理者的知识培训需要由专业的 MBA 培训来完成。对于中层管理者,主要是培养他们物流运作的成本意识、效率意识以及协调意识等,需要培训的知识主要包括管理知识、物流知识、金融知识(包括财务、期货、机会成本、公司理财)、贸易知识等。而对一线作业者和业务员,需重点强调物流的质量知识,培养他们的工作效率意识、作业安全意识、工作时间意识和服务态度等,需要培训的知识则包括物流基本知识、机械知识、钢材知识、优化理论、调度知识、办公自动化知识、安全与防护知识、法律知识、部门专业知识(如财务、信息、市场营销、仓库管理、环境与法律)等。

③ 热情服务培训

服务是指员工代表公司所做的满足顾客消费需要的一切行为,表现为硬件和软件等两种方式,其目标就是使顾客满意,这对专注于第三方服务的钢铁物流企业而言很重要。热情服务的实现需要员工做到待客礼貌、工作态度热情、专业知识扎实和业务动作熟练。

④ 6S 精益管理基础培训

钢铁物流企业涉及各种类型钢铁的堆放和存库，为了保证堆放的规范合理，还需对员工进行 6S 精益管理培训。6S 管理对于提高作业效率、保证质量有一定的作用，并且能够使工作环境保持整洁有序，保证作业的安全。"6S"包括整理（SEI-RI）、整顿（SEITON）、清扫（SEISO）、清洁（SEIKETSU）、素养（SHITSUKE）、安全（SECURITY）六个项目。

表 7-1 6S 精益管理的内涵

6S精益管理	管理	将工作场所中物品区分为必要与不必要的，留下必要的，彻底清除不必要的
	整顿	场所：物品的保管要定点、定容、定量
		放置方法：易取，不超出所规定的范围
		标识：堆放区域位置和钢材原则上"一对一"标识
	清扫	将库场清扫干净，保持库场干净、亮丽
	清洁	将整理、整顿、清扫制度化、规范化，并贯彻执行和维持结果
	教养	养成好习惯，依规定办事，培养积极进取的精神
	安全	重视全员安全教育，树立"安全第一"的观念，防范于未然

三、建立钢铁物流行业的薪酬体系

面对人才争夺激烈的钢铁物流市场，如何建立健全科学合理的薪酬体系是钢铁物流企业吸引、激励、发展和留住人才首先要思考的问题。薪酬体系的设计关系到企业员工的士气和积极性的发挥，因此，薪酬制度的建立是企业人力资源管理工作中敏感而又重要的一个环节。合理的薪酬体系能够有效地激励员工，提高员工的工作效率，薪酬制度也是体现企业竞争力的一个部分。现今我国钢铁物流人才竞争不仅包括了国内各大钢铁企业或第三方钢铁物流企业，更包括了国外实力雄厚的专业物流公司，人才的竞争相当激烈，而人才流失率居高不下也一直是钢铁物流企业人力资源管理面临的问题之一，因此，钢铁物流企业有必要根据企业的实际情况，通过建立科学合理并且有竞争力的薪酬体系，来加强对人力资源的管理，有效地降低人才流失率。

（一）钢铁物流企业的薪酬结构

物流企业的薪酬即是对员工为企业的正常运转和进一步发展做出贡献而付出的报酬，一般包括经济性报酬和非经济性报酬。合理的薪酬既能体现员工在组织中的价值,又能激励员工的工作积极性。对于钢铁物流企业,经济性报酬主要包括基本工资、加班工资、绩效工资以及一些福利津贴等,非经济性报酬主要是指一些自我发展和晋升的计划等。我们所讨论的薪酬结构主要是指经济性报酬,即狭义上的薪酬,而在经济性报酬中又可细分为固定薪酬与浮动薪酬,基本工资、加班工资、福利津贴可划归于固定薪酬,而浮动薪酬则主要包括绩效工资这部分。下面将重点介绍钢铁物流企业薪酬结构的主要组成部分。

1. 基本工资

基本工资是员工工资报酬中相对而言比较固定的部分,是根据员工的劳动熟练程度、劳动强度、工作复杂度、在组织中所处的层级以及所需承担的责任为基准进行计算的。比如钢铁物流企业中的管理者与基层员工的基本工资水平是两个等级,而基层操作员工中的理货员基本工资则低于龙门吊操作员,这主要是由于劳动复杂度的不同。基本工资是员工维持基本生活的最低标准,其激励效果是比较弱的,也不能反映处于同一基本工资水平员工工作技能对企业创造出的不同价值。因此,对钢铁物流企业而言,薪酬结构不能只表现为基本工资。

2. 加班工资

虽然我们并不鼓励员工加班,但钢铁物流企业的工作繁忙、订单多以及作为服务行业需要配合顾客来货的时间等,员工的加班是不可避免的,但作为规范化的企业,钢铁物流企业应在员工自愿的情况下,部门做好员工加班工作安排,人力资源部门统计员工的工作时间,根据国家相关政策统一发放加班工资,加班透明化,充分尊重员工的利益。但目前加班工资规范化在我国钢铁物流企业并没有得到重视,因此,加班工资的规范化是正在快速发展的钢铁物流企业人力资源管理工作需要改进的地方。

3. 绩效工资

绩效工资是企业对于员工或团队超额完成任务、对组织的发展做出特殊贡献所付出的报酬,在管理越来越规范的今天,绩效工资主要体现在人力资源管理工作对员工的绩效考核上,其作用在于提高员工的工作积极性和工作效率,是企业薪酬结构中激励效果最强的部分。对于钢铁物流企业,其工作的很大部分是事务性工作,可以定量化,绩效考核工作也易开展,绩效工资的发放既可以以个人为单位,也可以以集体为单位,这需要依据具体的工作性质而定。

4. 福利津贴

福利在薪酬结构中属于一种补充性薪资,主要是为了吸引员工以及一些专业的人才到企业工作,包括为员工缴纳法定的五险一金、带薪休假和一系列的体现企业关怀性的补贴,如对于刚毕业大学生的租房补贴、员工餐补、交通福利、通讯补贴等。津贴是为了补偿和鼓励员工在恶劣或特殊的工作环境下工作而付出的基本工资以外的薪酬。员工知识水平越高,对福利津贴的要求越高,钢铁物流企业为了吸引中高层次的专业物流人才,通常会承诺一系列的福利,但对于公司中的基层操作员工,往往忽略了这部分政策的落实和宣传,使福利津贴的激励效果并不明显。

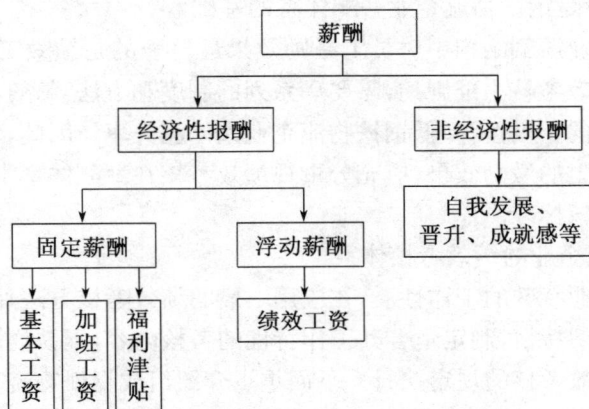

图 7-5　钢铁物流企业的薪酬结构

(二) 建立以绩效考核为准则的薪酬体系

1. 绩效与绩效考核

贝茨和霍尔顿指出,"绩效是一个多维建构,观察和测量的角度不同,其结果也会不同",从不同的领域认识绩效,会得到不一样的结论:管理学强调绩效是组织期望的结果,组织绩效的完成以个人绩效的实现为基础;经济学则强调绩效是员工对组织的保证,薪酬是组织对这种保证而给予的物质承诺。而目前对绩效的定义主要集中在三个方面:① 绩效是结果;② 绩效是行为;③ 强调绩效与员工潜能的关系,关注员工的素质和未来发展。

工作时间和空间、工作任务以及工作环境等的变化都会引起绩效的不同,进而使绩效呈现出明显的多样性与动态性,因此,绩效考核的概念也可以从不同的角度来理解[1]:

① 绩效考核是人力资源管理系统中的重要组成部分,运用一套规范的制度和方法对员工的绩效进行考核;

---

[1]　付亚和,许玉林.绩效考核与绩效管理(第2版).电子工业出版社;2009.

② 绩效考核是以企业的经营目标为依据，对员工的工作行为进行考评，并将考评结果告知员工，绩效考核的结果与人力资源管理工作的其他职能相结合，促进组织与员工的共同进步；

③ 绩效考核考评的是员工工作中所表现出的技能水平和业绩水平，并以事实为依据。

2. 绩效考核是钢铁物流企业薪酬体系的基础

钢铁物流企业薪酬结构中对员工激励效果最显著的是绩效工资部分，绩效工资的发放是以绩效考核为准则的，需要一系列的制度和方法，绩效考核的应用有助于提高员工工作的积极性，降低钢铁物流企业人才流失率。因此，钢铁物流企业为了发挥薪酬对员工的激励效果，应充分重视绩效考核在薪酬体系中的作用，制定符合企业发展的考核标准。

3. 钢铁物流企业的绩效考核体系

钢铁物流企业特殊的工作性质，在应用一般的绩效考核方法外，还需要根据钢铁物流企业工作的特性，制定适合其工作特性的考核内容，钢铁物流企业绩效工资应该严格按照绩效考核的规定执行。下面重点介绍组成钢铁物流企业绩效考核比重的三个部分：KPI 绩效考核、360 度绩效考核和基于 6S 精益管理考核。

钢铁物流企业绩效工资＝上级领导设定的 KPI 完成情况×X％＋360 度绩效考核评分×Y％＋部门 6S 考核评分×Z％，X、Y、Z 具体的比重根据钢铁物流企业工作的侧重点以及各个层级员工工作内容的不同而有所侧重。

1）基于关键绩效指标（KPI）的考核

"二八原则"是管理理论中的一条重要法则，即一个企业在价值创造过程中，每个部门和员工的 80％工作任务是由 20％的关键行为完成的，关键技术指标（KPI）的理论基础即是"二八原则"。KPI 是指通过对组织内部某一流程的输入端、输出端的关键参数进行设置、取样、计算、分析，衡量流程绩效的一种目标式量化管理指标。对于企业而言，关键指标可分解为三个层次：公司级 KPI、部门级 KPI、岗位级 KPI。

对于钢铁物流企业，人力资源的独特性使得其在招聘中可以将各部门技能进行标准化，也就是可以使用 KPI 考核体系进行后期的员工绩效考核，具体操作包括三个方面：① 全员核心胜任能力评估（KPI_1），即企业各个岗位都需要具备的能力，主要体现企业的制度、文化以及价值观等；② 部门通用能力评估（KPI_2），即每个部门所需的一些可量化的技能；③ 岗位专业技术能力评估（KPI_3），即各具体岗位所需的一些可量化的专业技术能力。每个企业情况不同，各 KPI 在绩效考核中所占的比重也会随着改变。最后,绩效考核的结果可作为员工绩效工资发放以及员工职业生涯中职务升降的重要依据。

2)360 度绩效考核

360 度绩效考核是一种从多个角度,包括员工自己、上司、同事、下属、顾客等不同主体,对组织成员的工作绩效、工作能力和工作态度进行考核的方法。信息来源的多样性保证了考评的客观性和全面性,被考评者不仅可以从组织内部来了解自己的工作绩效,也可以从组织外部即供应商和顾客处得知自身的优点和不足,为以后更好地开展工作提供改善的空间。360 度绩效考核的工具主要是设计问卷进行调查,问卷项目的设计应符合企业的价值观,是企业所认同和期待的工作行为,人力资源部门在设计问卷时应鼓励企业员工参与其中,提高员工的支持率。另外需要注意的是,360 度绩效考核法的关键在于进行反馈,没有反馈的考核起不到任何作用。

钢铁物流企业在运用 360 度绩效考核法时,还需要注意根据员工的不同等级设计不同的调查问卷,并采取匿名的方式收取考评结果,以避免考评结果的失真。人力资源部门应该让员工了解 360 度绩效考核并不是走形式,而是组成他们绩效工资权重的一部分,与他们的经济利益是直接相关的,因此要充分重视和支持这项考评工作。最后的考评结果由考核者与被考核者共同确认,360 度绩效考核法的重要一环是反馈,如果被考核者不同意此项考评结果,可以向人力资源部门进行申诉。360 度绩效考核的目的并不在于对员工进行惩罚,而是激励员工工作的积极性。

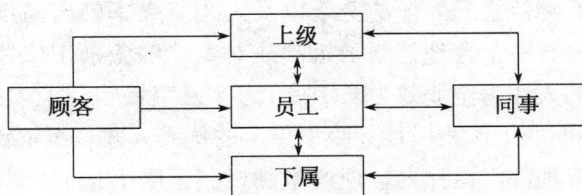

图 7-6 360 度绩效考核法

3)基于 6S 精益管理的考核

前面详述了钢铁物流企业员工培训内容中的一项很重要的培训——6S 精益管理,即整理、整顿、清扫、清洁、素养和安全六个项目。培训的目的是为了改变员工的工作态度,而绩效考核则是为了使这种工作态度成为习惯,加强培训效果。"6S"所涉及的项目对钢铁物流企业的全体员工都很重要,不管是现场事务性员工或后勤部门,还是办公室员工,"6S"的考核有助于提高员工素质和企业形象,这对于服务型的企业而言很重要。钢铁物流企业应该将 6S 精益管理的考核作为员工绩效工资权重的一部分,这是基于钢铁物流企业服务形象的重要性,也是钢铁物流企业绩效考核的独特性。

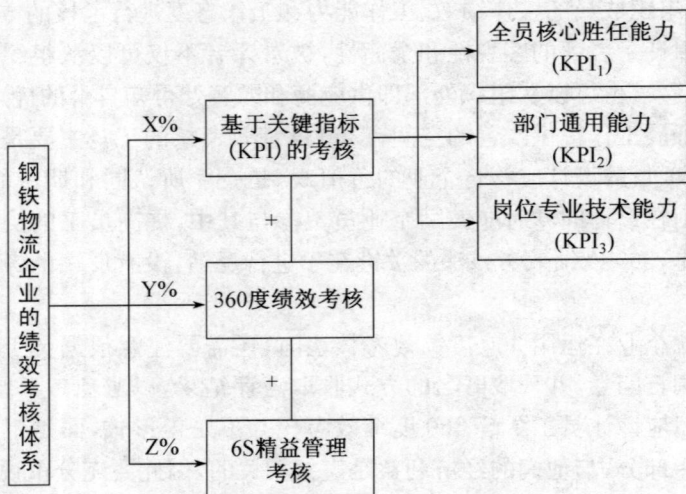

图 7 - 7　钢铁物流企业绩效考核体系框架

四、建立钢铁物流行业的激励机制

钢铁物流企业物流管理人才的匮乏以及人才流失率的居高不下,究其原因在于钢铁物流企业没有一个合理的激励机制或对人才的激励工作并不到位,不能有效地吸引所需要的人才为企业效力。因此,为保证钢铁物流人才在自身的岗位上认真工作、发挥他们的工作积极性并吸引更多的优秀人才从事钢铁物流管理工作,就需要人力资源管理部门设计出合理的激励机制来吸引他们,调动他们的工作积极性,降低企业人才的流失率,使企业走上一个良性规范的发展道路。

(一)钢铁物流企业激励的相关理论

1. 马斯洛需求层次理论

在所有的激励理论中,由美国心理学家亚伯拉罕·马斯洛在 1943 年提出的需求层次理论是最早的理论。马斯洛认为,人的需求强度并不相等,是按照一定的顺序出现的,他将人的需求分为五个层次:

① 生理需要:包括维持生存所需的衣、食、住、行等。

② 安全和保障需要：包括工作、医疗、福利保障等。

③ 归属和社会需要：包括友谊、感情、归属等。

④ 尊重和地位需要：包括内部（如自尊、自主和成就）尊重因素和外部（如地位、认可和关注）尊重因素。

⑤ 自我实现需要：包括成长、发挥自我潜能和自我实现的成就感。

马斯洛的需求层次理论将生理和安全的需要划归于低层次的需要，将社会尊重和自我实现的需要归为高层次的需要。需求层次理论对企业开展激励活动有重要的指导意义，如马斯洛认为只有低层次的需要得到满足后，人才会追求高层次的需要，对于钢铁物流企业，基础性操作员工更关注的还是低层次的需要，如薪酬福利方面的激励。马斯洛还认为，当一个层次的需求得到满足后，就不再具有激励作用，钢铁物流企业应该对不同层级的员工采取不同的激励措施，以达到激励效果的最大化。

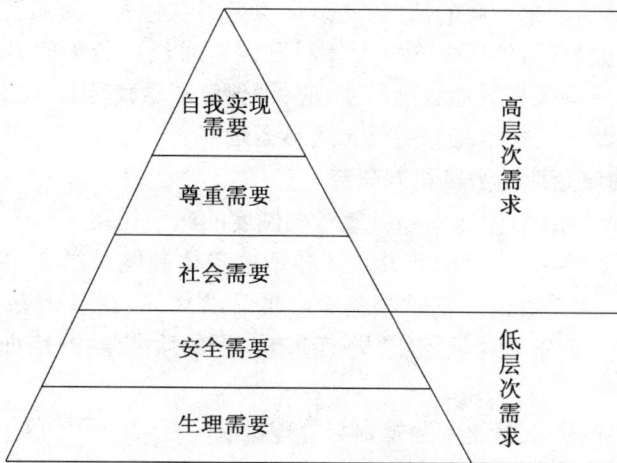

图 7-8　马斯洛需求层次理论

2. 麦格雷戈 X、Y 理论

麦格雷戈将领导者划分为两种类型，即 X 理论领导者和 Y 理论领导者。X 理论的领导者认为员工天生懒惰，总是尽可能地逃避工作，不愿意承担责任。持这种观点的领导者认为为了实现组织的目标，可对员工采取指导、控制和强制性手段。而 Y 理论的领导者正好相反，认为人天生喜好工作，员工能够对自己的工作负责，并具有创造性，持 Y 理论的领导者通常通过为员工创造一个宽松的环境来激励员工，从而实现组织目标。

　　钢铁物流企业人力资源对员工的激励工作可以将马斯洛的需求层次理论与麦格雷戈的 X 理论和 Y 理论结合起来，低层级的员工更关注的是低层次的需求，人力资源管理工作可以采用 X 理论型的领导；而对于企业知识水平高、中高层专业物流人才的激励，更多的是要靠 Y 理论型的领导，满足他们的高层次需求。

　　3. 赫兹伯格双因素理论

　　双因素理论是由美国心理学家弗雷德里克·赫兹伯格提出的，又称为"激励—保健"因素理论。与马斯洛低层次需求理论类似，赫兹伯格将对人的激励分为两种层次：一种是保健因素，这种因素的存在并不足以产生激励的作用，但如果缺乏的话则会造成员工的不满，如工作安全、工资、福利、工作条件等；另一种是激励因素，这种因素的存在能提高员工的绩效水平和满意度，但如果缺乏的话也不会引起员工的不满，如成就感、工作本身、组织的承认等。

　　双因素理论对钢铁物流企业人力资源管理工作的启示是：管理中首先要重视保健因素，避免员工产生不满的情绪，又要努力运用各种人力资源管理工具使保健因素转化为激励因素；另外还要充分发挥激励因素对员工行为的激励作用。人力资源管理工作若想持久高效地激励员工，应将"保健—激励"因素结合起来，制定合理的薪酬制度以及从工作本身来对员工进行激励。

　　（二）钢铁物流企业的激励机制研究

　　1. 发挥薪酬体系、培训体系和绩效考核制度的激励作用

　　科学合理的薪酬体系、培训开发体系和绩效考核制度对员工的激励作用是很明显的，上文已经详细讨论了钢铁物流企业的薪酬体系、培训体系和绩效考核制度。对于钢铁物流企业，不同层级的员工应有不同的薪酬结构、培训方案以及绩效考核的侧重点。

　　2. 建立科学的员工职业生涯规划与管理机制

　　对员工进行职业生涯的规划与管理，是一项双赢的工作：对于员工而言，可以了解自身的优缺点，从而为自己找准职业方向，增强竞争力；对于企业而言，可以深入了解员工的职业兴趣和发展愿景，从而为员工设定合适的职业发展通道，增强员工的满意度和忠诚度，激励员工努力工作。职业生涯规划与管理对于钢铁物流企业来说还是一项新的人力资源管理措施，真正涉及的比较少。建立科学的员工职业生涯规划机制，为员工创造实现自我价值的渠道，可以有效降低员工的流失率，这对于钢铁物流企业很重要，企业可以做的工作有以下几点：

　　① 为员工提供不同的职业发展通道，如技术类职业晋升路径和管理类职业晋升路径，通过两种通道的描述，引导和帮助员工制定其职业生涯计划。

② 为员工的职业发展提供各种不同的帮助。利用人力资源管理的不同措施来帮助员工成长,如职位的轮岗、提供在职培训的机会、为员工提供挑战性的项目工作等。

③ 晋升(降)管理。为员工提供一个合适的晋升渠道是企业人力资源管理部门的重要工作内容,可以使员工的自我职业生涯管理与企业进行适应度的匹配,是一项必要的激励措施。对员工的绩效考核结果有升必有降,工作有压力才有动力,可以有效地提升员工的工作积极性和士气。

3. 塑造良好的企业文化

企业文化是企业的无形资产和财富,体现了企业软实力,当一个企业发展到一定规模、管理走向规范化时,更多依靠的是企业文化来管理,而不是制度,没有一个好的企业文化,企业很难实现可持续发展。钢铁物流企业作为服务型企业,树立良好的企业形象不仅可以增强顾客对企业的信任和支持,对于企业内部员工来说也是一个重要的激励因素,可以增强员工的自豪感和凝聚力。钢铁物流企业要注重树立以人为本的企业文化,尊重员工,虽然钢铁物流企业的员工大多数从事低技术含量的工作,文化素质也并不高,但并不代表他们没有人性最基本的需求,要求组织给予尊重和信任。树立"以人为本"的观念,使员工得到信任、尊重和关心,有利于提高员工的忠诚度,使钢铁物流企业在中外人才争夺战中取得主动权,留住人才。另外,钢铁物流企业员工的专业知识不高,也需要企业通过不断地培训,拓宽物流人才的知识面,为企业营造终身学习的氛围。

五、建立钢铁物流行业人力资源管理信息系统

信息化是研究钢铁物流企业的一个重要方面,目前我国钢铁物流企业发展的一个瓶颈就是信息化程度低,如 EDI 系统的普及度不够,大多还处于电话联系、手工操作等低层次的运作阶段。将信息化与人力资源管理系统结合,在我国的金融服务业、通信及高科技产业领域运用比较广泛,但大多数只停留在依靠系统提高效率的层面,而未从战略的层面来应用人力资源管理信息系统,比如仅依靠系统进行员工信息的搜索或进行员工工资的发放或是用于员工的考勤。对于钢铁物流企业,人力资源管理系统普及度更低,很多还是依靠手写的方式进行人力资源管理工作,并未利用信息化提高人力资源管理工作的效率。

(一) 人力资源管理信息系统(HRMIS)概述

人力资源管理信息系统(Human Resources Management Information System)是指将电子商务、互联网技术应用于人力资源管理的工作中,它是个完整的

有机体系,主要包括:人、计算机网络硬件、系统平台、数据库平台、通用软件、应用软件、终端设备;各种信息手段和技术的综合利用,如呼叫中心、考勤机等终端设备;一些核心的人力资源管理业务功能,如招聘、培训、薪酬管理、绩效管理等[①]。按照人力资源管理信息系统模块功能的不同,可分为三大类:业务管理功能、决策支持功能以及员工自助功能[②]。

1. 业务管理功能

人力资源管理信息系统的业务管理功能主要包括招聘功能模块、绩效考核管理模块、薪酬福利管理模块、培训开发管理模块、晋升管理模块以及考勤管理模块。

① 招聘功能模块:主要是为了确定各部门的人力资源需求情况,从而发布招聘信息,从内部或外部进行人员信息的筛选,运用各种测评手段对人才进行测试,实现对符合需求人才的录用。

② 绩效考核管理模块:通过设定具体的考核指标、考核内容和考核方式,记录各阶段的考核结果,提供汇总、查询功能,将结果反馈到员工。

③ 薪酬福利管理模块:系统对员工的薪资提供自动核算功能,考虑各种不同情况下的薪资结算,如不同的薪资核算周期以及其他一些复杂因素的情况。另外,系统还为员工提供不同的福利计划,员工可自行选择某项,系统会自动添加到员工的福利待遇中。

④ 培训开发管理模块:系统通过分析员工的条件和岗位要求,为员工选择适合其学习和发展的培训方式,员工可通过系统查询培训课程的设置和时间安排,人力资源部进行最后的统计和安排。

⑤ 晋升管理模块:系统通过对员工的出勤统计、绩效考核结果分析以及培训计划的安排等,分析员工的能力和业绩的成长,从而为员工实现晋升提供依据。

⑥ 考勤管理模块:考勤是企业计发工资奖金、福利等待遇的主要依据,是人力资源管理的一项重要内容。系统通过对员工出勤时间的统计和分析,为员工提供考勤结果的查询和反馈。

2. 决策支持功能

人力资源管理信息系统的决策支持功能主要包括员工关系管理模块、政策法规模块、工作分析模块、组织规划模块以及调配规划模块。

① 员工关系管理模块:主要是关于员工的一些合同、薪酬管理、保密协议、培

---

① 王默凡. 人力资源管理信息化实践研究[D]. 首都经济贸易大学,2007.

② 卜德龙. 人力资源管理信息系统的分析与设计[D]. 山东大学,2009.

训计划以及医疗卫生管理的一些模块。

② 政策法规模块：主要是系统中关于国家政策、行业政策以及一些企业规章制度的解读和更新维护。

③ 工作分析模块：对各岗位分析、岗位之间的关系与评价的一些内容，包括职位说明书等。

④ 组织规划模块：主要是关于组织架构、部门、职位设计的信息。

⑤ 调配规划模块：对人员职位的分配，主要是内部人员有计划的流动。

（3）员工自助功能

人力资源管理信息系统的员工自助功能主要包括网上办公功能模块、部门信息查询模块以及个人信息查询模块。

① 网上办公：主要是对于人力资源管理部门工作人员而言的，利用系统可以优化其工作方法，在线发布一些用人计划、工资奖金的分配以及企业的年度工作计划等，提高工作效率。

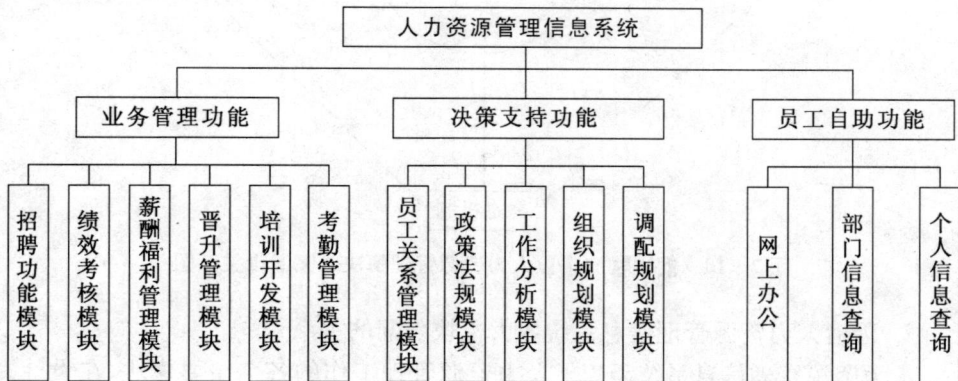

图7-9　人力资源管理信息系统功能模块

② 部门信息查询：这是对于人力资源部门以外的部门而言的，可以利用系统查询企业发展的动态以及部门员工的绩效考核情况、培训情况和考勤情况等，为部门内工作的开展提供依据。

③ 个人信息查询：这是对于员工而言，可以利用系统查询自己的考勤、绩效、工资福利、培训安排等信息，并可以就其中的信息对人力资源部门进行反馈。

（二）钢铁物流企业人力资源管理信息系统的设计理念

1. 根据企业的需求设计人力资源管理信息系统

　　钢铁物流企业人力资源管理信息系统的设计需要结合钢铁物流企业人力资源工作的特点,没有一款管理信息系统适合所有的企业,在设计系统之前,需要对企业的信息化水平与员工的网络技术水平进行分析,要考虑到钢铁物流企业信息化水平低且员工计算机水平有限的情况。系统设计既能满足企业人力资源管理工作的需要,又能使员工接受系统并运用系统来改善工作,突出易用性。

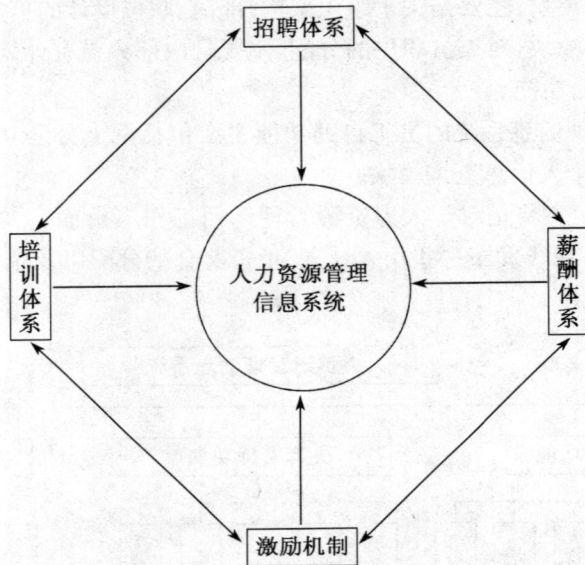

图 7 - 10　钢铁物流企业人力资源管理解决方案逻辑关系图

　　2. 理清人力资源管理信息系统各大模块之间的关系

　　人力资源管理信息系统涵盖了人力资源管理工作的各个主要模块,在设计人力资源管理信息系统前的主要工作是理清各大模块之间的关系,以及人力资源各业务流程的设计,管理信息系统的目的是实现各个模块工作的有效连接,是企业日常工作的信息化管理平台。

　　3. 人力资源管理信息系统的目的在于提高工作的效率

　　人力资源管理信息系统只要对员工的相关数据输入一次,系统的其他模块即可实现共享,因此管理信息系统的主要目的是提高人力资源部门的工作效率,实现无纸化管理,减少大量重复性工作。

　　钢铁物流业在我国起步较晚,相对于发达国家而言还有很大的差距,但随着国家对钢铁产业发展的重视和政策支持,钢铁物流业面临着巨大的发展机遇,出现了一批不参与钢铁的制造和贸易,专注于钢铁物流的第三方钢铁物流企业,而这也是钢铁物流业发展的趋势。在众多影响钢铁物流企业经营的因素中,管理者普遍认识到钢铁物流人才(不仅包括中高级管理人才,还包括从事基层工作的作业人员)对企业的运营起着首当其冲的作用。因此,制定合适的人力资源管理制度、吸引和留住人才对于钢铁物流企业有着重要的意义。

　　本章以分析钢铁物流企业人力资源实践为出发点,构建了人力资源解决方案模型,包括招聘体系、培训体系、薪酬体系和激励机制,并提出建立钢铁物流行业人力资源管理信息系统,利用信息系统使招聘、培训、薪酬和激励等一系列的人力资源管理措施形成一个有机的统一体,进而提高人力资源管理工作的效率。

参考文献

[1] Daniel M. Friedman. Fied warehousing[J]. Columbia Law Review. 1942, 42(6): 312 - 318.

[2] Albert R. Koch. Economic Aspects of Inventory and Receivable Financing [J]. Law and Contemporary Problems, 1948, 13(4): 566 - 578.

[3] Eisenst adt M. A Finance Company's Approach to Warehouse Receipt Loans [J]. New York Certified Public Accountant, 1966(36): 661 - 670.

[4] Raymond W. Burman. Practical Aspects of Inventory and Receivables Financing[J]. Law and Contemporary Problelm, 1948, 13(4): 555 - 565.

[5] Dunham A. Inventory and Accounts Receivable Financing[J]. Harvard Law Review, 1949,62(4): 588 - 615.

[6] Sidney Rutberg. Financing the Supply Chain by Piggybacking on the Massive Distribution Clout of United Parcel Service[J]. The Secured Lender, 2002, 58(6): 40 - 46.

[7] Youlin Chen, Yang Yang. Multi-system Interconnections Modes of Logistics Public Information Platform [C]. In: Applications of Advanced Technology in Transportation Proceedings of the Ninth International Conference on Application of Advanced Technology in Transportation, 2006. 858 - 863.

[8] FUY, PIPLANI, SOUZAR, eta. Multi-agent Enabled Modeling and Simulation Towards Collaborative Inventory Management in Supply Chain [A]. In: Proceeding of the 2000 Winter Simulation Conference [C]. New York: IEEE Computer Society Press, 2000: 1763 - 1771.

[9] Ruimin Li, Huapu Lu, Zhen Qian, Qixin SHI. Research of in the Integrated Transportation Information Platform Based in XML[C]. In: Proceedings of the 8th International IEEE Conference on Intelligent Transportation Systems Vienna, Austria, 2005. 13 - 16.

[10] BUNN DW,OLIVEIRA FS. Agent-based Simulation-an Application to the

New Electricity Trading Arrangements of England and Wales[J]. IEEE Transactions on Evolutionary Computation, 2001, 5(5): 493 – 503.

[11] G. J. Schultz. Keeping SCOR on Your Supply Chain. Basic Operations Reference Model Updates With the Times Information Strategy. 2003, 19(4): 12 – 20.

[12] B. M. Beamon. Measuring Supply Chain Performance. International Journal of Operations and Production Management. 1999, 19(3): 275 – 292.

[13] P. C. Brewer, T. W. Speh. Using Balanced Scorecard to measure Supply Chain Performance. Journal of Business Logistics, 2000, 21(1): 75 – 93.

[14] J. D. Camm, T. E. Chorman. Blending OR/MS. Judgement and GIS: Restructuring P&G's Supply Chain, 1997, 27(1): 128 – 142

[15] A Gunasekaram, C Patel, E Tirtiroglu. Performance Measures and Metrics in a Supply Chain Environment. International Journal of Operation and Production Management. 2001, 21(1/2): 71 – 87.

[16] Martin Christopher. Logistics and Supply Chain Management Strategies for Reducing Cost and Improving Service. Electronic Industry Publishing Press, 2003.

[17] Bititci, Turner, T. Begemann, C. , Dynamics of Performance Measurement Systems, International Journal of Operations & Production Management, 2000, 20(6): 692 – 704.

[18] Brian Fynes, Environmental Uncertainty, Supply Chain Relationship Quality and Performance, Journal of Purchasing & Supply Management, 2004, 10(1): 179 – 190.

[19] Donald J. Closs. Logistical Management: The Integrated Supply Chain Process. Mcgraw-Hill Companies, Inc. , 1998.

[20] Douglas M. Lambert, Supply Chain Metrics, The International Journal of Logistics Management, 2001, 12(1): 10.

[21] Ronald A. Dye, Strategy Selection and Performance Measurement Choice When Profit Drivers Are Uncertain, Management Science, 2004, 50(12): 1624 – 1637.

[22] Ronald H. B. Business Logistics Management, Fourth Edition. Prentice-Hall, Inc. , 1999.

[23] Theodore P Stankl, Supply Chain Collaboration and Logistical Service Performance. Journal of Business Logistics, 2001, 22(1): 29 - 49.

[24] John Hughes, Mark Ralf, Bill Michels. Transform Your Supply Chain: Releasing Value In Business. London, Boston, International Thomson Publishing Press, 1998.

[25] Neely A, Adams C. The New Spectrum: How the Performance Prism Framework Helps. Business Performance Management. 2003, 1 (2): 39 - 47.

[26] Dreyer, Dennis E. Performance Measurement-A Practitioner's Perspective. Supply Chain Management Review, Sep/Oct 2000, 4(4): 62.

[27] Douglas H. Flint. The Role of Organizational Justice in Multi-Source Performance Appraisal: Theory-Based Applications and Directions for Research. Human Resource Management, 1999, 9(1): 134 - 187.

[28] Lapide, Larry. True Measures of Supply Chain Performance. Supply Chain Management Review, Jul/Aug 2000, 4(3):25.

[29] H. James Harrington. Business Process Improvement[M]. New York. McGraw-Hill. 1991.

[30] Michael Armstrong and Angela Baronl. Performance Management[M]. London. The Cromwell Press. 1998.

[31] C. Chadwick, P. Cappelli. Alternatives to Generic Strategy Typologies in Strategic Human Resource Management [M]. Greenwich, CT: JAI Press, 1999.

[32] Lewis, C. Employee Selection [M]. London: Hutchinson, 1985.

[33] Keep, E. Corporate Training Strategies, in Salaman, G. (ed.), Human Resource Strategies [M]. London: Sage, 1992.

[34] Bruce Pfau, Kenneth M Nowack, Jai Ghorpade, Does 360 Degree Feedback Negatively Affect Company Performance? Human Resource Magazine, Alexandria [J]. 2002, 47(6): 54 - 59.

[35] Thierry, H. Pay and Payment Systems, in Hartley, J. and Stephenson. (eds.), Employee Relations, Oxford: Blackwell, 1992.

[36] 陈淮. 关于物资银行的设想[J]. 中国工业经济研究,1987(3):2-3.

[37] 任文超. 物资银行及其实践[J]. 科学决策,1998(2):2.

[38] 罗齐,朱道立,陈伯铭.第三方物流服务创新:融通仓及其运作模式初探[J].
中国流通经济,2002(2):3-4.

[39] 巫刚,姚伊娜.物流金融与期货交割相结合的价值创造[J].物流科技,2007
(10):1.

[40] 赵道致,白马鹏.解析基于应收票据管理的 NRF-LC 物流金融模式[J].电子
科技大学学报,2008(3):1-2.

[41] 邹小芃,唐元琦.物流金融浅析[J].浙江金融,2004(5):2.

[42] 陈祥锋,朱道立.现代物流金融服务创新——金融物流[J].物流技术,2005
(3):4-8.

[43] 刘杏英.H 公司物流金融模式选择应用研究[D].广州:华南理工大学,2011:
1-56.

[44] 封云,高玉龙,李振威.天津港开展物流金融业务的战略布局[J].中国港口,
2010 年 03 期:38-40.

[45] 陈娇.3PL 企业物流金融风险防控策略研究[J].湖南工业职业技术学院学
报,2010,10(3):54-56.

[46] 谢鹏,陈章跃,严慧敏.第三方物流参与物流金融运作的模式及其风险防范
[J].物流工程与管理,2008,30(10):79-82.

[47] 龚纪钢.第三方物流企业参与物流金融业务的风险管理研究[J].物流技术,
2008 年 3 月刊:40-42.

[48] 张红丽.第三方物流企业金融服务运作模式及其选择分析[J].物流工程与管
理,2010,32(8):15-17.

[49] 师鹏霞.第三方物流企业物流金融服务模式及风险控制研究[D].西安:长安
大学,2008:1-48.

[50] 龚斌.第三方物流企业物流金融模式研究[J].物流工程与管理,2011,33(2):
49-51.

[51] 朱文卿.动产质押担保贷款物流金融模型研究——基于动态质押条件[D].成
都:西南交通大学,2010:1-47.

[52] 朱晓伟.供应链金融下的存货融资模式[J].陕西农业科学,2010,56(2):
155-158.

[53] 张凯.基于融通仓的物流金融服务创新研究[D].西安:长安大学,2008:
1-135.

[54] 李雪辉.基于物流企业的物流金融业务主要模式分析[J].企业管理,2009 年

6 月:151－152.

[55] 周海滔. 我国大型物流集团物流金融问题研究[D]. 北京:对外经济贸易大学,
2009:1－38.

[56] 张琳. 物流企业人力资源管理对企业绩效的影响研究[D]. 广东外语外贸大
学,2008.

[57] 宋焱,李伟杰. 物流金融:出现动因、发展模式与风险防范[J]. 南方金融,2009
(12):41－46.

[58] 宋焱,李伟杰. 物流金融的发展模式与风险防范[J]. 金融与经济,2009(12):
90－92.

[59] 胡愈,柳思维. 物流金融及其运作问题讨论综述[J]. 经济理论与经济管理,
2008(2):75－79.

[60] 杨凤华. 物流金融模式及风险控制[J]. 铁路采购与物流,2010,05(8):
48－50.

[61] 熊小芬. 物流金融业务模式及风险管理研究[D]. 武汉:武汉理工大学,2007:
1－64.

[62] 李兀. 钢铁企业营销渠道分析[J]. 冶金经济与管理,2008,(01):39－41.

[63] 高卫星,朱香山. 我国钢铁分销业供应链管理研究[J]. 物流技术,2009,28
(12):193－199.

[64] 戴希忠,熊汉梅,谢律飞等. 钢铁企业营销渠道结构的选择[J]. 冶金经济与管
理,2009,(01):36－39.

[65] 胡维. 钢铁生产企业和代理企业博弈关系研究[J]. 金属材料与冶金工程,
2009,37(06):48－51.

[66] 王宇辉,刘新虎. 钢铁企业集团大营销战略问题研究[J]. 中国钢铁业,2010,
(05):15－18.

[67] 黄振宁. 电子商务在钢铁企业中的应用[J]. 冶金丛刊,2009,(04):48－50 ht-
tp://acad. cnki. net/kns55/oldNavi/Bridge. aspx? LinkType ＝ BaseLink
&DBCode＝cjfq&TableName＝cjfqbaseinfo&Field＝BaseID&Value＝YJCO.

[68] 宋红梅,陶德馨. 基于虚拟价值链的钢铁物流中心的赢利模式探讨[J]. 物流
科技,2008,(07):20－22.

[69] 李拥军,陈琢,吕兵. 对中国钢材流通业发展的解析[J]. 中国钢铁业,2006,
(04):22－26.

[70] 于世宏. 我国钢材供应链现状与发展策略[J]. 中国储运,2009,(12):55－57.

[71] 李拥军,陈雪松,肖拥军. 钢材流通中的新变化[J]. 冶金经济与管理,2008,(05):26-28.

[72] 李拥军. 日本钢材流通中的物流与商流[J]. 冶金经济与管理. 2010,(04):6-10.

[73] 韩静. 日本"直供用户"的钢材流通体系运营模式简析[J]. 中国钢铁产业网信息中心.

[74] 李拥军. 关于美国钢铁企业自建钢材营销渠道的研究[J]. 中国制造业,2011,(03):29-35.

[75] 陈妍,毛艳丽. 我国钢材加工配送业现状及发展趋势[J]. 冶金管理,2008,(09):50-53.

[76] 张孟才,李永鹏. 企业虚拟价值链模型分析[J]. 商业时代,2008,(06):76-77.

[77] 梁军,唐学生,于伯等. 大客户营销管理与实践探索[J]. 中国钢铁业,2010,(09):31-34.

[78] 阳杰,李剑. 钢材市场电子商务模式探讨[J]. 技术与市场,2012,(02):73-74.

[79] 王凌峰. 用电子商务来发展中国钢铁物流[J]. 电子商务,2009,(01):39-41.

[80] 李靖国. 加工配送中心在钢铁物流网络中的重要作用[J]. 物流技术,2011,30(4).

[81] 牛鱼龙. EDI 知识与应用[M]. 深圳:海天出版社,2005.143-153.

[82] 党剑. 钢材期货与企业套期保值实物[M]. 北京:冶金工业出版社,2009.82-94.

[83] 中国物流与采购联合会钢铁物流专业委员会. 中国金属材料流通企业发展纪实[C]. 北京:中国物资出版社,2010.150-155.

[84] [美]Sunil Chopra, Peter Meindl. 供应链管理——战略、规划与运作[M]. 北京:清华大学出版社,2001.

[85] [美]Amy Zuckerman. 供应链管理[M]. 北京:华夏出版社,2004.

[86] 马士华,李华焰,林勇. 平衡计分卡在供应链绩效评价中的应用[J]. 工业工程与管理,2002(4):5-9.

[87] 徐贤浩,马士华,陈荣秋. 供应链绩效评价特点及其指标体系研究[J]. 华中理工大学学报,2000,14(2):69-72.

[88] 马士华,林勇,陈志祥. 供应链管理[M]. 北京:机械工业出版社,2005.

[89] 陈志祥. 敏捷供需协调绩效评价指标体系研究[J]. 计算机集成制造系统——CIMS,2004,10(1):99-105.

[90] 曲盛典. 供应链绩效评价的系统研究[D]. 哈尔滨工业大学,2006.5.

[91] 韩新萍. 钢铁物流服务绩效评价体系研究[D]. 华中科技大学,2008.4.

[92] 霍佳震,周敏. 物流绩效管理[M]. 北京:清华大学出版社,2009.

[93] 何开伦. 物流成本管理[M]. 武汉:武汉理工大学出版社,2007.

[94] 周竹梅,代坤. 物流绩效评价与管理[M]. 北京:中国物资出版社,2009.

[95] 饶征,孙波. 以 KPI 为核心的绩效管理[M]. 北京:中国人民大学出版社,2002.

[96] 中国物流与采购联合会钢铁物流专业委员会,现代物流报社. 中国金融材料流通行业发展纪实[M]. 北京:中国物资出版社,2010.

[97] 中国国际贸易促进委员会冶金行业分会会议部:中国国际钢材分销和物流发展高级研讨会[R]. 北京,2010.

[98] 2009—2012 年中国物流行业发展研究分析预测报告,2009 年中国钢铁行业研究咨询报告[R]. 北京,2009.

[99] 曾益坤. 物流成本管理[M]. 北京:知识产权出版社,2006.

[100] 孙宏岭,戚世军. 现代物流活动绩效分析[M]. 北京:中国物资出版社,2001.

[101] 查先进. 物流与供应链管理[M]. 武汉:武汉大学出版社,2003.

[102] 朱道立. 物流和供应链管理[M]. 上海:复旦大学出版社,2001.

[103] 汝宜红,宋伯慧. 配送管理[M]. 北京:机械工业出版社,2005.

[104] 董千里. 高级物流学[M]. 北京:人民交通出版社,1999.

[105] 王成. 现代物流管理实务与案例[M]. 北京:北京企业管理出版社,2001.

[106] 巴罗. 企业物流管理[M]. 王晓东等译. 北京:机械工业出版社,2006.

[107] 鲍尔索克斯,克劳斯,库伯. 供应链物流管理[M]. 马士华,黄爽,赵婷婷译. 北京:机械工业出版社,2007.

[108] 马丁·克里斯托弗. 物流与供应链管理[M]. 北京:电子工业出版社,2006.

[109] 乔尔 D. W. 等. 供应链管理[M]. 北京:机械工业出版社,2007.

[110] 蔡剑等. 企业绩效管理——概念、方法和应用[M]. 北京:清华大学出版社,2007.

[111] 道格拉斯·兰伯特等. 物流管理[M]. 北京:电子工业出版社,2003.

[112] 代坤. 西方物流绩效综合评价指标体系研究综述[J]. 财会研究,2005(9):67-69.

[113] 魏小兵. 基于供应链管理的物流服务绩效评价[J]. 中国储运,2005(6)：62-64.

[114] 王勇,杨文慧. 关于企业物流管理绩效评价体系的探讨[J]. 商业研究,2004(4):42-45.

[115] 赵文萧等. 物流信息系统绩效评价方法[J]. 中国物流与采购,2006(24)：68-69.

[116] 李敬泉,梁劲. 钢铁物流行业的绩效管理[J]. 物流工程与管理,2011(5)：24-27.

[117] 张颖敏. 模糊综合评价方法在物流绩效评价中的应用[J]. 物流科技,2006(11):106-108.

[118] http://finance. eastmoney. com/news/1355,20120301194142046. html. 东方财富网.

[119] 赵曙明. 人力资源管理理论研究现状分析[J]. 外国经济与管理,2005(1)：15-16.

[120] 劳伦斯. S. 克雷曼. 人力资源管理:获取竞争优势的工具[M]. 机械工业出版社,1999.

[121] 赵曙明,翟俊生,覃友茂等. 国有企业人力资源管理战略研究[J]. 管理世界,1998:196-201.

[122] 周文成,赵曙明. 当前我国民营企业的发展阶段、问题与对策——基于人力资源管理视角[J]. 经济与管理研究,2006:68-72.

[123] 赵曙明,黄昊宇. 企业伦理文化与人力资源管理研究[J]. 经济管理,2006(8):4-15.

[124] 孙怀平,杨东涛,王洁心. 基于生命周期的领导风格对人力资源管理实践影响研究[J]. 科学技术与管理,2007(3):166-169.

[125] 丁易. 组织绩效与员工绩效怎样结合？[J]. 人力资源开发与管理,2003(4)：15-16.

[126] 赵道致,蒋宁. 中国钢铁物流现状分析及未来发展策略[J]. 未来与发展,2007(9):13-17.

[127] 2009—2010 年中国物流行业发展分析报告.

[128] 张红波,邹安全. 物流企业人力资源管理[M]. 中国物资出版社,2006.

[129] 陈继军. 物流企业的人力资源管理研究[D]:[硕士学位论文]. 武汉大学,2004.

[130] 李敬泉,余夏利. 企业人力资源管理初探[J]. 致富时代(下半月),2011(5): 155－156.

[131] 李燕萍,吴欢伟. 培训与发展[M]. 北京大学出版社,2007.

[132] 姜伟东,叶宏伟. 学习型组织:提升组织的学习力[M]. 东南大学出版社,2003.

[133] 付亚和,许玉林. 绩效考核与绩效管理(第 2 版)[M]. 电子工业出版社,2009.

[134] 王默凡. 人力资源管理信息化实践研究[D]. 首都经济贸易大学,2007.

[135] 卜德龙. 人力资源管理信息系统的分析与设计[D]:[硕士学位论文]. 山东大学,2009.

[136] H 公司钢铁物流股份有限公司. http://www.hlsteel.com/index.asp.

[137] 崔英悦. 我国钢铁行业物流及物流企业未来发展[J]. 经济研究,2010:59.

[138] 贾宝军,廖美春. 我国现代钢铁物流业的发展[J]. 物流与交通,2006(4): 44－45.

[139] 陶瑞,余元冠. 中小型钢铁物流企业发展战略选择[J]. 权威,2008(11): 103－105.

[140] 夏晓梅,叶英. 浅谈供应链管理环境下的钢铁物流管理[J]. 商场现代化, 2007(11):142－144.

[141] 张慧芝. 浅谈供应链管理下的钢铁物流[J]. 世界海运,2010(5):64－65.

[142] 曹岩. 透视我国钢铁物流三大模块[J]. 市场周刊,2009(11):16－17.

[143] 赵曙明. 人力资源管理理论研究现状分析[J]. 外国经济与管理,2005(2): 15－19.

[144] 戴良铁. 绩效考核方法介绍(一)绩效考核概要[J]. 企业人力资源管理,2000 (7):36－37.

[145] 戴良铁. 绩效考核方法介绍(二)绩效考核的标准[J]. 企业人力资源管理, 2000(8):27－30.

索　引